Educação Jurídica

Educação Jurídica

MÉTODOS DE ENSINO E FORMAÇÃO DO PROFESSOR

2021

Hadassah Laís de Sousa Santana

ALMEDINA

EDUCAÇÃO JURÍDICA
MÉTODOS DE ENSINO E FORMAÇÃO DO PROFESSOR

Autor: Hadassah Laís de Sousa Santana

Diretor Almedina Brasil: Rodrigo Mentz
Editora Jurídica: Manuella Santos de Castro
Editor de Desenvolvimento: Aurélio Cesar Nogueira
Assistentes Editoriais: Isabela Leite e Larissa Nogueira

Diagramação: Almedina
Design de Capa: Roberta Bassanetto

ISBN: 9786556272207
Maio, 2021

Dados Internacionais de Catalogação na Publicação (CIP)
(Câmara Brasileira do Livro, SP, Brasil)

Santana, Hadassah Laís de Sousa
Educação jurídica: métodos de ensino e formação
do professor / Hadassah Laís de Sousa Santana. – 1. ed.
São Paulo: Almedina, 2021.

Bibliografia
ISBN 978-65-5627-220-7

1. Direito – Brasil 2. Direito – Estudo e ensino
3. Direito educacional 4. Educação jurídica
5. Ensino – Metodologia 6. Professores – Formação
I. Título.

21-60109 CDU-34(07)

Índices para catálogo sistemático:
1. Direito: Estudo e ensino 34(07)
Maria Alice Ferreira – Bibliotecária – CRB-8/7964

Este livro segue as regras do novo Acordo Ortográfico da Língua Portuguesa (1990).

Editora: Almedina Brasil
Rua José Maria Lisboa, 860, Conj. 131 e 132, Jardim Paulista | 01423-001 São Paulo | Brasil
editora@almedina.com.br
www.almedina.com.br

A Deus, meu Senhor e Rei, pela tão maravilhosa Salvação.

Aos meus pais e irmãos, pelo amor constante, irrefutável, incomensurável, dedicado e perdoador.

Ao meu Fábio, que me apresentou amor presente, superlativo e fidedigno.

Aos meus mestres, com carinho, e, em especial às minhas queridas professoras Liziane Angelotti Meira e Cristina Costa-Lobo; e aos professores Cândido Alberto da Costa Gomes e Frederico Augusto Barbosa da Silva.

PRELÚDIO

Era 28 de novembro de 2019. Meu coração batia forte e meus olhos marejavam. Em mim havia mistura de sensações que me lembravam os feitos olímpicos. Parecia impossível e muitos empecilhos foram impostos. Acontece com todos, não era mérito meu. Cada um de nós carrega essa dor e esse amor que nos impulsiona a ir. Eu fui. Estava feito. Consumado. Cheguei ao lugar que outrora sonhei: finalizar o doutorado. Sim, é um lugar, não um momento, mas lugar, marco histórico de vida tão denso que se torna possível mapear. Mas não sonhei sozinha. Antes de mim, minha mãe sonhou que eu iria conseguir. Minha mãe não acreditou em diagnósticos e lutou em oração e ação para que houvesse a superação. Meu pai me mostrou que nossas falhas, incapacidades e fraquezas fazem parte da nossa vitória e da história que escrevemos, junto ao caminho de nosso Senhor e Rei, para dizer ao mundo quem somos. Eles mostraram, a mim e aos meus irmãos, que as renúncias feitas tinham objetivo perene de levar os filhos adiante no temor do Senhor. Obrigada Mãe. Obrigada Pai. Obrigada Lucas e Israel. Foi aos pés do nosso Senhor e amado Salvador Jesus Cristo que vencemos.

O momento da tese é algo salutar, quase poético. Olhamos para o resultado perto, a vitória ali, quase nas mãos, e suspiramos aliviados. Ao mesmo tempo volta-se o olhar para o passado e percorrem-se aqueles momentos iniciais, confusos, ainda sem mapeamento pronto, confiando tão somente na promessa de Deus. Éramos três irmãos, orando uns pelos outros e quantas e quantas vezes nos ajoelhamos juntos no quarto para que o impossível pudesse acontecer! E, ainda hoje acontecem falas como:

Pai! Ora por mim! Mãe, me ajuda vou fazer uma prova agora! Lucas, Israel, vamos jejuar porque está impossível. E cada degrau a subir, orava-se, jejuava-se, e em família e na igreja proclamava-se a vitória. Aliás, meus irmãos foram e são alicerces na minha vida. Minha existência é permeada por tudo o que representa ter dois irmãos, aquele crescimento incômodo, sublime, magnífico e repleto da alegria que é sermos três! Eu sou privilegiada! Tenho uma família linda e que me ama de forma tão superlativa que em palavras não se pode descrever. Somos todos servos do Senhor, e, na igreja, nossa família se torna ainda maior, com irmãos em Cristo que lutam as nossas guerras, juntos em oração. Minha gratidão é precipuamente a estes. Meus pais, irmãos e amigos, que são irmãos em Cristo, na igreja em que congrego desde meu nascimento.

Vou contar uma curiosidade. Eu queria ser astronauta! Se não desse, queria ser embaixadora. Mas nunca quis ser advogada ou mencionei que seria professora, apesar de, quando criança, sempre brincar dando aulas para as bonecas, como bem lembra minha mãe. Quando chegou o vestibular meu pai pediu que eu fizesse Direito. Eu não queria, mas obedeci. Tentei física também, na esperança de ser astronauta. Não deu certo a minha vontade, mas passei para Direito. O primeiro dia de aula choveu. Muito. Não tínhamos carro, mas meus pais me levaram de ônibus na chuva até a faculdade. Eu andava um pouco à frente, brava, porque não queria aquele curso; insegura, porque não sabia o que viria; obediente, porque Deus havia me consolado dizendo que seria grande vitória para mim. Meus pais andavam um pouco atrás, em silêncio e alto som dizendo: filha, estamos aqui, sempre. E aquela chuva torrencial a nos encharcar.

Chegamos à sala de aula. Já passava das quatorze horas. Eu estava um pouco atrasada. Minha roupa pingando. Meus pais felizes e eu já não sabia o que estava sentindo. Me abraçaram, me beijaram e disseram: Deus te abençoe. Eu entrei e eles ficaram olhando no vidro que havia na porta. Pronto. Primeira etapa cumprida. Sentei-me na primeira cadeira da fileira encostada na parede. Sentei-me na primeira cadeira da fileira encostada na parede. Adorei a aula. Perguntei ao professor, ao final daquele longo primeiro dia de aula se poderia juntar minha paixão pelo espaço com o direito e ele disse: lógico, escreva sobre direito espacial! Pronto! Eu seria uma astronauta jurídica! Foi o que pensei.

Se estava brava, não me lembrava mais. Agora havia euforia por ter, de repente, encontrado caminho pelo qual queria muito seguir. Conheci o professor Frederico Barbosa. Nessa época eu não sabia o que significava pesquisa, mas queria fazer e ele aceitou me conduzir pela iniciação científica. Ensinou sobre escrever, sobre pesquisa e sobre não ter tanto amor ao que se escreveu, porque poderia não estar tão bom e merecer ser cortado do texto! Sim, com paciência me dizia: "Hadassazinha... precisamos focar". Mas nunca fui boa nisso. Meus pensamentos voavam e com ele minha escrita. E ele segurava minha caneta e punha em ordem aquele vendaval de planos de linguagem. O tempo passou, e após o trabalho de conclusão de curso, nos despedimos com um até breve. Eu queria continuar os estudos, mas precisava naquele momento de um emprego.

Comecei a trabalhar em um Centro de Estudos de Direito Tributário, com Dr. Neder, Drª Mary Elbe e Drª Tereza Martinez. Eles me impulsionaram para estudar tributação. Fui agraciada com uma pós-graduação em Direito Tributário e Finanças Públicas na ESAF. Ali minha vida acadêmica começou a ser efetivamente desenhada e sou grata a eles pela inspiração de sempre. Naquele curso de pós-graduação *lato sensu*, a professora Liziane se tornou minha orientadora e me abriu as portas da docência. Fui incentivada a fazer o Mestrado em Direito na Universidade Católica e me encontrei como profissional. Tornei-me professora da graduação em Direito e pude sentir o que é realização profissional. Transformar realidades, ser instrumento para concretizar sonhos, construir conhecimento. Meus olhos brilhavam e me emocionava a cada aluno formado, a cada monografia finalizada, a cada abraço de gratidão por terem alcançado o patamar profissional. Estava tão feliz que precisava ir adiante. Então, rumo ao doutorado, pensei em ir para São Paulo. Mas minha orientadora Liziane, me disse, você gosta tanto de ser professora, por que não faz o doutorado em Educação? Eu ainda não mencionei, mas os conselhos de Liziane devem ser seguidos. Eles sempre funcionam! Claro, nem questionei. Fiz minha inscrição e segui o plano. Dar aula revelou-se uma paixão. O amor pela docência agora teria instrumentos hábeis para lidar com o ambiente formativo da universidade.

No doutorado, o professor Cândido me recebeu e foi meu primeiro professor nesse novo projeto. Tornou-se meu orientador e me qualificou da maneira mais nobre e sagaz da academia, pois sabia o que estava por vir. As vicissitudes da vida nos tiraram da Universidade como professores e tivemos que interromper a orientação. Passei às mãos do professor Caliman, que gentilmente me acolheu e me permitiu seguir com a tese, então qualificada. Nesse caminhar, a professora Cristina Costa-Lobo efetivamente me abraça com amor e me mostra que é possível. Se torna minha Co-orientadora. Cá estamos. Entusiasmadas com o que ainda há de vir. Felizes pelo caminho trilhado e com muitos, muitos sonhos ainda a serem realizados.

Dentro dessa história, singela, íntima e cheia de desafios e gratidão, como é próprio da vida, diversas pessoas estiveram comigo, ajudando a superar e a alcançar o próximo passo. Como já mencionado, o agradecimento a Deus se faz intenso e perene. Foi Ele, que de modo tão maravilhoso me permitiu chegar até aqui, com livramentos, curas, milagres e vida. O agradecimento aos meus pais, Eude e Alice, e aos meus irmãos, Lucas e Israel, é constante, desmedido e completamente pleno de amor e ternura. Minha oração é sempre de gratidão pela dádiva que vivo. Ao meu Fábio, que me trouxe, no que se mostra imperfeito, mas real, a plenitude do amor. Que me inspira com seu olhar de admiração e suas palavras de incentivo. Que me mostra a doçura e a simplicidade do momento de estarmos juntos, simplesmente juntos. Obrigada pelo esforço exponencial e por me trazer leveza, na essência do que é voar para alcançarmos nossos sonhos. Obrigada por compartilhar o que já era seu, e agora, de forma tão singela e nobre caminharmos para a construção da nossa família, do nosso lar.

Agradeço a oportunidade de congregar em meio a irmãos que são minha família também. Aos pastores, Alexandre, Christiano, Gomes, Leandro, Edilson, Ricardo, João de Deus, Sílvio, Daniel e Diego, pelos conselhos, constantes orações e interseções. Às Amigas-irmãs, Denize, Lígia, Renata, Flávia, Clarissa, Naila, Markelli, Juliana e Cristina por tudo que é belo, incrível e agradável! Pelo crescimento e pela partilha de uma vida inteira, inclusive o perdão pelas ausências. Aos grupos de assistência, grupos de jovens e grupos de louvor da Igreja Cristã Maranata por tantos momentos de comunhão. Por estamos juntos sendo fortalecidos na fé, sem a qual eu não teria chegado até aqui. Minha gratidão pela sublime abundância de amor, por enobrecerem essa jornada e por aplainarmos, em comunhão, nosso caminho junto ao Pai.

Há agradecimento especial a ser feito ao meu amigo Rodrigo, que me acompanha de tantas formas e, lendo e revisando meus textos desde a iniciação científica! Amigo, meu muito obrigada por tantos momentos partilhados. Obrigada por me ouvir e por sempre estar disposto. Obrigada pelas canções e pelas gargalhadas. Obrigada por sempre estar junto. Agradeço ao meu sócio e amigo-irmão Franco Jr., pelo incentivo, por me impulsionar a crescer, por me incentivar a ser maior, por acreditar que podemos ir mais longe e por não me deixar andar para trás. Foram inúmeras conversas, mas nunca nos faltou paciência, tampouco o amor. E sempre, sempre transbordou a alegria e a fé.

Ao meu chefe imediato na câmara, Lúcio Guerra e à nossa equipe, Andrea, Gurgel, Fábio Araújo, Fábio Póvoa, Luís Felipe Vital, Vinícius Ribeiro, Vinícius Sacramento, Wesley e William. Vocês me tornam melhor, me ensinam, impulsionam e ajudam. Obrigada pela generosidade partilhada da convivência harmoniosa e intensamente produtiva. Agradeço à querida Andrea Cabral pela revisão atenta, por dispor de parte da sua rotina tão intensa para ler, sugerir e aprimorar o texto.

Agradeço ao meu amigo Eduardo Luz, sempre presente! Obrigada por sua sempre disposição em ajudar, por sua parceria acadêmica e por sua amizade preciosa. Agradeço ao meu amigo Danilo por nossa longa e sincera amizade! Muito obrigada pelo empenho, por suprir minhas angústias no inglês e se dispor, independente da dor, do momento, da hora ou da circunstância, a me ajudar. Obrigada por estar presente na minha vida. Agradeço ao Fillipe Dall'ora por sua incansável parceria sendo aluno dessa professora com tantas ideias e ideais! Obrigada por se empenhar nas empreitadas que lhe designei e por conseguir, sempre, dar o seu melhor. Há ainda alguns colegas e professores do doutorado que foram tão importantes que preciso mencionar a minha gratidão pelo conhecimento construído. Professora Sandra Francesca, que de professora se tornou minha analista e, de analista se tornou minha amiga. Sem palavras para agradecer tudo o que está sendo transformado por nossas tão profícuas conversas. Aos professores Síveres, Célio, Caliman, Giuliano e Moresi, por aulas transformadoras. Às professoras Maria Cândida e Simone por aulas que nos fizeram transcender e pela densidade do conhecimento partilhado. Por nos lançarem alto e nos mostrarem o que está além. Ao colega que se tornou amigo e por quem nutro profunda admiração, Idalberto Neves.

Agradeço aos meus diletos amigos do curso de Direito, professores, colegas de profissão, editores de revista e verdadeiros amigos, que homenageio na pessoa de Celso de Barros Correia Neto, que estiveram comigo nessa trajetória formativa, me presenteando com diálogos tão importantes para o deslinde deste trabalho e, principalmente, para superar a natureza conflitiva do doutoramento. Agradeço com intensidade aos meus alunos, que já fazem parte da minha história de vida e não me deixam mais ser a mesma. Obrigada pelas homenagens, e até pelos confrontos, que me mostraram a possibilidade de compreender melhor o que é a docência. A vocês, com o carinho e a ternura de sempre, o meu muito obrigada."

"Ainda que eu falasse as línguas dos homens e dos anjos, e não tivesse amor, seria como o metal que soa ou como o sino que tine. E ainda que tivesse o dom de profecia, e conhecesse todos os mistérios e toda a ciência, e ainda que tivesse toda a fé, de maneira tal que transportasse os montes, e não tivesse amor, nada seria. E ainda que distribuísse toda a minha fortuna para sustento dos pobres, e ainda que entregasse o meu corpo para ser queimado, e não tivesse amor, nada disso me aproveitaria."

1 Coríntios 13:1-3

NOTA DA AUTORA

Antes de falar do conteúdo deste livro, é preciso falar do momento que se vive durante seu lançamento, que acontece em meio a um dos mais sensíveis momentos da humanidade, a Pandemia da COVID-19. Por isso, apesar de não ser o contexto primário da obra, não se pode deixar de mencionar o momento presente e expressar nosso sentimento de esperança por dias melhores e referenciar, com respeito, a dor, dura e espessa, a tantas pessoas. Que haja cura! Que haja vida! Que haja amor! Que possamos, em meio à necessária adaptação, encontrar caminhos para a reconstrução e para a superação, como povo, como indivíduo, como ser humano, em todas as suas nuances.

Este trabalho apresenta o cenário do professor de Direito no Brasil contemporâneo. É fruto de tese desenvolvida com base em pesquisa de natureza qualitativa e exploratória. O objetivo é compreender a formação e as competências necessárias ao desempenho do docente de Direito, além disso, como formatá-las com base na compreensão do projeto pedagógico no curso de pós-graduação em Direito *stricto sensu*.

O percurso metodológico foi desenvolvido por meio de duas vertentes, quais sejam: a entrevista semiestruturada e a pesquisa documental, arrematada com a triangulação, para posterior análise dos dados. A análise documental observou os normativos que versam sobre a educação nacional. No que se refere a entrevista, essa foi realizada com professores e coordenadores de instituições públicas e privadas de cada região do país, em dois cenários. No primeiro momento, a entrevista foi feita com 3 professores da graduação do curso de Direito, de uma universidade localizada no centro-oeste, que obtiveram o maior índice de elogios pelos alunos.

A finalidade foi extrair as principais características das aulas ministradas, as experiências educativas e a didática utilizada no processo de ensinar e de aprender. Por outro lado, a segunda entrevista foi aplicada com 7 coordenadores do curso de Direito que atuam no Programa de Pós-Graduação em Direito – PPGDs, dentre eles: 7 são das 5 regiões do país e 1 da Espanha. O professor da Espanha se caracteriza como *outlier* que permite o olhar tímido, mas curioso, acerca de processos formativos do professor de Direito em outros lugares do mundo. O questionário teve o propósito de desenhar os caminhos percorridos no processo de tornar-se professor de ensino superior, as características e competências necessárias à ação docente e a forma como se deu ou deveria se dar a construção das mesmas.

Após a análise dos dados qualitativos obtidos, foi possível observar a necessidade de mudança do eixo de ensino, uma vez que o exercício da docência não depende apenas de um diploma de doutor, e sim da capacidade que permita ao professor manusear as ferramentas metodológicas do aprendizado. Não há construção de conhecimento jurídico sem a percepção do discente como sujeito e protagonista do processo de ensino-aprendizagem. Nessa medida, proclama-se a possibilidade sim do curso de pós-graduação *stricto sensu* como espaço de construção formativa docente, mas permeado por abordagens que permitam insculpir características envolvendo o ensinar a aprender, a liderança pedagógica e a promoção de aprendizagem significativa.

PREFÁCIO

Com muito orgulho e alegria que aceitei o convite para prefaciar a obra "Pesquisa em *Ensino de Direito*, tanto pela singularidade e qualidade do trabalho quanto pela trajetória da jovem autora, Hadassah Laís de Sousa Santana. Conheci Hadassah há pouco mais de dez anos, na pós-graduação em Direito Tributário da saudosa Escola de Administração Fazendária (ESAF). Naquela turma, havia procuradores, auditores-fiscais, advogados e outros profissionais mais velhos e experientes do que a muito jovem Hadassah, mas ela já despontava pelo seu grande entusiasmo pelo saber, pela sua dedicação, pelo seu comprometimento e pela sua capacidade de liderança. Pouco tempo depois, Hadassah buscava o mestrado em Direito Tributário e, mais uma vez, destacou-se pelo grande empenho, pelo entusiasmo, pelas notáveis publicações. Não podia ser diferente, ela concluiu com muito êxito o mestrado. Nessa época, o gosto pela docência já a havia contagiado. Hadassah se revelou uma excelente professora, uma professora que ensinava com muita devoção, envolvia e estimulava seus alunos a terem pensamento crítico, a irem, como ela e com ela, sempre além. Hadassah seguiu então para o Doutorado, porém não para o Doutorado em Direito, como, certamente, muitos esperavam. Ela teve a audácia de unir duas grandes paixões (o direito e o ensino) e encarar o desafio de transitar por um caminho novo, pelo Doutorado em Educação, e assim se dedicar a um tema que a preocupava diuturnamente: o ensino jurídico no Brasil. Novamente ela teve sucesso e sua tese de doutoramento resultou nesta importante obra.

O ensino do Direito está inexoravelmente presente na formação de todos que atuamos na seara jurídica. Contudo, muitas vezes, o magistério apresenta-se como uma decorrência natural do sucesso como advogado ou jurista, sem a devida formação, sem o devido conhecimento especializado. É essa profunda reflexão, é o desafio da busca e compreensão do caminho para construção das competências necessárias para o ensino jurídico que aqui nos propõe Hadassah. É um trabalho instigante, cativante, que agrega a preocupação com a visão científica a um amor denso pelo saber e pela docência, e é com essa proposta com a qual nos deparamos no Capítulo primeiro da obra. Trata-se de obra de envergadura, que inaugura uma era de valorização da qualificação acadêmica e pedagógica dos docentes em direito.

No Capítulo segundo a Autora nos proporciona um mergulho profundo nas teorias da aprendizagem, do saber significativo, dos níveis de pensamento de aprendizagem e apresenta o alinhamento construtivista. Nos Capítulos terceiro e quarto, Hadassah discorre sobre a educação jurídica no Brasil, trazendo histórico, contexto atual, reconhecendo, de forma honesta, nossos equívocos como educadores. A Autora não poupou esforços para realizar entrevistas a grande número de professores, coordenadores de curso e, também, levantar informações e dados sobre cursos, universidades, estudantes brasileiros. Assim, a obra tem respaldo empírico farto e de qualidade, o que é raro em trabalhos jurídicos nacionais. No Capítulo quinto, são apresentados os resultados da pesquisa, mediante a conjugação das teorias da educação com a situação e os problemas enfrentados pelo ensino do direito no Brasil, e são oferecidas importantes e efetivas propostas no sentido de aprimorar o magistério jurídico no Brasil. Tenho grande satisfação, portanto, em escrever o Prefácio do livro da jovem jurista e advogada Hadassah Laís de Sousa Santana, trata-se de uma obra elaborada com rigor acadêmico e, ao mesmo tempo, entusiasmo e afeto pelo saber. Sem dúvida, estamos diante de obra de leitura obrigatória para aqueles que pretendem desenvolver o magistério jurídico na sua plenitude.

Brasília, dezembro de 2020.

Liziane Angelotti Meira

Professora Doutora da Escola de Políticas Públicas e Governo da FGV/EPPG.

Doutora e Mestre em Direito Tributário pela PUC/SP.

Auditora-Fiscal da Receita Federal.

Conselheira do Conselho Administrativo de Recursos Fiscais.

LISTA DE FIGURAS

LISTA DE GRÁFICOS

LISTA DE TABELAS

ABREVIATURAS

ABEDi – Associação Brasileira de Ensino do Direito
ABP – Aprendizagem Baseada em Problemas
CAPES – Coordenação de Aperfeiçoamento de Pessoal de Nível Superior
CEP – Comitê de Ética em Pesquisa
CESUPA – Centro Universitário do Estado do Pará
CNE – Conselho Nacional de Educação
CONPEDI – Conselho Nacional de Pesquisa e Pós-Graduação em Direito
ESDHC – Escola Superior Dom Helder Câmara
FACEPD – Faculdade Escola Paulista de Direito
FADIC – Faculdade Damas da Instrução Cristã
FADISP – Faculdade Autônoma de Direito
FDMC – Faculdade de Direito Milton Campos
FDSM – Faculdade de Direito do Sul de Minas
FDV – Faculdade de Direito de Vitoria
FEESR – Fundação de Ensino Eurípedes Soares Rocha
FGV – Fundação Getulio Vargas
FGV Direito SP – Escola de Direito de São Paulo
FGV/RJ – Fundação Getulio Vargas/Rio de Janeiro
FMP – Faculdade de Direito da Fundação Escola Superior do Ministério Público
FMU – Centro Universitário das Faculdades Metropolitanas Unidas
FUFSE – Fundação Universidade Federal de Sergipe
FUMEC – Universidade da Fundação Mineira de Educação e Cultura
FUPF – Fundação Universidade de Passo Fundo

FURG – Universidade Federal do Rio Grande
GEEMPA – Grupo de Estudos sobre Educação, Metodologia de Pesquisa e Ação
IDP – Instituto Brasiliense de Direito Público
IES – Instituição de Ensino Superior
IMED – Faculdade Meridional
INEP – Instituto Nacional de Estudos e Pesquisas Educacionais Anísio Teixeira
ITE – Centro Universitário de Bauru
LDB – Lei de Diretrizes e Bases da Educação Nacional
MEC – Ministério da Educação
OAB – Ordem dos Advogados do Brasil
ODS 4 – Objetivo de Desenvolvimento Sustentável 4
OED – Observatório do Ensino de Direito
PBL – *Problem Based Learning*
PCNs – Parâmetros Curriculares Nacionais
PPGD – Programa de Pós-Graduação em Direito
PUC-MG – Pontifícia Universidade Católica de Minas Gerais
PUC-PR – Pontifícia Universidade Católica do Paraná
PUC-SP – Pontifícia Universidade Católica de São Paulo
PUC-RIO – Pontifícia Universidade Católica do Rio de Janeiro
PUC-RS – Pontifícia Universidade Católica do Rio Grande do Sul
PUC-SP – Pontifícia Universidade Católica de São Paulo
QS – *Quacquarelli Symonds*
RUF – Ranking Universitário Folha
SINAES – Sistema Nacional de Avaliação da Educação Superior
UCAM – Universidade Cândido Mendes
UCB – Universidade Católica de Brasília
UCP/RJ – Universidade Católica de Petrópolis
UCS – Universidade de Caxias do Sul
UDF – Centro Universitário do Distrito Federal
UEA – Universidade do Estado do Amazonas
UEL – Universidade Estadual de Londrina
UENP – Universidade Estadual do Norte do Paraná
UERJ – Universidade do Estado do Rio de Janeiro
UFAL – Universidade Federal de Alagoas
UFBA – Universidade Federal da Bahia
UFC – Universidade Federal do Ceará

UFES – Universidade Federal do Espírito Santo
UFF – Universidade Federal Fluminense
UFG – Universidade Federal de Goiás
UFJF – Universidade Federal de Juiz de Fora
UFMA – Universidade Federal do Maranhão
UFMG – Universidade Federal de Minas Gerais
UFMS – Universidade Federal de Mato Grosso do Sul
UFMT – Universidade Federal de Mato Grosso
UFPA – Universidade Federal do Pará
UFPB/JP – Universidade Federal da Paraíba/João Pessoa
UFPE – Universidade Federal de Pernambuco
UFPR – Universidade Federal do Paraná
UFRGS – Universidade Federal do Rio Grande do Sul
UFRJ – Universidade Federal do Rio de Janeiro
UFRN – Universidade Federal do Rio Grande do Norte
UFSC – Universidade Federal de Santa Catarina
UFSM – Universidade Federal de Santa Maria
UNAMA – Universidade da Amazônia
UNB – Universidade de Brasília
UNESCO – Organização das Nações Unidas para a Educação, a Ciência e a Cultura
UNESA – Universidade Estácio de Sá
UNICESUMAR – Centro Universitário de Maringá
UniCEUB – Centro Universitário de Brasília
UNICURITIBA – Centro Universitário Curitiba
UNIFOR – Universidade de Fortaleza
UNIJUÍ – Universidade Regional do Noroeste do Estado do Rio Grande do Sul
UNIMAR – Universidade de Marília
UNINOVE – Universidade Nove de Julho
UNISINOS – Universidade do Vale do Rio dos Sinos
UNIVALI – Universidade do Vale do Itajaí
UNOESC – Universidade do Oeste de Santa Catarina
UPM – Universidade Presbiteriana Mackenzie
URI-UNIV. – Regional Integrada do Alto Uruguai e das Missões
USP – Universidade de São Paulo
USP/RP – Universidade de São Paulo/Ribeirão Preto
UVA – Universidade Veiga de Almeida

SUMÁRIO

INTRODUÇÃO

A atuação[1] dos cursos de Pós-graduação *stricto sensu,* cresceu[2] substancialmente nos últimos anos, principalmente a partir de política indutora da Coordenação de Aperfeiçoamento de Pessoal de Nível Superior – CAPES, fundação do Ministério da Educação – MEC, que desempenha papel fundamental na expansão e consolidação da pós-graduação stricto sensu (mestrado e doutorado) em todos os estados da Federação, corrobora, dentre outros fatores, na quantidade de mestres e doutores no quadro permanente de professores dos cursos de graduação em Direito.[3]

[1] Tanto no sentido de número de cursos, quanto na formação de Mestres e Doutores.

[2] A avaliação quadrienal, realizada pela CAPES, trouxe como número de crescimento que em 2010, haviam no Direito 66 (sessenta e seis) cursos de Mestrado e 27 (vinte e sete) de Doutorado. Em 2013, eram 83 Mestrados Acadêmicos, 1 Mestrado Profissional e 30 Doutorados, e em 2017 (última avaliação) computam 96 mestrados acadêmicos, 3 mestrados profissionais e 36 doutorados. O relatório está disponível em: http://www.capes.gov.br/images/documentos/Relatorios_quadrienal_2017/RELATORIO_QUADRIENAL_DIREITO.pdf. Acesso em: nov. 2017.

[3] Veja o que diz uma nota da CAPES sobre a habilitação para o magistério superior: A habilitação para o exercício do magistério superior deve ser obtida em programas de Mestrado ou Doutorado (artigo 66 da Lei de Diretrizes e Bases da Educação Nacional – n.º 9.394, de 20/12/96). Mas, havendo escassez de pessoal qualificado, é admitida a docência, sem o título *stricto sensu* (artigo 52, inciso II, da LDB). Todavia, as instituições tendem a contratar mais Mestres e Doutores, porque a qualificação do corpo docente é fator importante na avaliação institucional, quando do credenciamento, ou renovação, além de que, até para lecionar na educação básica, é exigida licenciatura plena. Informação disponível em: http://www.capes.gov.br/acessoainformacao/perguntas-frequentes/pos-graduacao-stricto-sensu/7443-sobre-pos-graduacao-stricto-sensu. Acesso em: nov. 2017.

No Brasil, nos cursos de Direito, assim como em outras áreas de bacharelado, a formação pedagógica não é requisito para o exercício da profissão docente de nível superior. O silêncio da Lei de Diretrizes e Bases da Educação quanto à obrigatoriedade dos cursos de Pós-graduação *stricto sensu* possuírem, dentro da grade curricular, disciplinas que envolvam conceitos de didática e pedagogia, seja de forma obrigatória ou optativa, resulta, dentro da nossa perspectiva inicial, em formação insuficiente para essa atuação.

De maneira geral, as aproximações com a pedagogia conhecidas no Brasil para os professores de Direito se dão de duas formas: a) uma abordagem genérica em Metodologia do Ensino Superior, em cursos de Pós-graduação, geralmente *lato sensu*; b) nos cursos *stricto sensu*, há o estágio docente, que se resume em substituições e auxílios na prática do professor orientador, que também não possui a formação pedagógica mencionada ou, juntamente, disciplinas que envolvem metodologia de ensino, mas em sua maioria, ministradas por professores que não possuem formação ou densidade teórica no conteúdo relacionado à educação.[4] Resta a premissa de que a titulação no Direito não qualifica para a atuação pedagógica do professor e, na perspectiva de senso comum, é fala discente comum que os professores mais qualificados academicamente raramente estão entre os que possuem melhor didática em sala de aula, conforme certa fala, postada em *blog*[5], para representar aqui o senso comum:

> Eu realmente acho que, na média, mestrado e doutorado atestam sim uma pessoa mais capacitada, sobretudo quando falamos sobre orientar alunos a fazer pesquisa científica. Por outro lado, eu já lecionei em cursos de extensão para concluir que sou um péssimo professor :-). Da mesma forma, ótimos

[4] Cf. PAGANI, Juliana Ferrari de Oliveira. "A pós-graduação *stricto sensu* em Direito no Brasil: a formação dos professores das disciplinas pedagógicas oferecidas em seus programas" *In.*: SILVEIRA, Vladmir Oliveira da; COUTO, Monica Bonetti; SANCHES, Samyra Haydêe Dal Farra Naspolini (Org.). Educação jurídica. São Paulo: Saraiva, 2013. p. 258

[5] Para trazer a ilustração de uma fala comum, ressalto a tag doutorado no blog de Kikacastro, com comentários de leitores sobre a titulação versus à docência. São dois textos sob o título "Professor universitário precisa de mestrado" e uma tag com os comentários. CASTRO, Cristina Moreno de. Professor Universitário precisa de mestrado (parte 3). Blog da kikacastro. Publicado em 20 de novembro de 2014. Disponível em: https://kikacastro.com.br/tag/doutorado/. Acesso em: nov. 2017.

> professores não têm título e péssimos professores ostentam belos títulos. De forma que eu sinceramente acho que a atividade de ensino superior devia ser repensada quanto aos critérios de ensino. Acho que o problema passa por outra linha: para ser professor, as habilidades necessárias são muito maiores do que atestam um mero título. Talvez o mundo acadêmico, da forma como historicamente evoluiu, tenha escapado da discussão das habilidades necessárias para ser professor de curso superior. A constatação acima descrita permite afirmar que, em geral, a atuação didática não é o aspecto mais relevante, sendo fator principal o reconhecimento de relevante saber jurídico. Assim, se faz necessário repensar uma visão de que o ensino do Direito não necessitaria com urgência de informações de Pedagogia, repensar a crença de que importa tão somente o conteúdo a ser trabalhado sem considerar o processo para essa realização. Este trabalho pretende, por fim, alertar que precisamos, de forma não apenas pontual, mas em uma ação universal, institucional e normativa, dar um novo e importante passo no ensino jurídico quanto ao aspecto pedagógico. (CASTRO, 2014.)

Pressupõe-se desequilíbrio entre os cursos de Direito e a sociedade global, plural, com competitividade intrínseca, envolta na disputa velada (ou não) de que o indivíduo possa ser sempre mais, a melhor versão de si, o mais feliz, o mais rico. Tal circunstância reproduz falsos paradigmas que ecoam no mundo virtual a partir do consumismo que molda desejos, vontades e remodela as relações humanas (reais ou virtuais), tornando-as cada vez mais frágeis e voláteis, é a descrição de Bauman (2001) acerca do mundo líquido-moderno, onde as ações humanas são construídas e conduzidas a partir da perspectiva da busca da felicidade, do sucesso e da utilidade pautada sob a ótica da descartabilidade.

Há constante repetição de prescrição e tratamento das práticas docentes no curso de Direito que produzem determinado agir pedagógico que parece distante da realidade. Tal percepção está descrita por Oliveira e Adeodato (1996, p. 12) no Estado da Arte da pesquisa jurídica e sociojuridica no Brasil, quando afirmam que os cursos jurídicos mantêm seu caráter bacharelesco. Nessa medida, o ensino jurídico seria indiferente às mudanças no ambiente e às novas concepções, mostrando-se inadequado não apenas para explicar e transmitir conhecimentos sobre a realidade jurídica brasileira como também na preparação do corpo discente para a vida profissional.

No Brasil, o curso de Direito surge como uma das primeiras graduações e possui forte presença de rituais acadêmicos que dificultam alguma transformação do modelo, inclusive com marcas de opressão e poder nas relações, com a premissa de que não se precisa de formação docente para ensinar o Direito. Tal assertiva está de acordo com a fala de Bittar (2006, p. 28-29) quando nos relata que a opressão estaria em tudo, na distância docente, na frieza calculista dos olhares, nos tapetes vermelhos, nos rituais acadêmicos pomposos e formais, na impermeabilidade das congregações ou conselhos acadêmicos, na verticalidade das estruturas burocráticas, na feição sisuda do magistrado-professor que adentra a sala de aula sem desvestir-se do cargo, na falta de transparência das políticas das coordenadorias, na massividade impessoal das salas lotadas de pessoas cujas esperanças de ascensão social se depositam sobre o sonho de serem igualmente autoridades, reproduzindo o *status quo*, em um país onde ainda há resquício do respeito a partir da autoridade do título ou do cargo.

Além disso, visualiza-se que as soluções trazidas pelos operadores do Direito às demandas sociais são, por vezes, reducionistas e resultam da fragmentação do conhecimento humano, bem como de certa dificuldade em compreender a teia complexa e rápida mutação, constante no cenário atual. Assim, a partir de uma crise profunda, atinente ao sujeito em suas diversas relações com a vida, viabiliza-se a utilização de pensamento transdisciplinar. Tal modelo, de maneira ontológica e epistemológica, possibilita compreender novas bases que modifiquem e reestruturem a formação do professor de Direito como elemento do desenvolvimento de uma aprendizagem que garanta a construção de competência atinente e formação do bacharel/operador em Direito.

A influência do processo de globalização no ensino jurídico denota que há tônica voltada para o consumo, vazio existencial, alteração ou fragilidade de valores anteriormente tidos como basilares da ética e da moral, conforme nos foi prenunciado (BAUMAN, 2008). Sob este processo de globalização, a proposta da presente tese está em compreender as competências necessárias ao professor do curso de Direito e compreender quais as alternativas disponíveis para essa formação.

Tal desafio se agiganta quando se observa propostas pedagógicas do curso de Direito atual, que parecem repetir formatação de ensino já presente no surgimento dos primeiros cursos jurídicos, ocorridos em 1827. Ou ainda quando a opção pedagógica está na mitigação do uso de determinadas leituras, ditas mais pesadas, para foco emergencial nas provas da Ordem dos Advogados do Brasil ou de concursos públicos.

Ressalta-se que o Brasil possui multiplicidade de faculdades, que oferecem o curso de Direito, mas possuem resultado baixo ao se observar a própria taxa de aprovação no exame de Ordem, que ano a ano tem número mínimo de aprovados em detrimento de uma massa de bacharéis que parece não terem tido a formação adequada, sequer para aprovação no exame de Ordem que, demarca-se, não basta em si mesmo como instrumento de avaliação de competências ou da qualidade formativa.

Nessa medida, importa, como problema de pesquisa, reconhecer espaço adequado para conformação dos polos constitutivos da ação docente, que trazem a complexidade subjacente à ação formadora e se revelam em nível da ação do sujeito no formato multidimensional em dinâmica aberta e em processo constante e acessível que envolve incerteza, emergências, mudanças, recursividade e transformação.

A presente pesquisa apresenta a perspectiva de que a pós-graduação *stricto sensu* poderia (ou deveria) ser o espaço adequado para trabalhar essa dinâmica, a qual requer do profissional docente dos cursos de Direito um compromisso que perpassa a sua consciência transdisciplinar e complexa junto ao indivíduo e à sua própria individualidade.

A presente tese representa a instrumentalidade na realização de um sonho: transformar realidades através do ensino. Há, na autora desta tese, a aspiração de compreender e potenciar a mais qualificada aplicação das políticas públicas que envolvem a formação do Professor do curso de Direito no nosso país e encontrar formas de possibilitar a capacitação dos professores de Direito como força motriz de transformação da sociedade por meio de alunos, graduados, que tenham tido efetiva oportunidade de aprender.[6]

A formação do currículo na maioria dos cursos *stricto sensu* em Direito no Brasil sem a correspondente experiência pedagógica, ainda que de maneira optativa, traz inquietação. A partir da vivência na área do Direito,

[6] A partir da minha historicidade teórica, e, na tônica de leitura do livro *Desenvolvimento como liberdade* de Amartya Sen (2009), me permito pensar à docência como um caráter de oportunidade para o aluno que está ali na sala de aula, pressupondo neste trabalho que a consciência e o manejar das ferramentas adequadas (práticas e formação pedagógicas) pelo professor trarão melhor resultado na vida profissional desse aluno.

é possível dizer que os aprendizados com as disciplinas na área de educação mudaram a perspectiva sobre a docência. A transmissão do conhecimento sob o reconhecimento do outro, que era premissa particular, se transformou e alargou o campo a ser semeado.

Nesse sentido, o Doutorado em Educação na Universidade Católica permitiu a abertura ao diálogo e a vivência entre as linhas de pesquisa que, apesar de distintas, são confluentes e estimularam de forma fulcral a pesquisa, além de fomentarem debate maduro sobre a possível transformação a ser gerada a partir do estudo que ora se prenuncia.

Capítulo 1
Componentes da Pesquisa

1.1. Tema da investigação

O tema da pesquisa está delimitado às competências dos professores do curso de Direito a partir da formação exigida para esse profissional, considerando os cursos de pós-graduação *stricto sensu* no País, e pode ser exposto como a compreensão e construção de competências na ação docente. Com base neste tema, pretende-se identificar o ser e o fazer-se professor no curso de Direito em âmbito nacional.

A pesquisa pressupõe que no Brasil não há formação adequada ao professor de Direito que lhe permita adquirir competências necessárias à docência, isso pela irrelevância dada a elementos pedagógicos na formação das competências docentes, que se faz a partir da crença valorativa no conteúdo a ser trabalhado, sem considerar o processo para essa realização.

O currículo da pós-graduação *stricto sensu* pode ser revisto, repensado e, como exemplo, ilustra-se com a atual política sobre residência pedagógica.[7] Nesse sentido, Moraes (2010, p. 293) afirma que o currículo é

[7] Não se está afirmando ser uma política boa ou ruim, efetiva ou abstrata, mas reitera-se que o Ministério da Educação, MEC, criou, como parte da Política Nacional de Alfabetização, o Programa de Residência Pedagógica e o então Ministro da Educação, Mendonça Filho afirmou que essa inovação redesenhou e ofereceu ao Brasil uma visão ousada do ponto de vista da formação de professores. A política pretende levar além da base teórica, a prática com o objetivo de melhorar o ensino nas salas de aula. http://www.capes.gov.br/sala-de-imprensa/noticias/8633--a-cidade-de-sao-paulo-sera-piloto-do-programa-de-residencia-pedagogica#content.

caminho a ser seguido, realimentado, reorientado e bifurcado sempre que necessário pela ação dos envolvidos no cenário educacional. Ressalva a autora que é necessário estar atento aos imprevistos a que este caminho está sujeito. Intrínsecas a esse caminho, se dão as situações emergentes e a ecologia da ação que, de alguma forma, precisam refletir nas ações dos sujeitos que ali se movimentam. Isso consubstancia o significado de repensar o aspecto temporal e espacial situado no momento da pós-graduação *stricto sensu* como adequado ao papel formativo do professor de Direito.

Assmann (1996) assegura, quanto aos paradigmas, que estes não são permanentes, ao contrário, são historicamente mutáveis, relativos e naturalmente seletivos. De todo modo, os paradigmas, por exemplo, os cursos formatados em padrão semelhante e seguindo, em sua maioria, o recurso da aula expositiva e do professor que tem como referencial o conteúdo estritamente técnico, são necessários ao possibilitarem reconhecer um referencial de organização, mas, contraditoriamente, os mesmos elementos que os tornam referencial de partida podem aprisionar e limitar uma visão de mundo mais resistente, apegada ao paradigma conservador.

Sob essa perspectiva, é possível revisitar a obra de Thomas Kuhn quando este define paradigma como realização científica universalmente reconhecida que, durante algum tempo, fornece problemas e soluções modelares para uma comunidade de praticantes de uma ciência (KUHN, 2000, p. 13). Ocorre que, a complexidade social altera tais padrões construídos cientificamente e geram crises que produzem revoluções que originam novos paradigmas, novas descobertas.

O processo de mudança é descrito por Morin (2000, p. 25) como o colapso de uma estrutura de ideias que seleciona e determina as categorias fundamentais da inteligibilidade, operando o controle da função do paradigma. Sendo assim, os indivíduos conhecem, pensam e agem segundo paradigmas inscritos culturalmente neles.

O curso de Direito é formatado por meio de paradigmas culturais, sociais, jurisprudenciais e científicos que podem ser classificados como tradicionais. Nesse sentido, o paradigma tradicional é pontuado por Vasconcellos (2002) como conservador e reducionista, pois focaliza

A inovação mencionada nos faz perceber que a possibilidade da reformulação da formação docente do professor de Direito com titulação e a criação de novo modelo de prática docente aliada à teoria pode ser caminho possível.

as crenças que podem ser subdividas em simplicidade, estabilidade e objetividade, em que a primeira propõe a separação da menor parte para ser analisada e classificada, para compreensão de todo o complexo e da relação de causa e efeito, consubstanciando-se em relação causal e linear. A estabilidade, por sua vez, propõe um mundo invariável, determinado, reversível, em que se pode conhecer, prever e controlar os fenômenos. A objetividade pretenderia em si uma única versão do conhecimento do universo de modo objetivo, da forma como ele se apresenta na realidade, restringindo a produção do conhecimento a partir da comprovação e gerando conceitos aceitos como verdadeiros e absolutos.

1.2. Questões de pesquisa

Tendo por objetivo principal deste trabalho a avaliação e a proposição de espaços adequados à formação do professor de Direito para a docência transdisciplinar, complexa e hodiernamente fundamentada no desenvolvimento humano, pretende-se discutir a atuação dos cursos de pós-graduação *stricto sensu* em Direito, na medida de uma contribuição efetiva para a formação do docente dos cursos de Direito no Brasil.

Substancialmente haverá reflexão sobre a formação do professor de Direito a partir da complexidade e da transdisciplinaridade, pensando substancialmente na função social da Educação jurídica, principalmente inserindo a dinâmica da modernidade líquida, apresentada por Bauman (2008), e a interface entre Educação e Direito na estratégia sistêmica para conhecer e construir conhecimentos (SANCHES, 2013).

O trabalho tangencia aspectos relacionados à desigualdade e ao desenvolvimento, haja vista as diversas dimensões de oportunidade refletidas no desenvolvimento de uma sociedade respaldada em Estado de Direito, cujo componente intrínseco está na matriz disciplinar do Direito, conforme Teubner (1988), sistema autopoiético, que permite ao operador do Direito, na formação jurídica consolidada e em práticas fortalecedoras, manejar as complexidades normativas e suas interpretações com destreza suficiente a respaldar a igualdade, a equidade e a justiça, promovendo, assim, parâmetro para o desenvolvimento sustentável em todas as suas nuances, inclusive, a partir dos arranjos institucionais e das implementações de políticas públicas.

Em relato pessoal é possível afirmar que a presente pesquisa resulta de reflexões e angústias vivenciadas no âmbito da minha própria formação acadêmica. De olhar para o intento de instituições de ensino superior de Direito, renomadas, e que investem de alguma forma em formação de seus professores, promovendo cursos, palestras, possibilitando a formação *stricto sensu* e, ainda, com abertura para investimento na formação de seus professores, e algumas, que apesar de terem espaço para tais ações, produzem pouco ou nenhum resultado no que se refere à prática pedagógica (algo que fica reservado ao "pessoal da educação").

O significado da formação docente para o Direito pressupõe o conhecimento do propósito do ensino jurídico e, nesse sentido, alguns cursos de graduação, como dito anteriormente, reduzem a dois objetivos: aprovação dos alunos na OAB e em concursos públicos, inibindo, de algum modo o saber e o agir pedagógico.

Vaz de Mello (2002, p. 13) afirma que, no que tange à legislação, esta não é precisa quanto à formação pedagógica de mestres e doutores; as universidades fazem o que julgarem melhor nessa liberdade pedagógica que mais revela desconhecimento ou falta de reflexão sobre suas práticas. Segundo Lipovetsky (2005), existe uma juventude sendo introduzida numa era de vazio existencial que precisa ser preenchida pelo dilúvio de informações disponibilizadas pelas redes sociais. O resultado é uma sociedade da ignorância diante de sua incapacidade de conversão dessas informações em conhecimento, o que pressupõe processamento dos dados e sua interpretação.

Há na docência, de forma geral, inclusive no curso de Direito, sujeitos aprendentes fragmentados pelo caráter disciplinar dos projetos educativos, que agem como se fossem ilhas reproduzindo o discurso institucional de prosperidade, de sucesso e de reprodução do conhecimento (ILLICH, 1971). Instituições escolares que prometem aos indivíduos a prosperidade e o sucesso pela colação de grau de currículos formatados em épocas da revolução industrial. Indivíduos passivos às alternativas tecnológicas e com pouca capacidade de buscarem soluções para os seus próprios problemas (BAUMAN, 2010).

Uma sociedade pautada na dualidade do bem/mal, do justo/injusto e do prazer/obrigação pode levar a escolhas que causam sofrimento e mal-estar nas pessoas, o que resulta em tomar decisões de que nem sempre se gosta – comprometendo a liberdade intrínseca a si – e de até tolher o direito de liberdade do outro. Ao mesmo tempo, por questão de sobrevivência, pessoas e entidades podem tirar proveito dessa situação, explorando possibilidades de ganhos pautadas em abordagem racionalista, onde o imperativo da maximização de resultados é força motriz e nem sempre se justifica.

Como consequências desse modelo, têm-se sujeitos alienados que perpetuam a escola que promete determinar o seu êxito para os bacharelescos em direito, como a realidade acaba sendo desvelada à medida em que esse sujeito tem consciência de que a certificação de conhecimentos é apenas o início de seu processo de formação intelectual e profissional.

Há crise profunda, generalizada que afeta o sujeito em suas diversas relações com a vida e com a complexidade – propriedade sistêmica, onde um sistema não pode ser reduzido em suas partes e seus intercâmbios permitem internalizar tudo o que necessita para a manutenção da vida. Emergências, bifurcações, circularidade e recursividade estão presentes no conceito de complexidade, manifesta nas relações entre sujeito/objeto, na ordem/desordem, no inesperado e na incerteza, na dualidade do ser humano – que lhe é inerente, sendo necessário o pensamento transdisciplinar que possa de maneira ontológica e epistemológica compreender novas bases que modifiquem e reestruturem o currículo como elemento do desenvolvimento de aprendizagem que garanta competência e formação cidadã (MORAES, 2015).

Diz-se aqui da ausência do pensamento ecossistêmico que, atuante como princípio articulador do pensamento de forma integrada, une diferentes modos de pensar, e permite a tessitura comum entre sujeito e objeto, ordem e desordem, estabilidade e movimento, professor e aluno, e todos os tecidos que regem os acontecimentos, as ações e interações que tecem a realidade da vida. Trata-se de tessitura complexa, dialógica e auto-eco-organizadora, tecida nos interstícios, na intersubjetividade da relação entre seus sujeitos e na pluralidade de percepções e de significados presente nos fenômenos da vida (MORAES, 2004).

Tal ausência resulta em educação que pouco pratica o ensinar a pensar, educação que apresenta dificuldades de compreensão e de aplicação dos conceitos de níveis de realidade, complexidade e lógica inclusiva, o que resulta em soluções reducionistas dos problemas diante da fragmentação do conhecimento humano e da dificuldade de compreensão de relações complexas do mundo atual (MORAES, 2015).

Atrelado a esses aspectos, em tempos de modernidade líquida – época de liquidez, de fluidez, de volatilidade, de incerteza e insegurança onde o conjunto de relações e instituições se adaptam aos seus meios, preenchendo ambientes, com a mesma facilidade que se esvai desse local e/ou tomam novas formas (BAUMAN, 1997) – são desvelados a diminuição da importância daquilo que conhecemos, não cabendo a ideia de conhecimentos permanentes, duradouros e invariáveis, os indivíduos são valorizados pela sua capacidade de utilizar instantaneamente os conhecimentos para resolver problemas. Essa aceleração da sociedade líquida resulta na síndrome da impaciência, em que toda demora, atraso ou espera se transforma em estigma de inferioridade (BAUMAN, 2008).

Diante dessas circunstâncias, podem-se depreender questões a serem pensadas sobre os desafios da educação superior brasileira do Direito em tempos de modernidade líquida e que podem indicar pistas sobre certa dominação do sistema de educação jurídica e, de repente, evidenciar quais mudanças se revelariam necessárias:

(i) Qual o tipo de educação do curso de Direito se apresenta possível a partir da impaciência e da pressa de tempos líquidos?
(ii) Qual seria o papel dos conteúdos pedagógicos no curso de Direito em tempos de modernidade líquida?
(iii) O processo de mudança da educação trata-se de adaptação da educação aos novos tempos ou é algo mais profundo a fazer?
(iv) A educação institucionalizada pode garantir respostas rápidas para problemas complexos?
(v) Que características devem apresentar os currículos e os processos avaliativos no curso de Direito em tempos de modernidade líquida?
(vi) Quais seriam as competências requeridas para os professores do curso de Direito em uma sociedade líquida?
(vii) Que constructo paradigmático poderia ser desvelado como formação do professor de Direito?

Tais questões não são o objetivo principal do trabalho, mas estão intrínsecas nesse trabalho de pesquisa que está delimitado em identificar as competências necessárias ao professor do Direito, e, a partir da descoberta de quais são, verificar: como se desenvolvem tais competências nos cursos de pós-graduação *stricto sensu* no país? Há algum formato de preparação docente que melhor responda às necessidades de competências a serem vislumbradas no presente trabalho?

A verificação a ser feita dá ensejo às seguintes questões de pesquisa:

- Quais competências são necessárias ao desempenho docente no curso de Direito?

  a. Quais competências estão presentes no ser professor?
  b. Quais competências serão necessárias no fazer-se professor?

- Como são (ou deveriam ser) desenvolvidas as competências necessárias para o professor do curso de Direito?

Parte-se do pressuposto de que a participação do docente no curso de Direito se dá:

1) a partir da demonstração de determinados conhecimentos a partir do exercício de cargos públicos considerados distintos na carreira jurídica, ou 1.1) atuação com relevante repercussão na advocacia;
2) somado o conhecimento à aproximação pessoal envolvida com a captação de professores, onde o ingresso não depende de concurso e sim de indicação para o cargo;
3) tendo por base o conhecimento em área específica do Direito a partir de concursos para ingressos em determinadas instituições.

Como resultado da pesquisa, pretende-se desenhar quais as competências necessárias ao desempenho docente no curso de Direito e como formatá-las com base na compreensão do projeto pedagógico no curso de Pós-graduação em Direito *stricto sensu*. Nesse sentido, verificar-se-á o que as faculdades e universidades estão fazendo em relação à formação pedagógica dos professores nos cursos de pós-graduação *stricto sensu* em Direito no Brasil.

Menciona-se, como referencial, o importante projeto denominado observatório do ensino do Direito[8], criado pela Fundação Getulio Vargas, juntamente com outras instituições, que desde outubro de 2013 contribui para o incremento de análises na área. Os ciclos de trabalho se

[8] Cf. **Observatório do Ensino do Direito**: Disponível em: http://direitosp.fgv.br/observatorio-ensino-direito. Acesso em: nov. 2017.

desenvolveram de forma anual e foram divulgados em relatórios sobre docentes (2013-2014), instituições (2014-2015) e alunos (2015-2016).

A presente tese pretende contrapor-se à visão de que o ensino do Direito não necessitaria de informações de Pedagogia, pois, como hipótese, tal concepção, se faz a partir de crença no conteúdo a ser trabalhado sem considerar o processo para essa realização. Nesse problema não existe atribuição de responsabilidade exclusiva ao professor no processo educativo e, sim, compreende-se processo de complexidade que envolve os sujeitos aprendentes e os diferentes níveis de realidade e percepção em ação multidimensional (MORAES, 2007).

De outro modo, a escolha da lente, com fundamento na formação pedagógica do professor do curso de Direito, delimita a pesquisa para reconhecer competências necessárias e contribuir para difusão de conhecimento teórico que forneça possibilidades de ações, além do domínio de conteúdo de maneira a fortalecer processo educativo e a formação profissional do estudante de Direito.

Isso ocorre porque muitos professores possuem especial tendência e gosto com uma vocação natural que, diante da experiência, garantem certo desempenho satisfatório. No entanto, Libâneo (1994, p. 28) relembra que o domínio das bases teórico-científicas e técnicas e a articulação concreta do ensino conferem maior segurança profissional, de modo a permitir um aprimoramento na prática e na qualidade do ensino.

IOCHOHAMA (2011, p. 65) afirma, ainda, que por muito tempo ser professor de Direito conferia alto *status* e essa qualificação levava à procura por profissionais renomados na área jurídica, produzindo sentimento de competência transmitida. Aqui, há um sério problema nos diversos cursos de graduação no país: a resistência pedagógica de professores das carreiras jurídicas de alto estrato que conciliam a função técnico-profissional à docência.

Existe o falso pressuposto de que o exercício da profissão em cargos de alto nível jurídico, como juízes, procuradores, advogados renomados ou mesmo de alta formação acadêmica *stricto sensu* transforma aquele indivíduo em professor eficiente. De acordo com Aguiar (2004, p. 211), tais indivíduos são jogados em sala de aula para uma ação via empiria, improvisando, sem uma percepção técnica da sua missão de educador, tornando-se, em grande parte dos casos, discursadores que passam informações requentadas e repetitivas.

Existem conhecimentos diferentes que envolvem o conteúdo técnico a ser desenvolvido em sala de aula e o processo de construção do conhecimento. A docência exige competência em ambas as áreas para que haja a formação dita eficaz, ou com o mínimo de instrumentos didáticos disponíveis no processo de aprendizagem.

Reitera-se, como o fez IOCHOHAMA (2011, p. 72), que a ausência de formação não implica incompetência profissional, mas que a formação pedagógica, inclusive advinda da formação continuada, viabiliza o reconhecimento de quais ações geram determinados resultados, oportunizando maior efetividade na ação educativa.

A pesquisa Alves Neto (2011, p. 118), a partir da análise da aplicação de questionário semi-elaborado, percebe que, dentre elementos comuns, a própria prática pedagógica docente no curso de Direito traz a centralização do processo ensino-aprendizagem para o professor. Há claro reconhecimento de que não se tem muito espaço para o processo de planejamento, havendo carência, inclusive, dos saberes pedagógicos relativos à prática educativa mais consistente.

É factível afirmar que há, no Brasil, crise estrutural, decorrente de diversos paradigmas epistemológicos, nos quais o saber jurídico está centrado no conhecimento técnico da dogmática jurídica e na manipulação de normas e leis. Tal crise é o quadro histórico desenhado na formação do curso de Direito no país: a garantia de intelectuais para atuação na burocracia do Estado, servindo de base à manutenção da elite no poder.

Tal fato pode ser exemplificado na tese de Alves Neto (2011, p. 134):

> É fato importante destacar que o ensino superior no Acre começou com a faculdade de Direito. Apesar de o Estado apresentar dados educacionais de quase 80% de pessoas analfabetas, a escola primária ser de acesso a parcela mínima da população, não existirem escolas de ensino médio para aqueles que concluíam o ensino fundamental, o investimento em educação era da ordem de 5% para todo o Estado e os professores recebiam seus salários uma vez por ano. Nesse quadro crítico da educação básica e fechando os olhos e ouvidos aos reclames da sociedade acreana, que exigia curso superior para a formação de professores e voltados para agronomia, o Governo do Estado aprovou a criação do Curso de Direito, que iniciou em situações precárias, pois não existia biblioteca com acervo mínimo. Funcionou com a boa vontade daqueles que tinham todo interesse que o curso segue em frente. [...]

O modelo de ensino acreano reproduzia o mesmo modelo de ensino jurídico nacional, o tradicional, que desde tempos imperiais orientava-se pela formação jurídica de Coimbra. O surgimento do ensino superior no Acre atendeu, principalmente, às projeções elitistas das classes dominantes e aos interesses políticos particulares para a região.

O fulcro da problemática de pesquisa ora exposta se dá na competência como prescrição nuclear da organização do currículo, compreendida em uma formação humana comprometida com a transformação social e não somente com competências para formação profissional, do saber-fazer, comprometendo a visão de complexidade na formação do indivíduo como ser.

1.3. Justificativa da pesquisa

No curso de Direito, o paradigma reducionista propõe uma formação e uma educação disciplinar e disciplinada, especializada e autoritária, revelando as dificuldades de compreensão e aplicação dos conceitos de níveis de realidade, complexidade e lógica inclusiva. São soluções reducionistas dos problemas que resultam na fragmentação do conhecimento humano e na dificuldade de compreensão de relações complexas do mundo atual.

A nossa realidade apresenta uma mudança na visão tradicional newtoniano-cartesiana da ciência que atingiu a educação, a escola e a prática pedagógica do professor. O aluno não pode ser mero espectador, reprodutor de conteúdos memorizados, sem a interação ou a experiência de se inserir como sujeito da relação ensino-aprendizagem.

De acordo com Behrens (2005), a prática pedagógica tradicional leva o aluno a caracterizar-se como ser subserviente e, obediente e destituído de qualquer forma de expressão. O aluno é reduzido ao espaço de sua carteira, silenciando sua fala, impedido de expressar suas ideias. A ação docente concentra-se em criar mecanismos que levem a reproduzir o conhecimento historicamente acumulado e repassado como verdade absoluta. Assim pode-se pensar a ação docente em três grandes eixos necessários:

(1) Capacidade, recursos e procedimentos para tomar consciência da complexidade da realidade social e natural na qual está inserida o docente;

(2) Conhecimento e aplicação de técnicas, recursos e procedimentos que permitam desenvolver e exercer o pensamento interrogativo, crítico e autocrítico; e
(3) Sensibilidade, atenção, responsabilidade e compromisso.

O Eixo número 1 seria então fundamental para que haja as ações relacionadas ao eixo 2, que dariam suporte à ação docente que envolvesse o eixo 3. Nesse aspecto, a complexidade da educação pressupõe sujeitos que estão inseridos no fenômeno da vida, que por si é inconclusivo e complexo, está em permanente transformação e se insere em dinâmica que se está a tatear sem conseguir enxergar plenamente e nisso vê-se apenas uma sombra da ação docente a ser desempenhada.

Sobre essa complexidade, é possível falar sobre o triângulo da vida de D'Ambrósio (2009) – Indivíduo, Natureza, Sociedade – e determinar quais seriam as possibilidades de integrar atividades, alargar os tempos de aprender, utilizar os espaços disponíveis para diferentes e novas explorações educativas, respeitando as necessidades dos alunos.

A grande questão é que o professor ainda não está preparado para atuar de maneira competente em um mundo funcional, em rede e onde não há mensuração completa, mas adequa-se variáveis consistentes que possibilitam, de forma translúcida, o reflexo das implicações futuras, decorrentes desse exercício incompetente. A contribuição para o desenvolvimento de tal competência está na obra de Morin (2003), quando ele propõe reforma do pensamento humano, reforma que não dissolva o ser, a vida ou a existência, mas que o compreenda.

A compreensão do pensamento humano a partir do Pensamento Complexo de Edgar Morin e do Pensamento Ecossistêmico de Maria Cândida Moraes resgata a construção de ambiente saudável, em que os pressupostos da educação envolvem a alegria e o prazer em aprender. Surge articulação de diferentes princípios de natureza epistemológica que permitem a criação de ecossistemas educacionais (diferentes espaços cognitivos/emocionais) para a produção de informação, criação de identidades e desenvolvimento de práticas culturais e sociais. (MORIN, 2003; MORAES, 2008).

Dentro das metodologias para alcançar a construção desse ambiente saudável com perspectiva ecossistêmica ou complexa em relação ao funcionamento do mundo e da vida, ultrapassa-se a questão do determinismo ou causalidade linear e se reconhece a complexidade de forma dinâmica, em que nem todas as causas produzem os mesmos efeitos e nem todas as rotas podem ser previstas.

Assim, a complexidade como propriedade dos sistemas vivos, possui a existência de interações ecossistêmicas (MORAES, 2008, p. 153). É o que Moraes (2008) chama de perspectiva dialógica, em que há dois termos ou conceitos antagônicos, mas não excludentes. O espaço de convergências não é uma disputa, mas espaço para o diálogo com o diferente.

Nesse diálogo com o diferente, a complexidade e a transdisciplinaridade na educação definem, entremeado de tecidos, na maneira de aprender a aprender, nos reflexos multidimensionais, no *feedback* da retroatividade e na recursividade do movimento (MORIN, 2000, p. 92). Tal concepção já se podia vislumbrar na Carta da Transdisciplinaridade, com redação de Freitas, Morin e Nicolescu (1994), adotada no Primeiro Congresso Mundial de Transdisciplinaridade. Tal carta, em seu artigo 11, declara que a educação transdisciplinar reavalia o papel da intuição, do imaginário, da sensibilidade e do corpo na transmissão do conhecimento.

Moraes (2012) aduz que a transdisciplinaridade decorre da abordagem do pensamento complexo, daquilo que é tecido em conjunto. Quando se faz o conhecimento transdisciplinar, há uma abordagem do conhecimento que une e ajusta a ação ao pensamento do sujeito sobre o objeto, o que faz refletir diferentes conhecimentos disciplinares.

Para que esse pensamento seja reformado, Morin (2003, p. 15) remete à busca por autonomia interior, na qual haja reencontro com a poesia da vida e sejam eliminadas as barreiras que nos separam, como sujeitos, dos objetos que criamos. Nesta busca, haveria transformação do próprio sujeito, que mudaria o ambiente e reestabeleceria o elo orgânico entre o sujeito, o lugar e o outro. Moraes (2012) pontua a transdisciplinaridade como algo que vai além dos aspectos cognitivos baseados no desenvolvimento de competências e habilidades. Afirma que envolve o mundo emocional, intuitivo e espiritual do sujeito. É nessa transformação do pensamento linear em um pensamento complexo, ecossistêmico, que compreenda os reencontros que surge com a possibilidade de mudanças na educação superior em tempos de modernidade líquida.

Nesse aspecto, as mudanças em educação podem ser descritas com fundamento em novo paradigma, que revela novo constructo, de maneira a influenciar não somente o processo de construção do conhecimento, como também a maneira de ser, de fazer e de viver/conviver Moraes (2012, p. 31).

O paradigma da educação, em nível mundial, tem sido redesenhado, repensado de forma a responder ao tempo presente, que pode ser descrito como tempo de modernidade líquida. Kuhn (2000, p. 13) percebe o paradigma como padrão compartilhado entre determinado grupo, apto a elucidar determinadas dimensões da realidade. Durante algum tempo, as realizações científicas universalmente reconhecidas fornecem problemas e soluções modelares para uma comunidade de praticantes de uma ciência. É a lógica geradora de novas teorias que implica numa noção nuclear, de conjunção e disjunção em algum tipo de relação dominadora, que determina o curso de todas as teorias e discursos controlados pelo paradigma em questão.

Nessa tessitura, o novo padrão que se forma, tem, na visão de De Masi (2014), a possibilidade de alcançar uma dimensão necessária ao desenvolvimento equilibrado da vida, que, segundo ele, alcança posturas ecumênicas, sincréticas, positivas e tolerantes perante a diferença, tão natural na vida. Este novo modelo tem uma tessitura complexa, formada a partir da contribuição decorrente da troca globalizada. A sociedade pós-industrial precisa de nova rota, caminhos novos a serem traçados. Caminhos de integração da ciência em perspectiva que não está delimitada pela fronteira dos países. O modelo proposto por De Masi, por exemplo, em ótica planetária, evidencia a educação nesse processo global, exemplificando projetos científicos como o Projeto Genoma, ou movimentos como *Slow Food*, que envolvem diversos países, consórcio internacional e a necessária coordenação de pares na intrínseca teia da evolução científica que envolve a construção humana,

Ao mesmo tempo em que se fala em mudança e educação global, atenta-se para Huberman (1973, p. 16 e 40), ao indicar o processo de mudança que se faz necessário, pressupõe que haja um conjunto de ações positivas, imediatas, que sejam muito mais intencionais e planificadas. Tudo isso porque na educação temos de haver-nos com instituições sociais e com os adultos que nelas trabalham. Isso reforça ainda mais a resistência intrínseca à mudança. Inevitavelmente, ao que parece, a busca da novidade tem de subordinar-se ao desejo de estabilidade.

No curso de Direito essa resistência à mudança se torna clarividente, pois as instituições sociais e os adultos que nelas trabalham possuem suas raízes ainda na cultura de controle, da manutenção do poder, falando mais forte do que a preocupação com o saber (BITTAR, 2006, p. 109) e do ensino jurídico formatado desde a época de 1930.

A crítica feita por Huberman (1973, p. 15) está na ideia de que a mudança em educação pressupõe processo lento, visto que implica externamente em mudanças no âmbito da sociedade, quase sempre fora do controle das organizações educacionais; e, internamente, alude processo de assimilação, adoção de novas ideias e práticas, e em processo de acomodação, adaptação de estruturas anteriores a estas novas ideias e práticas.

O constructo das mudanças em educação, em tempos de modernidade líquida, remete à formação institucionalizada com vistas a facilitar ou induzir à inovação, que pode ser equacionada como N (necessidade) – R (resistência) = NP (novo paradigma). Assim seria possível processo resultante de mudança planejada. Ainda segundo Huberman (1973, p. 15), definir-se-ia como "aprimoramento mensurável, deliberado, durável e pouco suscetível de produzir-se com frequência". Isso significa o novo paradigma, a reconstrução necessária, apta a responder à sociedade pós-industrial em tempos de Modernidade Líquida.

Nesse contexto, tem-se o desafio de formar professores com o propósito de estimular os processos de ensino e de aprendizagem, visando ao desenvolvimento de alunos com capacidades de resolver problemas complexos pessoais e sociais, o que requer a formação de professores sobre os aspectos epistemológicos, metodológicos e ontológicos de seus processos educativos e atitude transdisciplinar.

No âmbito nacional, o Brasil possui a Lei de Diretrizes e Bases da Educação Nacional – LDB (Lei n.º 9.394/1996), que, em seu artigo 65, estabelece que "a formação docente, *exceto para a educação superior*, incluirá a prática de ensino de, no mínimo, trezentas e sessenta horas" (grifo nosso) e em seu artigo 66, a LDB destaca que "a preparação para o exercício do magistério superior far-se-á em nível de Pós-graduação, prioritariamente em programas de mestrado e de doutorado". Nesse sentido, há indicativo que deve haver preparação, mas o artigo 66 não tem a mesma densidade normativa do artigo 65, fazendo tênue o imperativo de preparação para o exercício do magistério superior.

Diante desses requisitos legais para o exercício da docência superior, com exceção de cursos de licenciatura e de programas de pós-graduação em educação, é de se esperar professores com carência de formação didático-pedagógica que, por sua vez, acabam por reproduzir em sala de aula processos de ensino e de aprendizagem vividos em suas próprias experiências discentes. Sobre esse aspecto, ao refletir na tradição de práticas pedagógicas da educação superior, ter-se-ão atividades educativas que pouco exercitam o ensinar a pensar.

Noutro giro, apesar de estarmos estimulando a importância de processos para formação de professores, sua execução pode não garantir a mudança de atitude docente, visando à reflexão e à melhoria de suas práticas educativas, isso porque os níveis de realidade e de percepção dos sujeitos que fundamentam o agir e o pensar desses profissionais, podem não culminar em lógica de implementação de novas práticas educativas. Trata-se de pensamento complexo que requer postura transdisciplinar de seus sujeitos frente aos desafios de ensinar e de aprender.

Em outra vertente, é possível encontrar professores, independente da formação didático-pedagógica, que são reconhecidos pelos seus alunos por sua capacidade de estimular o processo de aprendizagem, de integrar teorias e práticas, de desenvolver habilidades essenciais para a resolução de problemas e pelo legado de produção autopoiética e coletiva de conhecimentos em sua forma peculiar de se relacionar com os alunos.

De todo modo, os pressupostos do pensamento ecossistêmico, do pensamento complexo e da transdisciplinaridade, da pedagogia da presença, da proximidade e da partida (MORAES, 2004, 2012, 2015; SÍVERES, 2016), permitirão delinear o estudo de forma a responder quais os pressupostos epistemológicos corroboram com as práticas educativas de professores mestres e doutores do curso de Direito.

Salienta-se o uso da palavra aprendente no lugar da palavra aluno ou da palavra estudante, considerando aquele o que frequenta o estabelecimento de ensino, e, este significando o sujeito que tem papel ativo na sua aprendizagem. Na presente tese, conjecturando pressupostos ministrados pela professora Sandra Francesca[9] utilizar-se-á o conceito de aprendente, no conceito subjetivo do situar-se e da relação transferencial que se define no projeto identificatório dos níveis constitutivos do sujeito. Não se está

[9] A professora Sandra Francesca ministrou a disciplina psicanálise na Educação, cursada no 2º semestre de 2017, cujos ensinos foram ancorados de maneira especial para a apresentação da presente tese de doutorado em Educação, pois subsidiaram a construção teórica acerca da autoria do pensamento, confluindo ensinamentos da psicanálise à educação.

usando a palavra aprendente no sentido de sinônimo a aluno ou estudante, pois, conforme Andrade (2002) a relação professor/aluno, independentemente da postura teórico/metodológica adotada, implica aprendizagem relacionada a conteúdos formais de uma determinada disciplina, a partir do lugar e do conhecimento objetivo, permeados pela relação ensino/aprendizagem.[10]

Compreende-se assim a subjetividade que se constitui no desejo de saber e na demanda de conhecimento. Há nesse sentido o sujeito aprendente e o sujeito ensinante, inscritos em categorias teóricas que não poderão ser reduzidas ao conceito objetivo de aluno/professor, mas que significam o espaço de transformação que surge da fecundação entre sujeito cognoscente e sujeito desejante, possibilitando assim, o nascimento do sujeito aprendente (FERNANDES, 2001a), consolidando de igual modo a vivência a si mesmo como sujeito ensinante, determinando como pode ou não mostrar o que conhece.

Denota-se que ensinante/aprendente são funções exercidas a partir desta posição subjetiva, instaurada pela castração do pensamento, que determina modalidade de ensino/aprendizagem fundada pela linguagem, instrumento pelo qual o sujeito se apresenta como ensinante/aprendente representando as percepções inconscientes.[11]

A percepção do professor como ensinante traz como simbolismo a fala de Lopes (2001, p. 68-69), quando afirma que "uma educação possível será aquela sem iluminados, sem profetas, sem missão a cumprir. Quem estiver disponível à sua prática, deverá estar disposto a sair do lugar da onipotência, para ocupar o lugar do claudicante", e aqui acrescenta-se, ocupar, com amor, o lugar do claudicante.

1.4. Objetivo e natureza de pesquisa

O objetivo principal desta pesquisa, em estrita relação com a problemática, é desvelar a necessária formação pedagógica de professores no curso de Direito diante do pressuposto da sociedade contemporânea, que

[10] Cf. ANDRADE, Márcia Siqueira de. **A escrita inconsciente e a leitura do invisível**: Contribuição às bases teóricas da Psicopedagogia. São Paulo: Memnon, 2002.

[11] Cf. ALMEIDA, S.F.C. Psicanálise e educação: entre a transmissão e o ensino, algumas questões e impasses. *In*: COLÓQUIO LUGAR DE VIDA; 1. A psicanálise e os impasses da educação. **Anais...** São Paulo: LEPSI. 1999.

valoriza a capacidade dos indivíduos em utilizarem instantaneamente os conhecimentos adquiridos para resolver problemas.

O objetivo específico tem por escopo evidenciar elementos centrais da teoria da complexidade e da transdisciplinaridade, aplicados à discussão do espaço adequado para o desenvolvimento que se pretende, qual seja, mudar a realidade da formação e aquisição de competências necessárias ao professor do Curso de Direito.

Verifica-se, nessa medida, quais as políticas públicas e instrumentos voltados à formação do professor de Direito até 2016, olhando para o último relatório quadrienal, que avalia as instituições de pós-graduação *stricto sensu* divulgado pela CAPES e para os aspectos normativos, como a Resolução da Câmara de Ensino Superior, do Conselho Nacional de Educação – CNE/CEs nº 5/2018 e o Parecer CNE/CEs nº 635/2018.

Pretende-se, assim, verificar se o conhecimento pedagógico que o professor de Direito (Mestre ou Doutor) utiliza, advém (ou deveria advir) necessária e substancialmente de sua formação em curso de pós-graduação *stricto sensu* no Brasil e indicar caminhos para a construção desse conhecimento.

Os objetivos específicos têm por escopo evidenciar elementos centrais da teoria da complexidade e da transdisciplinaridade, aplicados à discussão das necessárias mudanças na realidade da formação do professor no Curso de Direito. Desta forma, os objetivos específicos são:

a) Caracterizar os currículos dos Programas de Pós-Graduação em Direito – PPGDs conforme a disponibilidade de disciplinas que explicitamente fomentem ou sejam relacionadas à prática pedagógica;
b) Identificar quais fatores contribuem para efetividade na prática docente na graduação e a relação com a formação *stricto sensu*; e
c) Contribuir com sugestões, a partir dos dados coletados na pesquisa de campo, de práticas de formação de professores efetivas em cursos de pós-graduação *stricto sensu* em Direito.

Para o delineamento deste estudo, optou-se, por critério de acessibilidade, por verificar os currículos dos cursos de pós-graduação *Stricto Sensu* em Direito no Brasil, coletar dados eletronicamente e utilizar-se de entrevista individual semiestruturada, com o coordenador e, um ou dois professores de programas específicos, entrevistas individuais com professores da graduação em Direito de curso local e análise de outras pesquisas que também utilizaram entrevistas com professores dos cursos de Direito no Brasil aderentes aos objetivos que se enquadram na presente proposta de pesquisa.

Com relação ao critério de acessibilidade da pesquisa, relata-se que há uma lista disponibilizada pela CAPES com todos os PPGDs no país e, além disso, o Conselho Nacional de Pós-Graduação em Direito – CONPEDI, do qual participo como associada, possui o fórum dos coordenadores de Programas de Pós-Graduação em Direito, que me permite acesso pessoal à maioria deles, além da participação no fórum específico de editores de periódicos científicos que também me permite acesso aos professores responsáveis por mais de 70% dos periódicos dos PPGDs.

A natureza da pesquisa é qualitativa por compreender a investigação que envolve os significados de determinados dados, quais sejam os currículos dos PPGDs e a análise das entrevistas semiestruturadas, buscando a percepção daquele fenômeno dentro de seu contexto (TRIVIÑOS, 1987, p. 32), sendo mais do que a descrição aparente, mas a busca por representatividade de determinado grupo, considerando o corpo docente do curso de graduação em Direito e ao mesmo tempo daqueles professores que também então integrados em programas de mestrado ou doutorado, de forma a explicar a subjetividade de origem, relações e mudanças intuindo as consequências. Assim, a abordagem utilizada na pesquisa qualitativa aprofunda as questões relacionadas ao objeto que está sendo estudado e permite a significação subjetiva e contextual durante o processo de análise indutivo.

Por ser qualitativa, perpassa disciplinas, estudos e problemas subjetivos, cercando-se por termos, conceitos e suposições. Nesse aspecto, vivências pessoais, histórias de vidas se mostraram relevantes, porque possibilitaram contextualizar o cotidiano dos participantes com base nas significações oriundas destes aspectos (DENZIN; LINCOLN, 2000).

Deixa-se claro que o conceito de pesquisa qualitativa envolve preliminarmente cinco características, de acordo com Bogdan e Biken (2003), o ambiente natural, os dados descritivos, a preocupação com o processo, a significação e a análise indutiva.

A presente pesquisa utilizou questionários e entrevistas semiestruturadas como fonte direta de dados, sendo a pesquisadora o principal instrumento, em contato direto e prolongando com o ambiente e com a situação a ser investigada, principalmente porque a pesquisa se entremeou na vivência da pesquisadora.

Os dados coletados foram de forma predominantemente descritivos sendo ricos na descrição das pessoas e situações confrontadas. Sendo passo importante o processo de verificação do objeto de análise e, tendo por foco o significado expresso nos dados e a correlação com a interpretação da pesquisadora quanto àquela realidade. Seguindo-se nessa medida, o processo indutivo de análise, consolidando as abstrações que foram definidas antes do estudo.

Ressalta-se que, apesar da divergência entre autores sobre a limitação dos estudos qualitativos ou quantitativos, a presente tese se acomoda na perspectiva de Laville e Dionne (1999, p. 43) quando afirmam que tal debate parece inútil, na medida em que os pesquisadores aprenderam, há muito tempo, a conjugar suas abordagens conforme as necessidades e, assim, a escolha da abordagem está a serviço do objeto da pesquisa, de forma a compreender, da melhor forma possível, a sua significação para a hipótese que se levanta. Sendo assim, as abordagens qualitativas e quantitativas devem ser encaradas como complementares, em vez de mutuamente concorrentes (MALHOTRA, 2001; LAVILLE; DIONNE, 1999).

Por ser exploratória, transcende o que já foi descrito em outras pesquisas relacionadas ao tema, descrevendo e decodificando o sistema que se conformou complexo (GODOY, 1995), potencializando descobertas.

O formato assumido por essa pesquisa qualitativa foi do tipo etnográfico, explicitado por André (2005), quando se busca conhecer uma instância em particular, sua complexidade e totalidade ou mesmo para retratar seu dinamismo de forma mais próxima à realidade.

Quanto ao objeto de estudo, a pesquisa traz o que se denomina de estudos de casos múltiplos, que segundo Yin (2001) estaria restrito a várias unidades, podendo ser indivíduos, organizações, programas, instituições, dentre outros. Quanto ao estudo de casos múltiplos, apesar de trazer provas mais convincentes, há maior exigência de tempo e de recursos, isso porque a utilização de estudos de casos múltiplos não permite a generalização, mas sim à similaridade entre resultados (replicação literal) ou até resultados contrários por razões previsíveis (replicação teórica), conforme aponta Yin (2001, p. 69).

Utilizando os estudos de casos múltiplos, o pesquisador estuda dois ou mais sujeitos visando a análise de um objeto de estudo de maneira singular, retratando com maior profundidade a realidade. Para Boyd e Westfall (1987), o estudo de multicasos tem se mostrado conveniente na identificação de três fatores: "1) fatores comuns a todos os casos no grupo escolhido; 2) fatores não comuns a todos, mas apenas a alguns subgrupos; 3) fatores únicos em caso específico" (BOYD; WESTFALL, 1987, p. 73). O estudo de casos múltiplos tem por parâmetro a definição da teoria ou a caracterização do problema, e daí volta-se para apresentação dos casos selecionados e para as definições dos indicadores de análise, conforme Yin (2001).

Quanto à técnica de coleta de dados, optou-se por entrevista semiestruturada e pesquisa bibliográfica. As técnicas de coleta de dados envolvem os processos utilizados por ciência, correspondendo, nessa medida, à parte prática da coleta de dados (LAKATOS; MARCONI, 2001).

A entrevista é, de acordo com Cervo e Bervian (2002), uma das principais técnicas de coletas de dados, e pode ser definida como uma conversa pessoal, realizada face a face pelo pesquisador junto ao entrevistado a partir de determinado método. Tal técnica de coleta de dados é útil, de acordo com Gil (1999), na obtenção de informação acerca do que as pessoas sabem, creem, esperam e desejam, assim como suas razões para cada resposta.

A vantagem da técnica de entrevista em relação aos questionários está na maior abrangência e eficiência na obtenção dos dados, classificação e quantificação. Os questionários restringem os aspectos culturais, como a entrevista possui maior número de respostas e oferece maior flexibilidade, possibilitando ao entrevistador que capte outros tipos de comunicação não verbal.

Gil (1999) apresenta ainda que algumas limitações que acontecem na entrevista são relativas à falta de motivação e compreensão do entrevistado, a apresentação de respostas rasas ou falsas e ainda a inabilidade de responder as perguntas. Considera-se ainda a influência do entrevistador no entrevistado. Nessa medida, se faz importante a preparação do entrevistador, posto que é ator social e que contrai em si interesses aos quais lhe servem, como nas palavras de Pedro Demo:

> Como ator social, o pesquisador é fenômeno político, que, na pesquisa, o traduz sobretudo pelos interesses que mobilizam os confrontos e pelos interesses aos quais serve. Donde segue: pesquisa é sempre também um fenômeno político, por mais que seja dotada de sofisticação técnica e se mascare de neutra. (DEMO, 2002, p. 14).

A entrevista semiestruturada é o tipo mais usual, feita por meio de roteiro no qual as questões e a ordem em que se apresentam é a mesma para todos os respondentes, de forma a permitir que se faça comparação e se notifique as variações entre as respostas, tendo por base certa padronização das perguntas de modo a auxiliar na tabulação das respostas (LAVILLE; DIONNE, 1999; MARCONI; LAKATOS, 2001).

Para a realização da entrevista, se faz necessário buscar a objetivação com vistas a construir os questionamentos básicos suportados em teorias que interessem à pesquisa, podendo, inclusive, surgir novas hipóteses conforme a resposta dos entrevistados, e foi o que aconteceu, quando na entrevista com o professor da Espanha, se mencionou que no passado havia a obrigatoriedade de certa certificação docente[12] para lecionar nos cursos superiores, inclusive de Direito, mas que isso tinha sido retirado da norma, alterando-se os espaços formativos para o exercício da docência em nível superior.

A extensa pesquisa bibliográfica realizada no presente trabalho, considerada fonte de coleta de dados secundária, pode ser definida como contribuições culturais ou científicas realizadas no passado sobre determinado assunto, compreendendo publicações avulsas, jornais, revistas, livros, monografias, teses e acervos que tragam embasamento referencial acerca do objeto de pesquisa (LAKATOS; MARCONI, 2001; CERVO; BERVIAN, 2002).

Utiliza-se, ainda nesta pesquisa, a convergência de duas fontes de evidência para fundamentar a compreensão do objeto em estudo. Nessa

[12] O Certificado de Atitude Pedagógica era o requisito indispensável na Espanha para o exercício docente nos cursos superiores. Devido à entrada em vigor do Espaço Europeu de Educação Superior, conhecido como plano Bolonha, foi implementado um Mestrado específico para este propósito com a finalidade de formar professores do ensino secundário, bacharelado, formação profissional e línguas. Vf. https://eacea.ec.europa.eu/national-policies/eurydice/content/conditions-service-academic-staff-working-higher-education-72_es.

medida, Yin (2001) afirma que o uso de várias fontes de evidências torna possível ao pesquisador maior diversidade de significados, mas a vantagem seria o desenvolvimento de linhas convergentes de investigação. Para Triviños (1987), a triangulação na coleta de dados tem por fundamento o uso de várias fontes de evidências para abranger a máxima amplitude na descrição, na explicação e na compreensão do objeto em estudo.

Quanto à análise de dados, uma das fases mais importantes da pesquisa, apresenta-se os resultados e a conclusão a partir da análise de conteúdo, que, de acordo com Bardin (1977) se apresenta como forma de tratamento em pesquisas qualitativas e quantitativas.

O objetivo da análise de conteúdo é enriquecer a leitura e ultrapassar as incertezas, extraindo conteúdos por trás da mensagem analisada. E possui duas funções básicas, de acordo com Bardin (1977, p. 37): a função heurística, que enriquece a descoberta, e a administração da prova, comprovando determinada hipótese. No caso do presente trabalho, as duas funções estão muito claras na convergência da entrevista semiestruturada e da pesquisa bibliográfica.

A análise de conteúdo revela o que está por detrás da mensagem explícita, busca significados intrínsecos na mensagem, conforme figura da professora Bardin (1977):

Figura 1 – Análise de conteúdo

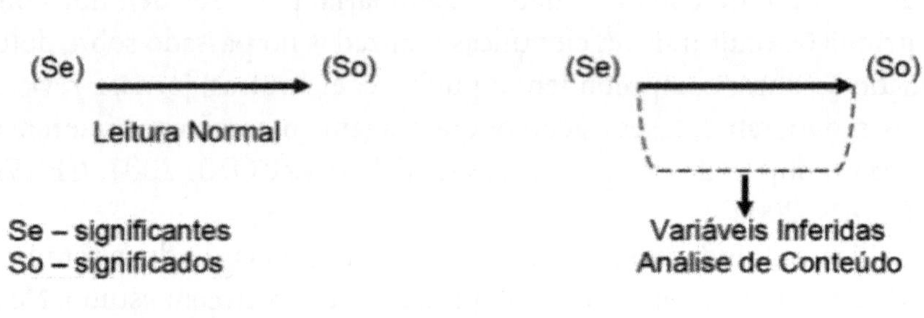

Fonte: Bardin (1977, p. 42).

A leitura efetuada pelo analista realça o sentido que está em segundo plano, não se tratando ali de atravessar significantes para atingir significados, como uma decifração, mas de atingir através de significantes ou de significados (manipulados) outros significados, consubstanciando técnica de análise que permite a inferência de conhecimentos relativos à condição de determinadas variáveis e como esforço de interpretação, a análise de conteúdo oscila entre os dois polos do rigor da objetividade e da fecundidade da subjetividade (BARDIN, 1977, p. 41 e 42).

A análise de conteúdo é processo de articulação do texto com o sujeito e espera compreender, por procedimento sistemático e objetivo de descrição do conteúdo, indicadores que permitam aferir o pensamento do sujeito através do teor expresso, numa concepção transparente de linguagem.

A tarefa do pesquisador é operacionalizar método que propicie unidades de análise que, mesmo que não se constitua método rígido propicie maior aproximação com o sentido do conteúdo e compreensão de categorias que permitam verificação (LAVILLE; DIONNE, 1999).

Assim, a presente pesquisa pode ser classificada, quanto à sua natureza, qualitativa; quanto ao seu objetivo, exploratória; quanto à escolha do objeto de estudo, estudo de casos múltiplos; quanto à técnica de coleta de dados, traz a entrevista semiestruturada e a pesquisa documental arrematadas com a triangulação, como instrumento de verificação dos dados, para posterior análise de conteúdo.

Capítulo 2
Aprendizagem, Abordagens Pedagógicas e Alinhamento Construtivista

2.1. Abordagens pedagógicas e modelos de aprendizagem

São diversos cenários pedagógicos que se formam a partir da batuta do professor, que ao escolher os fundamentos sobre como o aprendizado se origina, se desenvolve e se transforma na tônica do indivíduo que aprende tornando a aprendizagem experiência significativa. Neste item, demonstrar-se-á conceituações de teorias e agrupamentos de correntes teóricas. Não será no sentido exaustivo, mas no intuito de tecer a linha que valida a questão de pesquisa deste trabalho, *a necessidade formativa do professor de Direito e do local que melhor se adequaria a este pressuposto.*

A delimitação das abordagens conceituais permitirá, na fase de discussão dos resultados, indicar variáveis no discurso docente e validar a hipótese extraída das entrevistas semiestruturadas. Demonstra-se que a interação e compreensão das diretivas legais e normativas que se inseriram no contexto de aprendizagem do Direito também indicam a necessária inserção das metodologias ativas nas práticas de ensino jurídico.

Diversas ações são incorporadas de forma inconsciente, elas estão esvaziadas de qualquer fundamentação teórica que validamente auxilie o professor na tomada de decisão acerca do melhor cenário de aprendizado. Isso, porque toda a proposta metodológica traz em si concepções, valores e crenças em relação aos processos de ensinar e aprender.

Quando se fala em objetivo da aprendizagem, ao mesmo tempo, orienta-se algum sistema de premissas teóricas que dará suporte para o realizar desse objetivo. São premissas que estarão presentes na forma de construção do currículo, nas práticas pedagógicas que envolvem as interações entre professor, aprendente e o próprio objeto de conhecimento.

A presente tese não perscruta sobre os modelos ou sistemas de aprendizagem. Nesse sentido, as posições teóricas aqui definidas ou exploradas denotam caminhos de conhecimento. Tais enfoques, que não se encerram no trabalho, servem de suporte ao caracterizar abordagens próprias da pedagogia que se orientam tanto na contextualização histórica ou mesmo na finalidade social do aprendizado, tudo isso no contexto de desenvolvimento social.[13]

Para tratar dos conceitos ou fundamentos dos sistemas de aprendizagem utilizar-se-á o Triângulo Pedagógico de Nóvoa (2000), o qual considera as abordagens pedagógicas a partir da interação entre os participantes do processo de aprendizagem. Nesse sentido, o triângulo insere o professor, o aprendente e o saber (objeto do conhecimento). O enfoque teórico é marcado pelo papel do protagonista de um dos vértices na relação entre eles, sendo assim os modelos seriam centrados no professor, no aprendente ou no saber.[14]

Os modelos de aprendizagem centrados no professor têm como característica o foco no ensino, na transmissão da informação e na direção de conteúdos e materiais pré-definidos, com menor valor para

[13] Alguns autores tecem descrições e taxonomias na abordagem do processo de aprendizagem, como Libâneo (1982), que aborda a pedagogia liberal nas versões conservadora, renovada progressista, renovada não diretiva e a pedagogia progressista nas versões libertadora, libertária, de conteúdos; Bordenave *et al* (2000), que aborda a pedagogia da transmissão, a pedagogia da moldagem, a pedagogia da problematização; Saviani (1984), que divide em teorias não críticas como a pedagogia tradicional, a pedagogia nova e a pedagogia tecnicista e as teorias críticas-reprodutivas, que trazem o sistema de ensino como violência simbólica, a escola como aparelho ideológico de Estado e a Escola dualista; e, Mizukami (1986) que divide as teorias em abordagem tradicional, abordagem comportamentalista, abordagem humanista, abordagem cognitivista e abordagem sociocultural. Cf. SANTOS, RV. Abordagens do processo de ensino e aprendizagem. **Integração.** Jan/Fev/Mar., 2005, Ano CI, n. 40, p. 19-31.

[14] No caso da arquitetura da aprendizagem utiliza-se no triangulo o professor, o aluno e o meio pelo qual o aprendizado ocorre (e não o saber em si). Cf. NÓVOA, A. Universidade e formação docente. **Revista Interface: comunicação, saúde, educação, Botucatu – ENTREVISTA,** agosto, 2000. p. 133.

a aprendizagem colaborativa entre os estudantes e maior valor para a aprendizagem assertiva do professor.

Os modelos centrados no aprendente representam teorias cognitivas e construtivistas, nas quais se fomenta o estudante como protagonista de sua aprendizagem, na construção do conhecimento, na autoaprendizagem e na reflexão crítica (LUCKESI, 1994). Nesses modelos houve movimentos como a Escola Nova e a Educação libertária, com defensores da auto-gestão pedagógica.[15]

Os modelos que trazem a tendência no saber concebem a escola como matriz do conhecimento, difusora de conteúdo, tendenciosa à pedagogia crítico-social, denominada pedagogia progressista, na qual o foco é a apropriação de um saber que seja concreto para a vida dos alunos e ao mesmo tempo sirva aos interesses de igualdade e democracia.

Os modelos que preconizam a aprendizagem a partir da técnica trazem a eficácia da aprendizagem ligada à didática como ambiente motivador. Além disso, potencializa-se a influência das metodologias de ensino, como se essas tivessem "poder mágico" sobre os processos de aprendizagem.

Os modelos que estão centrados no contexto social se desenvolvem a partir da aprendizagem significativa, denominada autogestão pedagógica ou mesmo pedagogia progressista. (VASCONCELLOS, 1994). Nesse sentido há reconhecimento do papel docente em sua relação dialética com o estudante.

Os modelos centrados na interação fundamentam as relações dialéticas entre os sujeitos do processo de aprendizagem e em outro momento a valorização dos processos relacionais; nessa medida, ao mesmo tempo que favorece a lógica da autonomia da aprendizagem, considera os participantes desse processo.

Tais classificações não são iguais entre os autores e por vezes se sobrepõem em virtude da utilização de critérios diferentes, como as finalidades sociais da escola, a criticidade da teoria ou a relação do sujeito com o objeto. De toda forma, a discussão sobre as teorias que compreendem o processo de aprendizagem se define sobretudo na psicologia do desenvolvimento humano.

[15] Existem críticas que demonstram alguma fragilidade na valorização da ação de aprender a aprender em detrimento do conhecimento acumulado.

Dentro dessa abordagem, que traz a psicologia ou o desenvolvimento humano como elemento de compreensão das teorias de aprendizagem, a concepção inatista defende que a organização genética impõe estruturas necessárias e irredutíveis para o desenvolvimento humano, resultando na capacidade de apreender as coisas do mundo, aborda a questão da hereditariedade, da maturação biológica e mesmo das estruturas de aptidão que se inserem na cognição inata.

A concepção ambientalista torna as variáveis ambientais como principal influência no desenvolvimento humano, contrapondo a abordagem inatista de que a escola serviria apenas para fomentar as aptidões que já existiam no indivíduo. Além disso, valida os estímulos do ambiente, condiciona as estruturas cognitivas e traz o comportamento modelado no exterior do ser humano.

A concepção interacionista não se prende à influência nas dimensões ontogenéticas ou culturais, mas traz a interação entre o ambiente e o biológico e ainda confirma o processo cognitivo construído pelo indivíduo durante toda a vida. Deriva-se daí a concepção sociointeracionista, diferenciando-se no sentido de atribuir maior ênfase aos aspectos humanos (ou sociais) do meio ambiente, elevando ou destacando as interações sociais como fatores determinantes do desenvolvimento humano.

Dentro das concepções acerca do desenvolvimento humano, menciona-se ainda a vertente behaviorista, que apoiada nos trabalhos de Pavlov (1942), o Condicionamento Respondente e o Condicionamento Operante de Skinner (1970), apregoa a aprendizagem por meio de estímulos e respostas que modelam o comportamento do indivíduo. Nesse período, surgiu a motivação pelo aprendizado por meio de sanções e emulações praticadas pelos professores, com o objetivo de levar os indivíduos a se igualarem ou sobrepujarem uns aos outros com relação ao rendimento ou ao desempenho (RIES, 2001; SKINNER, 1970).

Gagné (1975) e Bandura (1977), representantes do neobehaviorismo ou teorias comportamentais, trazem a importância dos objetivos de aprendizagem para refletir os comportamentos que deveriam ser adquiridos. Assim, os objetivos precisavam ser elaborados considerando o ambiente, os instrumentos, a forma e o porquê, de forma que deveria haver a descrição deles e a demonstração de onde seriam executados. Os objetivos deveriam ser mensuráveis, estabelecidos e pactuados no início do processo de instrução. Tal comportamento docente daria ao estudante a motivação, vincularia o aprendizado ao saber e o que o professor espera do aluno. Há a afetação do indivíduo pelo comportamento de outro, gerando no indivíduo autoeficácia. Seria esta sua capacidade de organizar e produzir realizações que lhe permitiriam vencer ou fracassar, caso lhe faltassem incentivos ou em virtude de suas relações sociais.

Tanto a vertente behaviorista como a neobehaviorista não distinguem o aluno como passivo, reprodutor de informação ou aluno ativo, que aprende e organiza a informação recebida. Na vertente construtivista, desde Kant (1974), apresenta-se o sujeito como agente que atua a partir de suas impressões individuais sobre as coisas do mundo que lhe são fornecidas por seus sentidos. O conceito do sujeito que ativamente constrói a representação de si mesmo. A epistemologia de Piaget (1973, 1987) apresenta o nível de complexidade crescente da formação do pensamento por meio de estruturas que se desenvolvem por meio da assimilação de novas informações, da acomodação, das novas informações em relação à base cognitiva já estruturadas previamente no indivíduo e da equilibração, que traz o rearranjo das estruturas cognitivas que absorvem as transformações provocadas pela nova informação em contato com as anteriores.

Piaget (1973,1987) propaga, ainda, a ideia de que o aprendizado apenas será efetivo no indivíduo capaz de expressar o conhecimento de forma simples e ao mesmo tempo desconstruir conhecimentos que anteriormente foram adquiridos. O indivíduo irá assimilar e acomodar nova estrutura à outra pré-existente, sendo necessário aqui a organização ou auto-organização.

Vygotsky (2004) utiliza o método histórico-crítico para teorizar sobre o desenvolvimento das funções psicológicas superiores, como pensamento, percepção, vontade, por meio da interação e cooperação social. Nesse sentido, o pressuposto de que a situação social de desenvolvimento representa o momento inicial para as mudanças dinâmicas que ocorrem durante determinada faixa etária. Apresenta o conceito de zona de desenvolvimento proximal, que não se refere ao desenvolvimento de determinada habilidade, mas relacionado ao desenvolvimento do indivíduo e sua capacidade de resolver tarefas mais difíceis quando em colaboração, sob direção ou auxílio.

A teoria de Vygotsky (2004) pressupõe que quando duas ou mais pessoas estão envolvidas ativamente no aprendizado ocorre efetivamente o desenvolvimento cognitivo. A experiência social é mediada então pela utilização de instrumentos e signos, como a linguagem e a ação. Mas tal experiência deve ocorrer dentro da zona de desenvolvimento proximal, considerada como o nível que começa com o real estágio de desenvolvimento até o grau de potencial desenvolvimento (MOREIRA, 1999).

Bruner (1979), fundador e crítico da psicologia cognitiva, propõe a teoria da aprendizagem por descoberta, concebendo o aprender como a capacidade de ir além da informação dada. A partir dele surgem os preceitos de aprendizagem ativa, pelas quais o indivíduo é levado ao desafio de explorar por ele mesmo as coisas do mundo e os fatos, sem necessária memorização. Nesse sentido surge o desafio, a curiosidade e a investigação como método científico. Apropria-se aqui de forma contundente de que o estudante aprende por si mesmo qualquer conteúdo científico.

Dentro da perspectiva Cognitivo-construtivista, surge a Teoria da Aprendizagem Significativa de Ausübel (1963). Foi proposta na década de 60 e revisitada em 2000. A influência dessa teoria da educação superior tem conduzido o aprendizado a partir da ancoragem. O aprendiz possui em si saberes que influenciam a aprendizagem. Nessa concepção, tenciona-se a recepção ou descoberta, inferindo as condições de aprendizagem significativa como potencialidade. A subsunção especificamente relevante deve ser a pré-disposição do sujeito em aprender, indicando necessidade de que haja relação do estudante com o conhecimento em situações concretas de conteúdo, inserido em contexto sócio histórico e em metodologias pedagógicas que contribuam para a transformação da realidade.

A teoria de Ausübel compreende à aprendizagem a partir do processo que envolve a interação da nova informação com a estrutura cognitiva anterior do aluno, do conhecimento pressuposto. Nesse sentido, a aprendizagem ocorre quando a nova informação se aporta em conceitos ou preposições relevantes ou preexistentes na estrutura cognitiva do aprendiz.

O aluno para aprender precisa encontrar sentido no que está aprendendo e para isso ele parte de conceitos e experiências que possui para relacionar os conceitos aprendidos. Nesse sentido, a definição de conteúdo deveria ser feita por série hierárquica, em ordem crescente de inclusão, devendo manipular a estrutura cognitiva a partir de organizadores do conhecimento que possam servir de âncora para a nova aprendizagem.

Os organizadores seriam materiais introdutórios, serviriam de "pontes cognitivas" entre o que o aprendente já sabe e o que ele deve saber.

Assim, a teoria da assimilação se desenha no suporte da nova informação nos conceitos ou preposições já relevantes para o aprendente. Assim, a hierarquia de conceitos resultaria em aprendizagem efetiva, adequada para recuperar ou estabelecer significado comum entre os itens a serem aprendidos pelo aluno e os itens já conhecidos.

2.2. Teorias de aprendizagem

Com fundamento nos modelos teóricos de aprendizagem mencionados, é possível vislumbrar três grandes vertentes: as teorias comportamentalistas, baseadas na instrução direta e aprendizagem de mestria; as teorias cognitivistas, baseadas na descoberta e investigação, incluindo as teorias socioculturais, os modelos de ensino de suporte e o modelo de aprendizado construtivista; e, as teorias de aprendizagem humanistas, considerando o ser humano de modo completo, integrado ao contexto social, mas refletindo sua ontologia de forma completa, inserindo cognição, pensamentos, sentimentos, afetos.

Dentre as teorias comportamentalistas, cita-se Pavlov (1976), com a teoria dos reflexos condicionados, que seriam os adquiridos e os condicionados à experiência passada e os reflexos incondicionados, que seriam os inatos; Watson (1913), fundador do movimento behaviorista, que considera o meio ambiente como determinante para a ocorrência da aprendizagem. Além disso, distancia-se do método empírico e transforma-se a psicologia em ciência. E, Skinner (1970), utiliza o estímulo como vetor da aprendizagem, na qual o condicionamento respondente é o reflexo automático e o condicionamento operante é gerado por estímulos positivos ou negativos.

Nesse sentido, os componentes do comportamentalismo se inserem nos modelos de retenção, motivação, transferência de conhecimento que irão dar fundamento à aprendizagem que se fixa na definição de objetivos, na análise do conteúdo. Assim, se ordena os espaços da instrução, define-se a execução do programa e reforçam as respostas em relação aos objetivos previamente traçados.

Nessa linha, o papel do professor é modelar as respostas de forma apropriada aos objetivos instrucionais, é gerar hábito, comportamento indutivo, sempre premiando as respostas certas. O objetivo é conseguir que haja controle do ensino por meio de tecnologia educacional. O professor é detentor do conhecimento e conduz o aluno, que se situa como sujeito passivo. O professor detém os conhecimentos e é considerado transmissor de conhecimento ao aluno, onde o discente não busca informações para construção de conhecimentos, mas como sujeito passivo, recebe, escuta, escreve e repete as informações, não se considerando aqui as características do indivíduo aprendente.

Sobre esses aspectos, na teoria comportamentalista, a pessoa responde a estímulos do meio exterior, o aluno é passivo e moldável, as pessoas aprendem um mesmo comportamento da mesma forma. Não há visão de conjunto no processo de aprendizagem, prevalecendo ações de controle e reforço, inseridas na repetição mecânica.

A verificação da aprendizagem na teoria comportamental realiza-se por meio da mudança de comportamento, obtida através do estímulo e reforços de respostas, assim, no behaviorismo, o aluno, na condição de sujeito passivo, tem suas atividades mentais ignoradas, pois a aprendizagem é definida a partir da aquisição ou modificação de comportamento, que o condiciona por meio de reforços positivos ou negativos. A utilização dos métodos que inseridos nessa teoria se faz útil, por exemplo, em treinamentos que visam o aprendizado como necessidade de conceitos e tarefas que se consolidem a partir da memorização de conteúdo e fixação dos conhecimentos.

A vertente cognitivista pode ser vista em Piaget (1970; 1979), que traz no processo de aprendizagem cinco vetores: a situação, o desequilíbrio, a assimilação, a acomodação e o equilíbrio. Descreve o método psicogenético, que inclui a situação problema, a dinâmica de grupo, a tomada de consciência e a avaliação; em Vygotsky (2004; 2008) que define a zona de desenvolvimento proximal e apresenta a relação entre o pensamento e a linguagem, condicionando o desenvolvimento intelectual das crianças às interações sociais e às condições de vida; nas obras de Ausübel (1968; 1978), que compreende a informação dentro de aspecto relacional, em que a aprendizagem significativa ocorre quando uma informação nova se relaciona com conceitos já assimilados e refuta a aprendizagem mecânica, na qual não há relação entre as ideias novas e as ideias já existentes, pois a informação precisa ser interiorizada e compreendida e não apenas memorizada; na perspectiva de Bruner (1976), traz a aprendizagem por descoberta na qual o professor deve apresentar as ferramentas necessárias ao aluno para que ele descubra por si o que deseja aprender. Nesse processo de aprendizagem, o professor deve motivar os alunos a descobrir as relações entre os conceitos e construir seus próprios juízos. O aluno é parte ativa da construção de seu conhecimento. Haveria, assim, predisposição ou motivação para a aprendizagem, para o conjunto de conhecimentos estruturados dentro de uma sequência e para a instrução ou reforço do conhecimento apreendido; e também, na teoria de Gardner (1998, 1999, 2007), que traz a inteligência como chave para resolução de problemas, a mudança no ensino e na aprendizagem, considerando as necessidades formativas de cada aluno inserido no seu contexto, considerando ainda, na teoria das inteligências múltiplas, a inteligência espacial, musical, corporal ou sinestésica, interpessoal, intrapessoal, linguística e lógica-matemática.

Dentro da teoria significativa cognitivista, priorizando a experiência do aluno em confronto com o saber sistematizado, quando se insere aqui a teoria sócio-interacionista ou sociocultural, há interação mediada por instrumentos e signos e na teoria construtivista se tem por método experiências, pesquisas e métodos de solução de problemas.

A verificação da aprendizagem, em cada uma dessas teorias, possui vetores diferentes, quais sejam: na teoria cognitivista verifica-se a interação da nova informação com a estrutura de conhecimento do aluno; na teoria sócio-interacionista, por meio do compartilhamento de significados dentro da zona proximal; na teoria construtivista, no desequilíbrio do organismo e no aprendizado que reestruture a cognição a partir da interação do sujeito na busca de compreensão e resolução dos problemas a serem resolvidos.

Na teoria de aprendizagem cognitivista, o professor é mediador como facilitador, pois identifica, acompanha e estrutura as dificuldades do aprendente, como sujeito ativo do aprendizado, interagindo de forma a estimular suas funções cognitivas e estruturar o conteúdo hierarquicamente de acordo com os conceitos do sujeito aprendente, organizando o pensamento e melhorando os processos de aprendizagem, facilitando o avanço da construção do saber.

O cognitivismo presume que a aprendizagem ocorre quando a nova informação se ancora em conceitos ou preposições relevantes e existentes na estrutura cognitiva do aprendente, importa que faça sentido para o aprendente, e para isso o professor precisa identificar o que o aluno, como sujeito ativo, detém em sua estrutura cognitiva e como ela está estruturada. Não há nesse método rotina ou fixação de respostas e hábitos, pois a aprendizagem se dá como útil para recuperar ou estabelecer significado comum entre itens a serem aprendidos e o saber pressuposto. A teoria é adequada por exemplo no ensino de novas línguas e em cursos preparatórios, nos quais a ancoragem é valor fundamental para a construção do aprendizado.

Na teoria cognitivista de sócio-interacionista, o professor é mediador como parceiro do aprendente, como sujeito ativo e possibilita a construção do conhecimento em grupo, motivando a cooperação. A aprendizagem é construída dentro de ambientes colaborativos, que facilitam a interação dos indivíduos. Há contorno simbólico a partir do resultado da interação social e do compartilhamento de significados socialmente aceitos. Considera-se para tanto o aprendente como sujeito socialmente inserido em uma cultura que determina esse conhecimento. O professor é mediador porque prepara espaço de diálogo e interação social, objetivando a produção de conhecimento coletivo e desenvolvimento de aprendente que tenha características como o senso crítico e a criatividade, além da capacidade de interagir como meio social. Tal teoria é melhor utilizada, por exemplo, em atividades de grupo, fóruns e atividades que envolvam o ensino à distância.

Na teoria construtivista, o professor é mediador como orientador e criador de problemas para resolução por parte do aprendente, sujeito ativo do aprendizado. A criação de ambientes interativos e a construção gradual de conhecimento se revela por meio da simulação de situações que favoreçam a aprendizagem a partir da ação do sujeito aprendente. A compreensão individual acerca dos problemas formulados pelo professor fará com que o aprendente se sinta desequilibrando sua construção do saber e sendo ao mesmo tempo motivado para adequadamente se reestruturar e propor soluções que fortaleçam suas estruturas cognitivas. Tal teoria é extremamente adequada para a construção do aprendente que tenha como características a autonomia, a pesquisa e o senso crítico apurado.

As teorias da aprendizagem cognitivistas revelam a interação entre o sujeito e o ambiente externo, resultando na transformação do comportamento, remodelando a estrutura pessoal do sujeito e criando experiências pessoais e individuais que validarão o processo de aprendizagem de forma a efetivar o resultado desse processo nos modelos avaliativos.

Nas teorias humanistas podemos citar Maslow (1987), que representa as ações a partir da satisfação de necessidades, evidenciando a pirâmide que as escalona em fisiológicas, de segurança, de amor e de pertença, de estima e de autorrealização; Wallon (1975; 1995) apresenta o fator afetivo junto ao fator cognitivo, afirmando que a aprendizagem não é linear, mas, sim, processo cíclico que implica a passagem para outra fase, independentemente da idade e inclui no aspecto afetivo o fator orgânico e o fator social; Rogers (1973; 1987) apresenta a pessoa como sujeito completo em todo o processo de aprendizagem, envolvendo a liberdade e o poder de escolha, o conhecimento de si e a necessidade de orientação do professor que lhe facilitará a aprendizagem possibilitando o sucesso.

Figura 2 – Teorias e evidências de aprendizagem

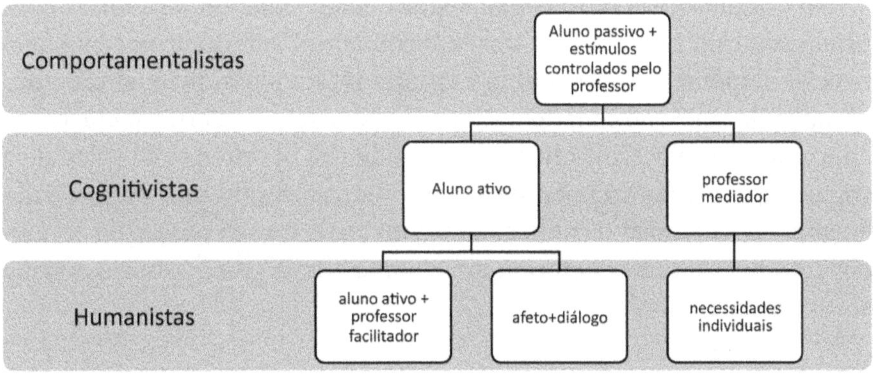

Fonte: Elaboração da autora.

Para o presente trabalho, o conhecimento das teorias acima referidas permite compreender o processo de aprendizagem, de forma a adequar determinados pressupostos teóricos no caminho escolhido para alcançar determinado objetivo, inclusive combinando essas teorias para que seja possível atender aos sujeitos aprendentes.

O reconhecimento de algumas teorias dentro do processo político de construção normativa ou ainda inserido de forma institucional permite identificar o resultado almejado, os objetivos e o contexto no qual os sujeitos aprendentes estarão inseridos, amparando o processo de desenvolvimento e criando situações que correlacionem as atividades e a aprendizagem, o fomento do vínculo afetivo e as interações movidas por meio do diálogo.

Sobre a questão do diálogo e vínculos afetivos entre os sujeitos da relação de aprendizagem, colocar o professor e os aprendentes no papel de sujeitos ativos, eleva-se a premissa de construção do conteúdo significativo, permitindo a inserção do outro na construção do conhecimento, proporcionando aos sujeitos (professor e aprendente) a participação integral no processo de significação e construção de novos saberes, sendo tal circunstância o vetor qualitativo ao aprendizado.

Tal significação da aprendizagem corrobora com o artigo primeiro da Declaração Universal sobre Educação, quando este afirma a satisfação das necessidades básicas de aprendizagem visando formação integral: social, moral, afetiva e intelectual (UNESCO, 1990).

No conjunto das teorias explanadas neste trabalho, as teorias cognitivistas, que percebem o aprendente como sujeito ativo, mas não necessariamente compreendem a complexidade do indivíduo, têm tido grande relevância no cenário nacional de educação hodierno, inclusive na educação superior. Consolida-se, assim, dentre os critérios da psicologia cognitiva, que o conhecimento não pode ser transferido, pois a capacidade do aluno em adquirir o conhecimento está nele e a sua porção de conhecimento pré-existente determinará em que grau alguma coisa nova pode ser aprendida.

2.3. Saber significativo

As abordagens pedagógicas anteriormente vistas possibilitam dizer que a aprendizagem pode ser definida a partir do domínio que se faz do conhecimento e, a partir da valoração individual, determinada por narrativas de vida que ampliam ou restringem a compreensão do saber. Nessa perspectiva, Ausübel (2003) afirma que o conhecimento pode ser definido como significado. Ele considera o conhecimento como produto de processo cognitivo (saber), que envolve a interação entre ideias logicamente significativas (na perspectiva sociocultural) e ideias anteriores (que estão ancoradas, dentro do aspecto de vivência do indivíduo, como narrativa de vida). Essas ideias são relevantes na estrutura cognitiva particular do aprendiz (ou estrutura dos conhecimentos deste) e o mecanismo mental para aprender de forma significativa ou para adquirir e reter conhecimentos.

As elaborações feitas para o aprendizado são, então, alimentadas na memória e reconstrução do passado, representando experiências individuais e coletivas, determinando a identidade dos envolvidos e, que de alguma forma os incitam à compreensão do mundo e permitem atuação significativa.

As narrativas individuais não precisam representar discursos, mas devem ser consideradas como práticas de construção e reconstrução do que se está vivendo. Quando se usa a palavra vivendo, concebe-se aqui o momento em que o conteúdo se revela em sala de aula, ou em ambiente cognitivo. Isso, porque o que se está vivendo como aprendente[16], faz-se maior do que o descrito no livro didático ou teórico, na fala do professor[17]. Tal fato tem mais a ver com a organicidade do saber, o que nesse caso, traz eficácia à construção do aprendizado e à relação que se estabeleceu para que isso ocorresse.

Ausübel (1980) elucida que aquilo que vem com a historicidade do aprendente[18], que ele já sabe o conhecimento prévio (conceitos, proposições, princípios, fatos, ideias, imagens, símbolos) é fundamental para o que ele denomina de aprendizagem significativa. É o processo que se constitui na transformação dos significados lógicos dos materiais de aprendizagem potencialmente significativos, em significados psicológicos.

[16] O conceito de aprendente, conforme já explicitado anteriormente no presente trabalho, pode ser visto em Alicia Fernández, percursora da Psicopedagogia, autora dos livros "A mulher Escondida na Professora", "A Inteligência Aprisionada", " O saber em jogo", "A Atenção Aprisionada" e "Os Idiomas do Aprendente". A aprendizagem traz, na visão da autora, questões que dizem respeito à significação inconsciente do conhecer e do aprender e ao posicionamento diante do escondido. Alicia demonstra que para o processo efetivo de aprendizagem acontecer, quem aprende se conecta mais com seu sujeito ensinante e quem está ensinando se conecta mais com seu sujeito aprendente. Quem está aprendendo mostra o que já sabe a partir do que está sendo ensinado e quando aquele que está ensinando conhece o que o aprendente construiu e como chegou naquela opinião, o ensinante regula sua ação e ambos estarão aprendendo e ensinando. Para a autora a psicopedagogia é disciplina com objeto próprio: a autoria do pensamento e como um acionar dirigido a sujeitos, por ela conceitualizados como "aprendente" e "ensinante". Cf. BOSSA, Nádia. **A psicopedagogia no Brasil:** contribuições a partir da prática. Porto Alegre: Artes Médicas Sul, 1994; FERNANDES, Alícia. **A inteligência Aprisionada.** Porto Alegre: Artmed, 1990; FERNÁNDEZ, Alicia. **Os idiomas do aprendente.** Porto Alegre: Artes Médicas, 2001; FERNÁNDEZ, Alicia. **O Saber em Jogo.** Porto Alegre: Artes Médicas, 2001.

[17] Apesar de usar o termo aprendente para a densidade de significado que se pretende ao sujeito que também é aluno ou estudante, preferiu-se continuar a denominar o professor conquanto em sua densidade já compreendida.

[18] Ausübel usa a palavra aluno, mas estamos utilizando no trabalho o termo aprendente.

A aprendizagem produz modificação da estrutura cognitiva, mas percebe-se que há necessidade de terra fértil[19], que permita qualidade ao processo no qual a nova informação recebida pelo sujeito interage com estrutura de conhecimento específica, orientada por conceitos relevantes, que são âncoras da nova aprendizagem, e em interação guiada ou induzida (pelo professor) corrobora com novos significados que os reelaboram. São estes conceitos que servirão de ancoragem e os tornarão mais abrangente, aperfeiçoados e potencializarão novas aprendizagens (MOREIRA, 1999, p. 13).

2.4. Níveis de pensamento de aprendizagem

A abordagem acerca dos níveis de pensamento de aprendizagem possibilita a apropriação da teoria de Van Hiele (1986)[20] explorada por Michael de Villiers e traduzida para a Revista Educação Matemática. A pesquisa que tinha por motivação a dificuldade dos alunos em aprender geometria.

Nesse contexto, Hiele-Geldof (1986) explana os cinco diferentes níveis de pensamentos com relação ao desenvolvimento da compreensão dos alunos na disciplina de geometria. A utilização dessa teoria denominada

[19] Colocar a referência da parábola da terra fértil. No livro bíblico, de Mateus, cap. 13 há uma referência à terra fértil, como sendo o homem que compreende o ensino que está ali e que produz bons frutos. O texto diz a partir do verso 4: Disse ele: Um semeador saiu a semear. E, semeando, parte da semente caiu ao longo do caminho; os pássaros vieram e a comeram. Outra parte caiu em solo pedregoso, onde não havia muita terra, e nasceu logo, porque a terra era pouco profunda. Logo, porém, que o sol nasceu, queimou-se, por falta de raízes. Outras sementes caíram entre os espinhos: os espinhos cresceram e as sufocaram. Outras, enfim, caíram em terra boa: deram frutos, cem por um, sessenta por um, trinta por um. (Mateus 13:4-8). (BÍBLIA, 1990). O conhecimento também pode ser visto desta forma, na qual o semeador é o professor, os pássaros, a pouca profundidade da terra, o calor do sol e os espinhos são as emergências, os contextos familiares, as situações exógenas que atingem o indivíduo e por vezes impedem que o processo de conhecimento seja efetivo e produza os resultados planejados.

[20] Cf. Algumas reflexões sobre a Teoria de Van Hiele USISKIN, Z. (1982). Van Hiele levels and Achievement in Secondary School Geometry.Final report of the CDASSG Project. Chicago: Univ. of Chicago. VAN HIELE, P.M. (1973). Begrip eInzicht.Muusses: Purmerend. radução de Celina A. A. P. Abar –abarcaap@pucsp.brpara publicação na Revista Educação Matemática Pesquisa, com permissão do autor, a partir da versão original apresentada no IV Congresso de Professores de Matemática da Sociedade Croata de Matemática, Zagreb,30 de junho a 02 de julho de 2010. 2 MICHAEL DE VILLIERS Universidade de KwaZulu-Natal, África do Sul –profmd@mweb.co.za

"os níveis de pensamento de aprendizagem" na presente tese possui como premissa a compreensão do sujeito aprendente, para correlacionar com as competências docentes necessárias ou, em certa medida, recomendáveis. São cinco níveis de pensamentos, conforme veremos a seguir.

O primeiro nível de pensamento acerca da aprendizagem trazida por Hiele-Geldof (1986) está relacionado ao reconhecimento. O estudante identifica situações e os nomes a ela relacionados e reconhece as formas (no caso a teoria se refere à geometria, mas estamos trazendo para uma aplicação da teoria ampliada para outros territórios).[21] O segundo nível de pensamento seria o de análise. No momento em que há descoberta de regras e de correlação entre alguns componentes, poderá se trazer alguma definição, mas não se terá autonomia no desenvolvimento de compreensão teórico e prática. Nessa fase, o aprendente tem condição de identificar algumas propriedades.[22] No terceiro nível de pensamento, por sua vez, começa a haver relação e ordenação das propriedades, e a teoria traz dois sub-níveis: as relações abstratas e o início das deduções para compreensão da essência do conhecimento que se está a aprender (no caso, os autores usam a essência da geometria).[23] No quarto nível de pensamento,

[21] "O estudante opera em figuras geométricas, tais como triângulos e linhas paralelas através da identificação e atribuição de nomes e compará-los de acordo com sua aparência. A percepção é apenas visual. Um aluno que possui um raciocínio no nível 1 reconhece certas formas diferenciadas sem prestar atenção às suas partes componentes. Por exemplo, pode ser um retângulo reconhecido, porque parece "como uma porta" e não porque tem quatro lados retos e quatro ângulos retos como não há nenhuma apreciação dessas propriedades. Forma é importante e figuras podem ser identificadas pelo nome". (VAN HIELE, 1986 p. 33.)

[22] O estudante descobre propriedades/regras de uma classe de formas empiricamente, tais como dobramento, medição, analisa figuras em termos de seus componentes e relacionamentos entre os componentes. A este nível, os componentes e seus atributos são usados para descrever e caracterizar as figuras. Por exemplo, um estudante que está raciocinando analiticamente diria que um quadrado tem quatro lados iguais "e" quatro cantos "quadrados". O mesmo estudante, no entanto, não pode acreditar que uma figura pode pertencer a diversas classes gerais e tem vários nomes, por exemplo, o aluno não pode aceitar que um retângulo é um paralelogramo. A figura a este nível se apresenta como uma totalidade de suas propriedades. Um estudante pode ser capaz de afirmar uma definição, mas não terá entendimento. (VAN HIELE, 1986, p. 33).

[23] O estudante opera realizando as relações entre a representação figural com o que há dentro de uma figura e entre figuras relacionadas. Existem dois tipos de pensamento neste nível. Em primeiro lugar o aluno compreende as relações abstratas entre figuras, por exemplo, verifica as relações entre um retângulo e um paralelogramo, em segundo lugar o estudante pode usar

há dedução formal, quando o aprendente manipula inter-relações e a necessidade de justificar as interações é compreendida com definições do que pode ser desenvolvido, visualizando a disciplina ou aquele conteúdo dentro de um sistema e não apenas de maneira individual.[24] No quinto nível de pensamento da aprendizagem, acontece o denominado rigor. É o domínio das propriedades, ocorre a análise, a construção conceitual e a abstração.[25]

Em correlação com a construção de competência necessária ao professor de Direito e os níveis de pensamento de aprendizagem, especula-se a formação universitária como aquela que alcança até o nível 3, de dedução informal. Assim, a dedução formal é possível, mas geralmente compreendida em momento posterior ao curso de graduação, já estando, portanto, o aprendente inserido em cursos de pós-graduação *stricto sensu,* quando a formação atinge o nível de abstração que detém o rigor necessário à compreensão do sistema jurídico e das partes que conformaram disciplinas (estas que são complementares em uma mesma narrativa).

Nasser (2010) aborda os níveis de Van-Hiele de maneira a demonstrar quais as características peculiares e ao mesmo tempo confirmar a necessidade de que os sujeitos aprendentes tenham certo nível de maturação relativo à cognição, para que sejam bem desenvolvidos nas interlocuções entre si como seres humanos e para que possa existir compreensão do que cada uma dessas fases pressupõe para o aprendente.

Nesse sentido, o progresso dos níveis depende da forma como o professor seleciona atividades que proporcionem o desenvolvimento para o nível seguinte. Isso, porque para ocorrer a aprendizagem é necessária a

dedução para justificar observações feitas no nível 2. O papel da definição das propriedades e da capacidade de construir provas formais não são compreendidas, embora nesse nível não é uma compreensão da essência da geometria. (VAN HIELE,1986 p. 34).

24 O estudante prova teoremas deduzindo e estabelecendo inter-relações entre redes de teoremas. O aluno pode manipular as relações desenvolvidas no nível3. A necessidade de justificar os relacionamentos é compreendido e usado definições suficientes que podem ser desenvolvidos. O raciocínio neste nível inclui o estudo da geometria como uma forma de sistema matemático ao invés de uma coleção de formas. (VAN HIELE, 1986 p. 34).

25 O aluno estabelece teoremas em diferentes sistemas de postulados e análises e compara estes sistemas. O estudo da geometria no nível 5 é altamente abstrato e não envolve necessariamente modelos concretos ou pictóricos. A este nível, os postulados ou axiomas tornam-se objeto de intenso escrutínio rigoroso. A abstração é primordial. (VAN HIELE, 1986 p. 35).

existência de relação constante entre a linguagem e a estrutura conceitual de diferentes campos de conhecimento, que constituem significados de aprendizagem. A partir da obra de Ausübel (1980) e em co-ocorrência com a teoria de Van-Hiele (1986), os níveis de pensamento de aprendizagem poderiam, então, ser divididos em sete:

a) Aprendizagem por representação, na qual nomeiam-se objetos como símbolos unitários, o que é comum no início do processo de formação da estrutura cognitiva da criança, passando a servir de referência[26];
b) Aprendizagem mecânica, concebida como aquela com pouca ou nenhuma associação a conceitos relevantes existentes na estrutura cognitiva, a qual ocorre sem oposição dicotômica, relacionada à memorização;
c) Aprendizagem conceitual[27], caracterizada como apropriação de atributos que definem critérios a partir da transmissão de informações pelo professor dentro de um sistema organizado que descende do geral ao concreto[28];
d) Aprendizagem proposicional[29], em que determinada estrutura cognitiva interage com nova proposição e se cria nova ideia, que resulta não simplesmente da soma dos significados das palavras individuais componentes, mas da relação significativa que transcende a essa estrutura;
e) Aprendizagem superordenada, em que o que se apreende é a ideia mais inclusiva que permite o agrupamento de conceitos e a denominada reconciliação integrada;

[26] Aprendizagem por representação refere-se à nomeação de objetos como símbolos unitários, mais comum no início do processo de formação da estrutura cognitiva pela criança. Os símbolos significam para o indivíduo aquilo que seus referentes significam. "A partir de então, a formação dos conceitos não é mais contínua e a maioria dos novos conceitos são adquiridos por intermédio dos processos de assimilação, diferenciação progressiva e reconciliação integrativa" (MOREIRA, 1999, p. 10).

[27] SFORNI, Marta Sueli de Faria. **Aprendizagem conceitual e organização do ensino**: contribuições da teoria da atividade. Araraquara: JM Editora, 2004.

[28] AUSÜBEL, 2003, p. 85. VYGOTSKY, 2004, p. 24 CF. LEONTIEV, Aléxis. **O desenvolvimento do psiquismo.** Lisboa: Editora Livros Horizontes, 1978; VYGOTSKY, L.S. **A construção do pensamento e da linguagem.** Tradução: Paulo Bezerra. São Paulo: Martins Fontes, 2001.

[29] Cf. AUSÜBEL, 2003, p. 85.

f) Aprendizagem combinatória, que não privilegia relações hierárquica entre os conceitos; e,
g) Aprendizagem significativa, que compreende o processo pelo qual nova informação se relaciona e interage com conceitos anteriores e permite avanço idiossincrático e intencional no saber.

Dentro do processo de aprendizagem, a condição inicial da aprendizagem por representação é superada e se revela o processo de aprender a aprender (NOVAK, 2000), quando se compreendem as características dos conceitos, como unidades de conhecimento, definidos como regularidades percebidas em fatos ou objetos designados por um rótulo.

A partir de então, a diferenciação entre conceitos e o enriquecimento do que se denomina conceito integrador favorecem as assimilações subsequentes e propicia retenção por mais tempo, estimula o pensamento criativo, crítico e a construção do conhecimento. Nesse processo os conceitos e proposições que os indivíduos carregam consigo, caracterizados como conhecimento prévio, são construídos a partir da aprendizagem por representação e permanecem como pessoais e implícitos.

Lemos (2010, p. 27) se refere à aprendizagem significativa como produto provisório, pois tem significado em momento específico mas, no instante seguinte, a depender de fatores contextuais e intencionalidade do sujeito, tal conhecimento pode ser outro produto.

Também sob essa perspectiva, Coll *et al* (1996, p. 149) afirma a significância da aprendizagem como grau de aprendizagem e não questão de tudo ou nada. Assim, mais adequado, ao invés de propor que os alunos realizem aprendizagens significativas, a proposição de que aprendizagens que eles, aprendentes, executem, pudesse ser a cada momento da escolaridade, a mais significativa possível.

Tal afirmação compreende o sujeito e sua natural vicissitude, integralmente inserido no processo de aprendizagem. É a compreensão da organização lógica do que se aprende dentro da concepção de permissão a avanço contínuo, idiossincrático, intencional e interativo, integrando o novo na estrutura cognitiva e se percebendo como sujeito aprendente.

As vantagens da aprendizagem significativa são delineadas por Pontes Neto (2001), quando afere que a indução de seus pressupostos permite maior diferenciação e enriquecimento de conceitos integradores, retenção por mais tempo, facilitação de novas assimilações, favorecimento do pensamento criativo, crítico e da aprendizagem como estrutura da construção do conhecimento. Percebe-se aqui o alinhavar do processo construtivista.

O final da década de 1980 e início da década de 1990 marcaram a apreensão conceitual do construtivismo como significante do saber, afetando a pedagogia exclusivamente conteudista, envolvendo o discurso mercadológico e encontrando eco na revolução conceitual que sobrepuja a primeira metade dos anos 90. Saber esse ainda reduzido a um saber técnico, refletindo, de certo modo, nos Parâmetros Curriculares Nacionais (PCNs) daquele período.

2.5. Alinhamento construtivista

O Construtivismo significa, de acordo com Becker (2001, p. 72), que nada, a rigor, está pronto, e que o conhecimento é sempre um leque de possibilidades que podem ou não ser realizadas. Conhecimento esse que se constitui pela interação do indivíduo com o meio físico e social, tendo repercussão no simbolismo humano, constituindo-se, assim, um modo de ser do conhecimento que permite a interpretação do mundo em que se vive. Dessa forma, situa-se o sujeito no mundo e permite o aprender, o reaprender e o refletir para construir a aprendizagem.

Na tese de Revah[30] (2004), há delineamento interessante sobre o caminho do construtivismo na educação do Brasil. Dado que ele aborda o caminho construtivista a partir das elucidações de Emília Ferreiro, tendo como primeiro ponto de inflexão em 1989 o reordenamento discursivo na revista Nova Escola[31], vinculado ao processo de alfabetização e a essa nova matriz simbólica. O autor utiliza reportagem de outubro de 1996 para discorrer acerca do modelo pedagógico construtivista, em que o aluno constrói o conhecimento e o professor é mediador nesse processo, indicando educadores como Piaget, Freinet e Emília Ferreira.

[30] Cf. Revah, Daniel. Construtivismo: Uma palavra no circuito do desejo. Tese de Doutorado, Faculdade de Educação, Universidade de São Paulo, São Paulo, 2004.

[31] A tese foi utilizada como referencial teórico não apenas pela densidade do texto, mas principalmente pela análise de conteúdo feita com as revistas NOVA ESCOLA desde o primeiro número, destacando o que a sociedade educacional compreendeu como construtivismo. Apesar da revista e da tese estarem voltadas para o primeiro grau ou ensino fundamental, viu-se características relevantes para trazer a pesquisa ao encontro da nossa discussão sobre a construção de competência docente do professor de ensino superior do curso de Direito.

É preciso deixar claro que a tese referenciada, acerca do construtivismo, tinha relação estrita com o ensino fundamental, sendo a qualidade daquela aprendizagem o grande motim de revolução para o novo eixo dos discursos oficiais e debates acadêmicos. O presente texto aborda, em perspectiva e por reflexão, as práticas que se arvoraram para o ensino superior, em especial, nos debates sobre a qualidade da educação superior.

A questão do construtivismo no Brasil se dá com nova perspectiva de alfabetização a partir da segunda metade da década de 80 e se torna centro de propostas pedagógicas para educação infantil das primeiras séries, até encontrar eco nas propostas curriculares do Governo Federal, durante a presidência de Fernando Henrique Cardoso, quando foi divulgado a proposta denominada parâmetros curriculares nacionais para as primeiras séries do ensino Fundamental. Nisso foram pensadas ações que pudessem ressoar na formação de professores, tendo sido elaborada proposta pedagógico-curricular denominada "Referenciais para Formação de Professores". Essas ações que se pode colocar como ações políticas, ou de caráter político, têm por premissa corroborar com o padrão construtivista que estava sendo defendido.

Ainda na perspectiva da tese de Revah (2004), o construtivismo se tornou significante das ações e discursos e transformou-se elemento hegemônico no discurso pedagógico até certo ponto, quando foi substituído pela expressão Parâmetros Curriculares Nacionais e houve deslocamento da percepção de construtivismo para ceder espaço à educação inclusiva.

A concepção de construtivismo tem seu desenvolvimento inicial em Piaget e Emília Ferreira, sendo por muito tempo reconhecida como significado de qualidade no ensino. Essa concepção passou a designar e ocupar um lugar torna controvertido[32], seja por seu caráter regressivo ou progressista ou, ainda, pela existência de desvios, enganos e equívocos concernentes às formulações piagetianas.

[32] Daniel Revah cita o debate entre Tomaz Tadeu da Silva (1993) e Fernando Becker (1993) e ainda explicita que a revista Nova Escola nº 82 de mar/95 na página 3 expõe nas palavras do Diretor de Redação (João Vitor Strauss) que o construtivismo mexe com o leitor, havendo manifestações de admiração, de curiosidade e de contrariedade.

Interessante o deslocamento para a educação superior desse significado de qualidade, que tem sido dado às metodologias ativas, como *Problem Based Learning – PBL*[33], significando qualidade dos cursos, ocupando lugar de destaque, mas sem análise de enganos ou equívocos quando da sua aplicação de modo absoluto nos cursos de Direito, como se pretende o próximo realinhar curricular do MEC, conforme a resolução CNE/CES nº 5/2018.

Quando se fala em construtivismo, há conjunto de ilações que passam a criar identidade normativa a determinadas práticas, que, mesmo se diferenciando, como no caso do sócio-construtivismo de Vigotsky (2004), coadunam com o reordenamento e hegemonia de certo discurso educacional que reverbera, hoje para o ensino como um todo. Nesse aspecto, faz-se necessário verificar, a partir do olhar de Revah (2004), se o construtivismo é mero objeto de desejo e quais os efeitos disso decorrentes, atentando para as obras também de Emília Ferreira e da concepção de discurso decorrente da obra teórica de Lacan.[34]

Assim acontece com as metodologias ativas, que trazem esse objeto construtivista para o ensino superior. Será que bastam em si? Nos Estados Unidos, alguns cursos de medicina transformaram o currículo do curso de forma integral para a metodologia do PBL. Kirschner e Sweller (2006) demonstram, em pesquisa que coleta 20 anos de estudos sobre PBL[35], que, apesar de inicialmente haver crescimento na curva de nota para os alunos que estavam integrados a este currículo construtivista, o resultado final foi que, as notas nos exames de ciências básicas foram em média menores para os alunos que construíram o conhecimento por meio do PBL e para os alunos que tiveram o chamado ensino tradicional.[36]

[33] As metodologias ativas foram inseridas a resolução CNE/CES nº 5/2018, que define as Diretrizes Curriculares Nacionais do Curso de Graduação em Direito, para serem implantadas pelas IES no prazo máximo e dois anos de sua publicação. Trata-se de requisito para os cursos superiores de Direito que já é usual nos cursos de medicina no Brasil.

[34] CF. Lacan, Jacques. (1960-61). A Transferência. Livro 8. Rio de Janeiro: Zahar, 1992; ALMEIDA, Sandra Francesca Conte de. O lugar da afetividade e do desejo na relação ensinar--aprender. **Temas em psicologia.** 1993, v. 1, n. 1, p. 31-44.

[35] Cf. ALBANESE, M.; MITCHELL, S. Problem-based learning: A review of the literature on its outcomes and implementation issues. **Academic Medicine,** v. 68, 1993, p. 52–81.

[36] Cf. SOUZA, Nelson Pinheiro Coelho de; VALENTE, José Alexandre da Silva. Debatendo a Eficiência da Metodologia da Aprendizagem Baseada em Problemas. Uma Proposta de

O discurso construtivista passou a ser o fio condutor de diversos outros discursos, com articulações que definem produções singulares ou coletivas, pontos de ressonância delimitados na matriz simbólica, mas que ao mesmo tempo trazem sujeitos que são em si algum empecilho ou alguma resistência denominada por Lacan como o sujeito do desejo.

Interessante a posição de Revah (2004), quando afirma que a hegemonia do discurso construtivista está no sobrepujar de outros discursos educacionais, ordenando o campo da educação com práticas pedagógicas que são pensadas e avaliadas no discurso que se instaura como saber legítimo, válido ou verdadeiro. O construtivismo tem grande repercussão com a obra de Emília Ferreira e Ana Teberosky acerca da psicogênese da língua escrita, que tem por referencial a obra de Piaget.

Nesse sentido, o construtivismo corresponde ao campo da teoria e da ciência, com forte presença da psicologia genética, tendo aplicação na educação em propostas didáticas ou pedagógicas, produzindo-se aqui desvios, confusões e arbitrariedades quando as fronteiras que estavam de alguma forma delineadas foram, na visão da tese referenciada, imprudentemente alargadas.

Dentro destas práticas delineadas, fato interessante, do construtivismo, está no sujeito, pensado como desejo na conceituação de Lacan, segundo o qual o desejo é sempre o desejo do Outro, mas se parece esquecer, que, ainda segundo Lacan, o desejo está ligado a uma falta subjetiva e nesse aspecto o deslocamento do desejo resulta, no campo pedagógico nas relações professor-aluno em que inteligência, afetividade e desejo se articulam, num mesmo circuito, confrontando-se com faltas e carências e, por assim ser, construindo, pensando e desejando, novas e infinitas possibilidades (ALMEIDA, 1993).

Esse aspecto pode ser considerado como ponto crucial do enredo construtivismo educacional no ensino superior, alinhavando, inclusive, quem são os sujeitos denominados aprendentes, pois, quando se aborda o discurso construtivista há processo de engrenagem que valida o discurso a partir das experiências educacionais anteriores, que alavancaram e sustentaram a emergência, na década de 80, para a educação

Solução: a transição de metodologias. Atas do IX ENCONTRO NACIONAL DE PESQUISA EM EDUCAÇÃO EM CIÊNCIAS – IX ENPEC Águas de Lindóia, SP – 10 a 14 de Novembro de 2013. Educação em saúde e Educação em ciências.

infantil, e em outros países para a educação superior. Contudo, no Brasil, isso passou a repercutir no curso de Direito principalmente no ano de 2018, com a imposição da metodologia ativa como padrão curricular[37], por exemplo.

O debate que ressoou na educação infantil se deu com o fracasso escolar, resultado do analfabetismo e da má qualidade de ensino da escola dita tradicional. Tais discursos impulsionaram o novo discurso pedagógico de construtivismo. Hoje, ecoa na educação superior, o analfabetismo funcional. O distanciamento entre a teoria e a prática, a falha nos exames de validação de curso como, por exemplo, o exame de ordem – OAB.

Quando se traz no discurso do construtivismo Emília Ferreira e Piaget, Revah (2004) os expõem como equivalentes, no discurso pedagógico, isso porque demonstra que a fonte teórica acerca do construtivismo lhes concebe como ocupantes do mesmo lugar na matriz simbólica.

A obra de Piaget traz a ciência do construtivismo como lugar de comando do qual Emília Ferreira e Ana Teberosky fundamentam novo giro pedagógico e inflexão discursiva. O que ocorreu foi nova perspectiva de alfabetização, a partir do processo de construção da escrita em crianças que tinham entre 4 e 6 anos de idade. Inclusive, os resultados dessa pesquisa datam dos anos 70, como cita Vasconcelos (1998) ao afirmar que já haviam estudos relacionados ao ensino da matemática moderna tendo como referência a obra de Piaget. Esses estudos eram realizados pelo Grupo de Estudos sobre Educação, Metodologia de Pesquisa e Ação – GEEMPA[38], que reunia professores vinculados ao Instituto de Educação, ao Colégio de Aplicação e ao Instituto de Matemática da Universidade Federal do Rio Grande do Sul, situados no laboratório de Metodologia e Currículo da Faculdade de Educação.

A referência a esse grupo de estudos se dá pela mudança de paradigmas, que acontece no aspecto da didática em sala de aula para os professores da alfabetização. Inclusive Freitag (1994, p. 14) que representava o grupo, à época, e o apresentava como produto da experimentação e reflexão da equipe a trilogia de Esther Grossi: didática do nível pré-silábico, didática

[37] Cf. Resolução CNE/CES nº 5/2018.

[38] O grupo era denominado anteriormente de Grupo de Estudos sobre o Ensino da Matemática de Porto Alegre. (FREITAG, 1994, p. 13).

do nível silábico e didática do nível alfabético.[39] O nome de Esther Grossi se projeta, em especial no Rio Grande do Sul como uma das figuras centrais do construtivismo. Ela era chamada de pioneira e considerada figura pública no tema, ao lado de Emilia Ferreira.[40]

A partir de meados da década de 1980, outras cidades e estados passam a repensar o processo de alfabetização, principalmente após a divulgação das pesquisas e ideias de Emília Ferreira.[41] Vasconcelos (1998) destaca que a divulgação da nova perspectiva de alfabetização ligada à Emília Ferreira traz insculpida em si a obra piagetiana e, por ser presente e fonte teórica fundamental na década de 1980, passa-se à intensificação da divulgação entre os professores relacionados ao desenvolvimento infantil.

Outro nome recorrente na década de 1980, Paulo Freire, também se acopla ao construtivismo e o campo teórico do construtivismo passa a inspirar propostas pedagógicas[42] que vão desde a linha de educação popular a escolas alternativas ao processo de ressignificação do aprendizado a partir do sujeito. Sobre este aspecto, deriva-se os Parâmetros Curriculares Nacionais, que incorporam novas respostas, na linha de superar os métodos sintéticos, analíticos ou mistos, que não traziam efetividade para o aprendizado, conforme fala de Ferreira e Teberosky (1986, p. 15), "existem muitas crianças que não aprendem".

Apresenta-se alguma fragilidade na exposição da teoria do construtivismo, isso porque o fracasso escolar, sendo a fonte principal do problema e refletindo o absenteísmo, a repetência e a deserção deu o discurso relativo a condições sociais e não individuais ou de responsabilidade pessoal. Nesse aspecto, não seria possível mudar a situação do absenteísmo sem

[39] Há uma trilogia denominada Didática da alfabetização publicadas por Esther Grossi em 1994, 1995 e 1996.

[40] Cf. Dez anos de construtivismo no Brasil, Nova Escola, n. 48, maio/1991, p. 11.

[41] Vasconcelos (1998, p. 232) afirma, por exemplo que após a ida de Emília Ferreira em Recife em 1985, os educadores repensaram o processo de alfabetização e lançaram programa de capacitação dos professores para incorporar questões do processo de construtivismo relacionadas às ideias de Ferreiro e Teberosky (1986). Isso porque apesar de já haver a iniciativa de Terezinha Nunes Carraher tendo por base a obra piagetiana, foi após a ida de Emília a Recife que o projeto ganhou força e passou a incorporar as ideias de Emília e Teberosky.

[42] Cita-se Piaget, Emília Ferreira e Paulo Freire como nomes teóricos e referenciais do construtivismo e professores como Esther Grossi, Telma Weisz e Madalena Freire como profissionais pioneiras desse trabalho pedagógico e marcadas por tais discursos em suas trajetórias profissionais.

melhoria das condições de vida da população; e a repetência era o problema mais grave da educação primária e a deserção escolar, considerada o aspecto central dessa dimensão social passa a ser chamada de "expulsão encoberta". Isso porque havia papel do sistema educativo relacionado ao papel social e econômico, na distribuição desigual de oportunidades escolares (FERREIRA; TEBEROSKY, 1986, p. 18).

A tese de Revah (2004) aponta contexto histórico, a teoria do construtivismo gerada dentro do campo de preocupação de educadores que estavam em posições definidas, inclusive dentro de discursos políticos cuja ênfase se dava em contrariedade ao Regime Militar à época. A partir dessa premissa, a teoria do construtivismo está no discurso hegemônico no campo político da esquerda, qualificada como progressista ou crítica. Um exemplo é o texto de Saviani (1984, p. 9) que afirma como critério de criticidade de determinada teoria educacional a percepção de condicionantes objetivos e determinantes sociais de estrutura socioeconômica que condiciona o fenômeno educativo.

No processo de redemocratização brasileiro, houve alto índice de evasão e repetência. O debate sobre fracasso escolar atravessou os muros acadêmicos e se situou no centro dos debates políticos sobre a escola no final da década de 70, mas conforme Souza (1998, p. 63). O tema sobre o fracasso escolar no Brasil já existia desde a época do império. Nesta demarcação de contextos ideológicos e posicionamentos que repercutem a historicidade de seus autores, a proposta didática que erradicaria esse mal centra o foco na atuação do professor, apesar da afirmação das autoras Ferreira e Teberosky (1986, p. 18) de que o caráter seletivo do sistema educacional não decorria da "intenção consciente" dos docentes, o enfoque didático a ser reconstruído estava baseado na atuação do professor, ou na pedagogia que sustentava a ação educativa a partir dos seus "supostos psicológicos" e concepções implícitas ou explícitas sobre o processo de aprendizagem".

A abertura dos espaços de participação e o avanço da redemocratização permite a concretização de rever a pedagogia que orienta o professor e as práticas que desenvolve na sala de aula, resolvendo o fracasso escolar a partir das questões que envolvem o dia a dia do professor. Desenha-se a tensão entre a pedagogia dos conteúdos[43] e o discurso construtivista.

[43] A pedagogia dos conteúdos é utilizada por Demerval Saviani no início dos anos 80 em artigos publicados na revista ANDE e no livro Escola e Democracia de 1984.

Ainda orbitando a teoria do construtivismo, revela-se o discurso, contraposto por Patto (2000)[44], de que as crianças pertencentes à minoria socioeconômica iam mal na escola em razão das inúmeras deficiências nas áreas relacionadas ao seu desenvolvimento biopsicossocial, refletindo na descrição de pesquisas que traziam tais condicionantes como empecilho às crianças em estarem efetivamente prontas à alfabetização no momento de seu ingresso na escola. Sob esta perspectiva e afunilando o discurso, surge a figura do professor[45], do processo de produção e do fracasso escolar dentro da instituição-escola. E aqui o foco passa a ser a relação professor-aluno.

Nos caminhos do construtivismo, a criança constrói o seu próprio processo de leitura e escrita e exige-se nova postura do professor, a passagem da teoria à prática, a compreensão da criança na construção do seu processo de conhecimento e o deslocamento do lugar do professor para acreditar que "a criança aprende", que ela é autônoma e capaz de aprender por sua própria iniciativa. O mesmo percurso faz ou deve fazer o professor de ensino superior, detentor quase que absoluto das informações antes da década de 90 e agora, substituído pelo "*google*" ou outro instrumento de busca universal na era da informação, elevado ao papel de mediador e da necessária construção solitária do aprendente como sujeito do seu próprio caminho.

O Construtivismo passa a ser considerado, a partir da década de 90, saber hegemônico no campo do discurso educacional[46], decorrente inclusive da alteração de lugar referente à pedagogia dos conteúdos. Conceitua-se, então como discurso científico que encontra eco no campo político e econômico, refletindo em temas, que também tecem a presente pesquisa, como futuro, globalização, mercado, economia, desenvolvimento, revolução tecnológica.

O Construtivismo teve seus efeitos, inclusive, esteve presente dentro dos Parâmetros Curriculares Nacionais (PCN) na segunda metade da

[44] Patto (2000, p. 76) afirma que o discurso científico que condena o que ela denomina de teoria da deficiência cultural que não deu atenção à participação de fatores intra-escolares.

[45] Cf. O poder do professor: Ele constrói o sucesso (ou fracasso) de um aluno, **Nova Escola**, n. 17, nov/1987, p. 13-14.

[46] Cf. Em outubro de 1989 Emília Ferreira trouxe como expressão "mudança total" caracterizando a revolução conceitual quando da aula inédita para 10 mil professores, *Nova Escola*, nº. 34. out. /89. P. 13

década de 90. Os autores construtivistas passam a ser destacados por escolas, professores e teóricos da educação. Exemplo disso pode ser descrito em: Vigotsky (2004), com o significado de sócio-construtivismo, e questões que ultrapassam o momento da alfabetização e passam a tecer a construção de outras áreas, outros conteúdos, agregando novas concepções teóricas; Freinet (1977), aplicando o conhecimento no fazer e refazer de atividades que não deveriam ser brincadeiras vazias[47]; Montessori (2004), que valoriza o potencial de aprender em cada um de nós, pois teríamos nascido com a capacidade de ensinar a nós mesmos, se nos forem dadas condições[48]; e, Waldorf (2000), que mistura ciência e espiritualismo no que se denomina antroposofia, integrando de maneira holística o espiritual, o intelectual e o artístico, desenvolvendo indivíduos livres e integrados, com valorização da criatividade.[49]

O que se pretendeu demonstrar, com os teóricos citados do construtivismo, foram as múltiplas faces dessa escolha de construção do conhecimento, que a partir da década de 90, marcou o uso da matriz construtivista para além da alfabetização. Mas, ainda não se tinha clareza dos possíveis equívocos relacionados à assimilação da teoria ou mesmo o resultado de simplificações que sugerem práticas escolares difusas e vinculadas a diversas linhas. Todas essas linhas seguiam na tentativa de revolucionar o ensino, que havia se tornado "desinteressante, precário, burocratizado, repetitivo, estagnado na história positivista e serviente à classe média dos anos 50".[50]

Ocorre que, na construção do conhecimento, a escolha do caminho perpassa o papel dos professores, os quais na visão de Nóvoa (1995, p. 13-14) ora são acusados de serem profissionais medíocres, ora bombardeados com a retórica que os considera elementos essenciais para o progresso social e cultural. Nessa ambivalência, nutre-se as expectativas de que o professor deve suportar o novo caminhar e se readequar ao

[47] Como a criança aprende segundo Freinet, Nova Escola, n. 74, abr/94 p. 24-8

[48] Como a criança aprende segundo Montessori, Nova Escola, nº. 79, out/94 pp. 28. Cf. FERRARI, Márcio. Maria Montessori, a médica que valorizou o aluno, disponível em: https://novaescola.org.br/conteudo/459/medica-valorizou-aluno. Acesso em: 14 abr. 2019.

[49] Cf. "Pedagogia Wladorf. De sete em sete anos", **Nova Escola**, n. 80, nov./94, p. 38; TUNES, Suzel. **Saiba como funciona a faculdade Waldorf.** Disponível em: https://novaescola.org.br/conteudo/11839/uma-faculdade-waldorf. Acesso em: 12 jun. 2019.

[50] Cf. História, Nova Escola. Nov. /91.

modelo proposto. Gil e Duran[51] (1993, p. 13) explicita que a insegurança dos professores quanto ao modelo construtivista está na confusão entre construtivismo e espontaneísmo, como se não houvesse necessidade de planejamento, objetivos e atividades adequadas a esses objetivos.

Becker (1993, p. 77-78) realiza então a epistemologia do professor, subjacente ao trabalho docente, na qual afirma que o caminho construtivista é necessário sob o ponto de vista das relações pedagógicas e passa a caracterizar a pedagogia diretiva, valorizando relações hierárquicas, pedagogia não diretiva, centrada no aluno, que atribui a este qualidades que inexiste, e a pedagogia centrada na relação, que resgata os polos de relação pedagógica escolar, fundamentando, epistemologicamente, o interacionismo de tipo construtivista.

A constatação de Becker (1993, p. 81) traz o empirismo como característica docente, na qual a postura do professor traz inscrita a prática tradicional, e, o caminho didático para que haja a postura construtivista, se dá no caminho didático para a formação do professor. Mister refletir sobre a prática pedagógica da qual o docente é sujeito e aí se apropriar da teoria que seria capaz de desmontar a prática conservadora.

Revah (2004, p. 276) alinha a argumentação de Becker quando este, ao trazer o interacionismo para o construtivismo, possibilita a ancoragem de outras correntes, como a psicologia cognitiva, e aprofunda a estrutura, de forma a encontrar ponto de equilíbrio e ressonância em outras práticas (além da alfabetização), que precisariam de amadurecimento e sistematização, não deixando de considerar o construtivismo como o indicativo de que a pessoa aprende melhor quando se torna parte direta na construção do conhecimento que adquire.

Passando a fase do construtivismo e tendo como referencial de mudança estrutural e a posição do sujeito aluno, posteriormente na construção do professor no caminho construtivista, Biggs (2003) fornece, então, base teórica para o currículo baseado em resultados, ou o denominado currículo construtivista, que traz coerência entre avaliação, estratégias de ensino e resultados de aprendizagem, pretendidos dentro de determinado programa educacional (MCMAHON; THAKORE, 2006). A principal base teórica do currículo baseado em resultados é fornecida por Biggs

[51] Cf. As agruras do caminho construtivista, Nova Escola, n. 65, abr./93, p. 13.

(2003), quando ele define alinhamento entre as três áreas principais do currículo nas Figuras 3 e 4:

Figura 3 – Alinhamento do currículo construtivista[52]

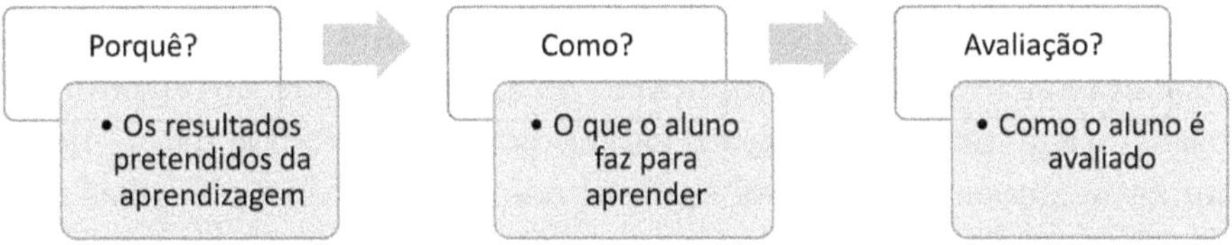

Fonte: Elaboração da autora.

Figura 4 – Espelhamento do modelo de currículo alinhado, de acordo com a teoria de Biggs: *Aligned curriculum model*

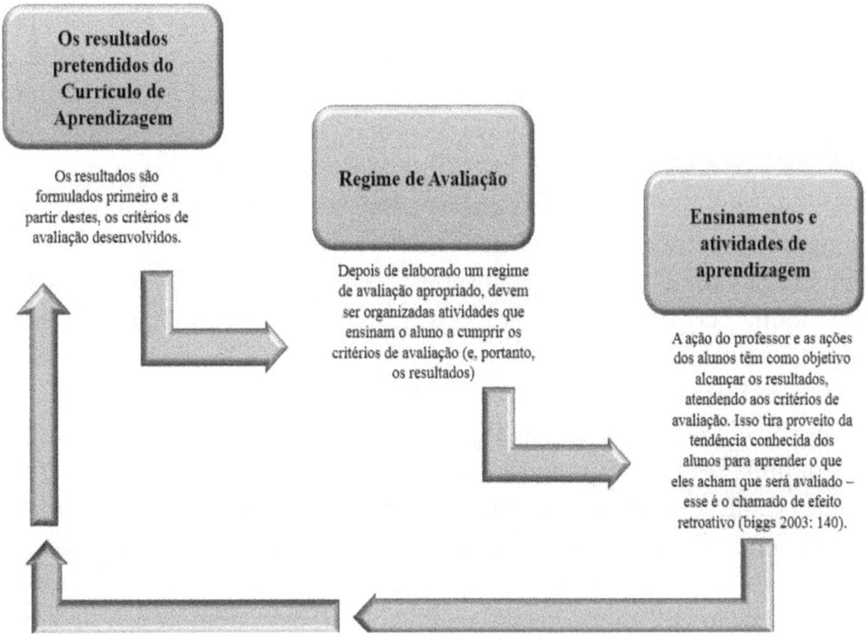

Fonte: UCD Dubin (2003).

[52] UCD DUBIN. **Using Biggs' Model of Constructive Alignment in Curriculum Design.** Disponível em http://www.ucdoer.ie/index.php?title=Using_Biggs%27_Model_of_Constructive_Alignment_in_Curriculum_Design/Introduction. Acesso em: 19 jul. 2019.

Apesar da articulação do currículo construtivista ser atribuído a Biggs, Tyler já abordava tal perspectiva em 1949, tendo esse currículo sido elaborado por Shuell em 1986, com base em reflexões sobre o modo de ensinar. Como exemplo de currículo com alinhamento construtivista, os resultados precisam deixar claro o que se espera do aluno ao final do módulo, e o processo de avaliação deve ter relatório escrito, com crítica reflexiva e ciclo de observação, além de ter alguma declaração reflexiva por parte do sujeito aprendente dos ganhos pessoais e profissionais obtidos. Importa também alguma avaliação por pares, e com relação às atividades de ensino e aprendizagem, grupos tutoriais e de mentoria devem ser utilizados para revisão teórica e impulso à aprendizagem.

A sugestão de Biggs (2003) projeta as atividades de ensino e aprendizagem para demonstrar aos alunos como alcançar o desempenho mais alto prescrito pelos resultados. Além disso, ao prescrever os resultados esperados, indica verbos relacionados a uma taxonomia de aprendizado. Os dois verbos mais usados são criados por Bloom (1956) e revisados por Hair JR. *et al.* (2005), além dos desenvolvidos por Biggs e Collis (1982).

A relação de verbos dentro dos níveis de realização proposto por Biggs (2003), consubstanciando a taxionomia solo de Biggs e Collis pode ser descrita nos níveis de "A" a "E", sendo o melhor nível descrito nível "A", que significa: A melhor compreensão referendando a realização do pensamento abstrato estendido, utilizando verbos que referenciam tal construção como teorizar, generalizar, refletir e avaliar. Bloom em sua taxonomia[53] criada em 1956, prevê os seguintes verbos projetar, organizar, formular e propor; ele separa o contexto de avaliação, que tem ações como julgar, estimar, avaliar e comparar. (HAIR JR.; *et al.* 2005).

No nível "B", proposto por Biggs (2003), como altamente satisfatório a Taxonomia Solo corresponde ao pensamento relacional, que utiliza verbos como: explicar, analisar, comparar e aplicar. Ao passo que na Taxonomia de Bloom a distinção dessa fase acontece em duas partes: a) a análise, utilizando verbos como distinguir, analisar, calcular, testar, inspecionar; e b) aplicação, utilizando verbos como aplicar, usar, demonstrar, ilustrar, praticar.

No nível "C", de realização proposto por Biggs (2003) como bastante satisfatório, a taxonomia solo representa o pensamento multiestrutural,

[53] Cf. Taxonomia de Bloom, revisado por Hair *et al.* (2005).

com verbos como classificar e comentar sobre. A Taxonomia de Bloom representa a compreensão, utilizando verbos como explicar, descrever, discutir, reconhecer.

No nível de realização dito como mínimo suficiente, classificado por Biggs (2003) como D, a taxonomia Solo contempla o pensamento uniestrutural, com verbos como relatar e descrever, que para Bloom se compreende aqui a etapa dita conhecimento, com verbos como: definir, listar, nomear, recordar e registrar.

O nível de realização E, representa a falha e significa para Biggs (2003) a taxonomia Solo no escopo pré-estrutural, não havendo correspondente na taxonomia de Bloom.[54] Para Biggs (2003), o método de avaliação dos resultados precisa ser pensado antes das atividades de ensino e aprendizagem. A finalidade é que, para os alunos, a avaliação define o que vai ser importante no currículo, e os alunos condicionam o aprendizado para aquilo que pensam que será avaliado.

Com base nessa teoria, é possível manipular com maior eficiência o aprendizado dos alunos, que se esforçarão para aprender o que pensam que será testado. Esse é o efeito retroativo (*backwash*), nominado dessa forma por Biggs (2003) para determinar a descrição prévia da avaliação, o que e como os alunos aprendem. Em um sistema mal alinhado, onde o teste não reflete os objetivos, resultará em aprendizado superficial inadequado (BIGGS, 2003, p. 140). Ele então propõe que os educadores usem a inevitabilidade do princípio da retroatividade para garantir uma reforma educacional eficaz.

A utilização do efeito retroativo pode ser extremamente benéfica se feito da maneira correta. Inevitavelmente, os alunos sempre buscarão aprender o que será necessário para que obtenham sucesso no período letivo/exames finais, dessa forma, pautarão seus estudos com base no que se imagina que as provas exigirão.

Logo, se não se pode vencer o efeito retroativo do aprendizado, então se junte a ele, e, nesse sentido Biggs se faz claro quanto a aliar os requisitos da avaliação ao currículo de aprendizado, afirmando que não há problema em submeter os alunos ao efeito de estudo retroativo, pois, assim, eles aprenderão exatamente o que deveriam aprender (BIGGS, 2003, p. 240).

[54] Cf. UCD DUBLIN: Relating the Constructive Alignment Model to Learning Taxonomies.

Pesquisas de Coltheart *et al.* (1993) apontam a essencialidade do efeito retroativo para a adoção do Modelo de Alinhamento Construtivo abordado por Biggs. Ramsden (1992) demonstra que, evidentemente, tal tratamento não diminui de maneira alguma a importância dos outros dois componentes do currículo (o *porquê?* e o *como?*).

O alinhamento construtivo requer equilíbrio e sinergia entre os objetivos profissionais dos professores, os desejos e necessidades dos alunos, o currículo, os métodos de ensino utilizados, os procedimentos de avaliação utilizados, o clima psicológico e social da sala de aula, como ambiente de aprendizagem e o clima psicológico e social da instituição (BIGGS, 2003, p. 26). Nesse aspecto, cada um desses objetivos precisa ser trabalhado em direção comum ao proposto no plano de aprendizado e quando isso não acontece o ensino se torna deficiente e o aprendizado superficial. A falta de alinhamento representa inconsistências, expectativas não atendidas e práticas que contradizem com o que se prega.

Capítulo 3
A Escola de Direito do Século XXI

3.1. O ensino jurídico e a iniciativa de renovação

A sociedade passa por constante transformação, na medida em que não se faz suficiente o ensino exclusivamente teórico, necessitando de efetividade no quesito aprender a aprender, não limitando o aluno a decorar o que foi transmitido em sala de aula, mas impulsionando o aprendizado contínuo. Nesse aspecto, Barrows (1986) propôs que o aprendizado deveria acontecer no sentido mais amplo possível, sendo necessário que os alunos pudessem permanecer atualizados e condicionando-os a enfrentar problemas novos quando da atividade profissional.

Sílvia Mamede (2001), afirma que, nesse aspecto, o componente fundamental seria a formulação apropriada de necessidade de aprendizagem para determinar os melhores recursos disponíveis em termos de eficiência e disponibilidade, sendo necessária a autoaprendizagem, fortalecendo o uso de habilidades e conhecimentos adquiridos no estudo individual. Surge na educação jurídica novo paradigma, lembrando que de um paradigma, de acordo com Moraes (2012, p. 31), decorre todo um sistema de valores, que influencia não somente o processo de construção do conhecimento, mas também a maneira de ser, de fazer e de viver/conviver.

Kuhn (2000, p. 13) percebe o paradigma como um padrão compartilhado entre determinado grupo, apto a elucidar determinadas dimensões da realidade. Seriam as realizações científicas universalmente reconhecidas que, durante algum tempo, fornecem problemas e soluções modelares para comunidade de praticantes de uma ciência. Seria a lógica geradora de novas teorias que iria implicar numa noção nuclear, de conjunção e disjunção, um tipo de relação dominadora que determinaria o curso de todas as teorias e discursos controlados pelo paradigma em questão.

O paradigma acerca da educação, em nível mundial, tem sido redesenhado, repensado de forma a responder ao tempo presente, adjetivado como Modernidade Líquida. Nessa tessitura, o novo modelo que se forma, tem, na visão de De Masi (2014), a possibilidade de alcançar dimensão necessária ao desenvolvimento equilibrado da vida, que, segundo ele, alcança posturas ecumênicas, sincréticas, positivas e tolerantes perante a diferença, tão natural na vida. Esse novo modelo possui tessitura complexa, formada a partir da contribuição de modelo que decorre da troca globalizada. A sociedade pós-industrial precisa de nova rota, caminho novo a ser traçado. O Modelo proposto por De Masi, em ótica planetária, evidencia a educação nesse processo global exemplificando projetos científicos como o Projeto Genoma, ou movimentos como *Slow Food*.

O Brasil é visto por De Masi (2014) como país que tem muito a contribuir para esse modelo ecumênico, no constructo dessas mudanças necessárias em Educação, pela vivência/convivência da mistura racial e cultural em miscigenação equilibrada no tocante à tolerância. É concepção do Brasil, a partir dessa miscigenação tão arraigada, que cria identidade consciente, receptiva ao outro, ao diferente e que considera fluidos os limites entre o sagrado e o profano, o formal e o informal, o público e o privado, a emoção e a regra.

De Masi (2014) traz o Brasil como nação propositiva, capaz de realizar profundas mudanças em seu interior e de propor ao exterior modelo de abertura ao novo e ao mesmo tempo a demonstração de sociedade que busca (ou evidencia esse querer por meio de manifestações), de forma conjunta, aumentar a igualdade e a justiça, e, combater a violência, a corrupção, o analfabetismo, as distâncias entre os exploradores e os explorados.

Huberman (1973, p. 16 e 40) relata que um processo de mudança se faz necessário, em que haja conjunto de ações positivas, imediatas, que sejam muito mais intencionais e planificadas, isso porque, "na educação temos de haver-nos com instituições sociais e com os adultos que nelas trabalham; o que reforça ainda mais a resistência intrínseca à mudança.

Inevitavelmente, ao que parece, a busca da novidade tem de subordinar-se ao desejo de estabilidade".

O constructo das mudanças em educação, em tempos de modernidade líquida, remete a formação institucionalizada, com vistas a facilitar ou induzir a inovação, que pode ser descrita como a necessidade menos a resistência, e que se daria como processo resultante de mudança planejada, segundo Huberman (1973, p. 15), um "aprimoramento mensurável, deliberado, durável e pouco suscetível de produzir-se com frequência". Vislumbra-se, assim, novo paradigma, uma reconstrução necessária, apta a responder à sociedade pós-industrial em tempos de Modernidade Líquida.

Alguns estudos demonstram que o conhecimento educacional é tema negligenciado na educação comparada, o que gera hiato para a construção adequada de resposta à sociedade global, pós-industrial, em tempos de Modernidade Líquida. O conhecimento (seleção, organização/classificação e aquisição) tem sido crucialmente importante para todos os sistemas educacionais modernos. A preocupação é o estudo do conhecimento educacional, tal como codificado nos currículos, aonde a pergunta permanece a mesma acerca de "qual conhecimento é mais relevante? " (KAZAMIAS, 2012a, p. 193).

> Um novo mundo está tomando forma nesta virada do milênio. Originou-se na coincidência histórica de três processos independentes, no período entre o final da década de 1960 e meados da década de 1970: a revolução da informação; a crise das economias, tanto capitalista como estatal, e sua reestruturação subsequente; e o florescimento de movimentos socioculturais como o libertarismo, os direitos humanos, o feminismo e o ambientalismo. A interação entre esses processos e as razões que levaram ao seu desencadeamento estabeleceram uma nova estrutura social dominante: a sociedade-rede; uma nova economia: a economia da informação/global; e uma nova cultura: a cultura da virtualidade real [...] [definida] como um sistema no qual a própria realidade (ou seja, a existência material/simbólica das pessoas) está plenamente imersa em uma composição de imagens virtuais, no mundo do faz de conta, no qual os símbolos não são apenas metáforas, mas incluem a experiência real Castells (1999, p. 367 e 381).

Kazamias (2012b, p. 540) critica o que se fez no século XX com as universidades nos Estados Unidos, as quais refletem sensação comum (como quase tudo nesse mundo globalizado), denominadas por Robert Hutchins como loja de conveniência. O autor conclui sua crítica afirmando que dentre os efeitos corrosivos da globalização sobre a paideia/cultura humanística liberal está centrada no domínio da economia sobre a educação, tornando-a utilitária e instrumental (KAZAMIAS, 2012b, p. 542).

O Constructo das Mudanças em Educação em Tempos de Modernidade Líquida traz conceitos que compreendem a sociedade atual, com todas as suas inexoráveis desordens epistemológicas, decorrentes da sua tessitura complexa que impele aspectos instrumentais e utilitaristas ao processo educacional. Nesse contexto, o reconhecimento do Professor como um bom mediador do processo educacional se dá quando ele ultrapassa a educação como um processo linear, e alcança o reconhecimento do outro e a tolerância em uma concepção de pensamento Complexo.

O esgotamento do modelo positivista no ensino superior é mensurado por Bazzo (1998), Becker (2001) e por Ludwig (2002) identificando a ineficácia da transmissão-recepção de conteúdos entre o professor e o aluno, este figurando no sujeito passivo como toda a ação é centrada no professor.

Traz-se para o curso superior o aluno no foco do processo ensino-aprendizagem, com conhecimentos necessários para a formação universitária como criatividade, multidisciplinaridade e autonomia ao aprendizado e no ensino superior passa-se a enaltecer modelos construídos a partir de metodologias ativas, reverberando nos cursos de saúde e engenharia, migrando para os cursos jurídicos e demais áreas.

Para além das fronteiras nacionais, na Europa, em 1999, Ministros responsáveis pelo Ensino Superior de vinte e nove países europeus ao assinarem a Declaração de Bolonha concordam com desenvolvimento coerente e coeso da área Europeia de Ensino Superior e em Barcelona, no ano de 2002, reafirmam estes objetivos e reconhecem necessárias implementações que alcancem níveis de competitividade requeridos pela sociedade do conhecimento.

Tais implementações possuem, como principal objetivo, a mudança de paradigma educacional e apesar de haver a intenção política que impeliu a legislação promulgada, a efetiva mudança no paradigma educacional considera a necessária renovação pedagógico-didática no nível das práticas docentes.

O processo de Bolonha reafirma estratégias de aprendizagem centradas no aluno e avança para os resultados de aprendizagem, situação que ainda não se concretizou na Europa de maneira geral[55], mas que caminha para a estratégia assentada no desenvolvimento e na competitividade em escala global.

O processo de construção do conhecimento no âmbito do ensino superior pressupõe forjar capacidades que permitam a integração do indivíduo nas dimensões sociais, políticas e econômicas (LIMA, 2007). Permeia o processo a ideia de que o ensino superior deve ser o motor das transformações que se exigem na nova economia, que possui em si potencial para o desenvolvimento social e econômico de qualquer sociedade promovendo competências necessárias para a integração na sociedade globalizada. (MELO, 2017).

As competências docentes propostas por Perrenoud (2000) apontam para adjetivos como desafiador, questionador, empático, acessível, mediador do processo de aprendizagem como aduz Vasconcelos (1998), ao afirmar que o professor não deve ocupar o centro do cenário, mas reconhecer os estudantes como parceiros do processo de ensino; ou seja, o professor deve se colocar na posição de mediador do processo de aprendizagem e se disponibilizar a ser, nesse processo, como "ponte rolante".

O curso superior reverbera as discussões teóricas que alinhavaram o construtivismo na alfabetização e passaram a refletir sobre a necessária transformação da transmissão do conhecimento para a construção deste no ensino superior. Assim, muda-se a consolidação dos currículos e modelos pedagógicos nos quais o professor era a fonte prioritária de conhecimentos dos alunos, agregando-se bibliotecas, laboratórios e estabelecendo-se critérios de qualidade específicos, contudo sem indicar a formação de competência docente a estes.

Estudos, da década de 80, já exploravam a necessária formação para o magistério superior, afirmando que os ensinos fundamentais e médios exigiam formação superior em Pedagogia/licenciatura e que o curso

[55] MELO, Ana Souto e. Enquadramento histórico legal do processo de Bolonha e seu impacto no sistema de ensino superior português. **Revista Observatório.** v. 3, n. 6, out./dez. 2017. Cf. COSTA-LOBO, Cristina. **Abordagem sócio-cognitiva do ajustamento à carreira no ensino superior:** o papel das actividades em grupo, da auto-eficácia e dos interesses. Tese (Doutoro em Psicologia) – Universidade do Minho, 2011.

superior havia exigência de mestrado ou doutorado, mas sem preparação específica para o magistério superior (CUNHA, 1986).

Pimenta *et al.* (2002) afirmam que se justificava a aparente suficiência do domínio de conhecimentos específicos no ensino superior, em razão de que a transmissão dos conteúdos dialogava com as pesquisas ou com o exercício profissional daquele docente que estava no centro das abordagens metodológicas, adotadas no processo de ensino-aprendizagem e avaliação.

Ocorre que a prática do ensino superior ainda é formativa e se traduz como continuidade do processo educacional de forma a educar também para autonomia, para que o aluno como sujeito do seu aprendizado esteja apto a descobertas, a aprofundar ou mesmo a ressignificar conhecimentos. Nas palavras de Behrens (1996), o profissional do futuro deve ter competência para ser autônomo na produção de conhecimento, estar acessível ao trabalho em equipe de forma a buscar inovação, ser crítico, encontrar informações a analisá-la de forma crítica, além de elaborar projetos criativos, tendo habilidades para além da reprodução de conhecimento, para alcançar parceria e corresponsabilidade do professor com os alunos (VASCONCELOS, 1998).

Os componentes que valoram o plano pedagógico, para além do construtivismo, ampliam a perspectiva docente para o pensamento complexo e ecossistêmico, que desvela os desafios da Educação superior brasileira, observados no pensamento de Moraes (2008). Esses desafios se inserem na contextualização de modernidade líquida, quando determina certa diretriz ecológica para o saber, percebendo novos paradigmas para o atual estado do conhecimento.

Sob esta tônica, o desenvolvimento de uma educação que seja adequada a uma sociedade miscigenada, diversa, mas que simultaneamente se inter-relaciona em determinado ambiente do saber, precisa estar congruente ao mundo globalizado, que ela (MORAES, 2008), afirma ser cada vez mais complexo e imprevisível, sujeito às emergências, ao acaso e ao inesperado.

Por sua vez, toda essa complexidade requer pensamento relacional, articulado e questionador, que ajude o sujeito a melhor compreender a dinâmica relacional existente nos processos interdependentes caracterizadores da vida: um pensamento de natureza complexa (MORAES, 2008, p. 16).

Tal percepção reforça o pensamento da necessidade de educação superior que produza respostas adequadas, competentes e oportunas. Mas tendo a grande questão, também tem em si o fato de que o professor ainda não está preparado para atuar de maneira competente em mundo funcional e em rede.

Nesse sentido, a compreensão do pensamento humano, a partir do Pensamento Complexo de Edgar Morin e do Pensamento Ecossistêmico de Maria Cândida Moraes, resgata a construção de ambiente saudável em que os pressupostos da educação envolvem a alegria e o prazer em aprender. Surge articulação de diferentes princípios de natureza epistemológica que permitem a criação de ecossistemas educacionais (diferentes espaços cognitivos/emocionais) para a produção de informação, criação de identidades e o desenvolvimento de práticas culturais e sociais (MORIN, 2003; MORAES, 2008).

O determinismo ou a causalidade linear é ultrapassado, quando se reconhece a complexidade de forma dinâmica, em que nem todas as causas produzem os mesmos efeitos e nem todas as rotas podem ser previstas. Formulam-se, então, metodologias para alcançar a construção desse ambiente saudável em perspectiva ecossistêmica ou complexa, com relação ao funcionamento do mundo e da vida.

A complexidade, como propriedade dos sistemas vivos, possui a existência de interações ecossistêmicas (MORAES, 2008, p. 153). Denominada por Moraes (2008) de perspectiva dialógica, em que há dois termos ou conceitos antagônicos, mas não excludentes, e o espaço de convergências não é uma disputa, mas espaço para o diálogo com o diferente.

Sobre o diálogo, Freire (2005, p. 79) afirma que este é exigência existencial e a característica da humanização e da historicidade. O pressuposto para fazer da dialogicidade processo de transformação do mundo está encontro de sujeitos em transformação. A apropriação do conceito dialógico de educação nos eleva ao dizer de Síveres (2016, p. 24), "dialogicidade é processo que acontece entre a experiência vital e a dinâmica relacional, de modo específico pela expressão de humanidade, de historicidade e de transformação do mundo, configurando-se num projeto de vida e de mais vida".

A densidade proposta remete à compreensão da educação por meio de projeto que supere a despersonalização do ser humano e a instrumentalização da educação, redescoberta de princípios educativos que vincule os sujeitos aprendentes e os integre entre o ser o a agir, entre a paideia e a politeia, entre a prosa e a poesia, entre a técnica e a ética, entre a realidade e a utopia (SÍVERES, 2016, p. 29).

Para a vinculação aos sujeitos aprendentes, a complexidade e a transdisciplinaridade na educação definem entremeado de tecidos na maneira de aprender a aprender, nos reflexos multidimensionais, no *feedback* da retroatividade e na recursividade do movimento (MORIN, 2000, p. 92). Tal concepção já se podia vislumbrar na Carta da Transdisciplinaridade, com redação de Freitas, Morin e Nicolescu (1994), adotada no Primeiro Congresso Mundial de Transdisciplinaridade, que em seu artigo 11, traz que a educação transdisciplinar reavalia o papel da intuição, do imaginário, da sensibilidade e do corpo na transmissão do conhecimento. E isso é confirmado por Moraes em 1997, quando aduz que a transdisciplinaridade decorreria de abordagem do pensamento complexo, daquilo que seria tecido em conjunto. O significado de fazer o conhecimento transdisciplinar é uma abordagem do conhecimento que une e ajusta a ação ao pensamento do sujeito sobre o objeto, produzindo reflexão sobre os diferentes conhecimentos disciplinares.

Aquele professor controlador, cobrador, insensível, enciclopédico, incapaz de uma interação compreensiva e colaborativa já não faz muito sentido. Segundo Moraes (2007, p. 18), na realidade, nossas escolas, e aqui pontuamos que abrange todos os níveis de ensino, necessitam de professores capazes de organizarem ambientes agradáveis e efetivos de aprendizagem, ambientes prazerosos e implicativos, onde os alunos sintam-se acolhidos, compreendidos e nutridos no seu sentido mais amplo.

Para que o pensamento do ensino formatado, decadente e ultrapassado seja reformado, Morin (2003, p. 15) remete à busca por autonomia interior, em que haja reencontro com a poesia da vida, proporcionando eliminação das barreiras que nos separam como sujeitos, dos objetos que criamos. Nessa busca, haveria transformação do próprio sujeito que mudaria o ambiente e reestabeleceria o elo orgânico entre sujeito, lugar e o outro. Moraes (201, p. 75) pontua que a transdisciplinaridade como algo que vai além dos aspectos cognitivos, baseados no desenvolvimento de competências e habilidades. Afirma que envolve o mundo emocional, intuitivo e espiritual do sujeito. É nessa transformação do pensamento linear em pensamento complexo, ecossistêmico que compreenda os reencontros que surge a possibilidade de mudanças na educação superior em tempos de modernidade líquida especialmente no campo do Direito.

3.2. Breve histórico do ensino jurídico no Brasil

Com relação ao curso de Direito, Dom Pedro I, com a lei de 11 de agosto de 1827, criou no Brasil tal formação, com o intuito de criar quadros para o novo Império e instigado pelo Barão de São Leopoldo, os estabeleceu não na capital, mas em São Paulo e Olinda.

> O propósito de impedir a criação de cursos superiores no Brasil era uma manifestação consciente da Metrópole, temendo por aí que atingisse, a Colônia, um processo mais rápido de emancipação. [...] que podia relaxar a dependência que as colônias deveriam ter do Reino; que os mais fortes vínculos que sustentavam a dependência de nossas colônias era a necessidade de relaxar [...]. Verifica – se assim que para a Metrópole o curso jurídico era um sinal de autonomia intelectual, e assim como foi proibida no Distrito Diamantino a presença de advogados, desejava-se também, pela ausência de aulas de Direito , evitar a formação dos filhos da Colônia, como instrumento de emancipação nacional. (VENÂNCIO FILHO, 1979, p. 13-14).

Naquela época, o objetivo do conhecimento jurídico tinha clara relação com a emancipação nacional e os cursos jurídicos serviam para o atender de necessidades burocráticas do Estado Nacional, e, por muitos anos, os discentes de direito eram quase exclusivamente filhos da classe mais nobre do País.

Quando da transição do Império para a República, Venâncio Filho (1979, p. 26), alerta que houve certo federalismo educacional, havendo a criação de diversos cursos no País. Mas esse mesmo autor afirma que há muito não havia qualidade no ensino jurídico.

O Brasil como República teve características inovadoras no ensino jurídico, isso porque passou a ser instrumento de ascensão social, sendo permeado pelo ingresso dos filhos da classe média.

A Constituição Federal de 1934 trouxe a questão da orientação preferencial pelo sistema universitário de ensino superior. Em 1935, houve tentativa frustrada de mudanças educacionais, considerada a primeira experiência brasileira de universidade aberta aos novos ramos do conhecimento humano. A Constituição Federal de 1937 oportunizou o ensino profissionalizante. Na década de 60, ou seja, passados 30 anos, o ensino jurídico não conseguiu avançar, pois conforme Bastos (2000, p. 228):

> A questão da reforma das faculdades de Direito está exatamente na vocação do ensino jurídico, tradicionalmente avesso às formulações críticas, que, pela sua essência, questionam a própria ordem jurídica, objeto tradicional de ensino do professor de Direito e de aprendizado do advogado. Advogar não é criticar a ordem, mas viabilizar a sua aplicação, especialmente nos países de tradição positivista. Esta máxima, que tem o seu espaço, faz do ensino jurídico um ensino destinado a produzir a ordem estabelecida e das faculdades de Direito meros centros de retransmissão do conhecimento codificado e dos seus instrumentos compreensivos. (BASTOS, 2000, p.228).

A educação superior, cada dia mais, percebe o interesse aos fenômenos sociais e econômicos da atualidade e a interlocução destes com a formação daqueles que estruturam e utilizam o corpo acadêmico das faculdades e universidades. A interdisciplinaridade ou multidisciplinaridade são caminhos que possibilitam essa interlocução, pois alicerçam uma formação sob a perspectiva de múltiplas ciências.

Em 1961, a Universidade de Brasília incluiu inovações como a interdisciplinaridade, inserindo no curso de direito disciplinas como Economia Política, Sociologia, Filosofia e outras pertencentes às ciências humanas. Isso, nas palavras de Bastos (2000, p. 150) caracterizou grande inovação, considerando novas vertentes sobre o preparo da Faculdade de Direito para o profissional que iria tratar de conflitos sociais. Tal preparo seria alcançado mediante nova proposta didática que pudesse trazer maleabilidade curricular, viabilizando estudos exigidos pelo mercado de trabalho.

Ainda há obstáculos, pois, as ciências ainda se encontram, de certa forma, aprisionadas em seu campo de formação, mas o movimento no sentido de transpor essa situação é constante, podendo ser exemplificado com a transferência do foco "dos saberes" para a formação de competências, conforme apresenta Vieira (2015), ao referenciar, no debate europeu, a gradativa mudança de abordagem no ensino jurídico, justamente voltada para a estrutura de habilidades necessárias àqueles que estão sendo formados.

O Ensino jurídico, como um todo, segue essa tendência, a qual é sendo possível observar no Brasil, especialmente na segunda metade do século XX, a partir das diretrizes curriculares nacionais contidas na Resolução nº 9 de 2004, do Conselho Nacional de Educação, que inaugura um novo patamar voltado para o desenvolvimento de habilidades e competências na formação discente.

Há novos contornos que impactam a estrutura formativa do ensino jurídico especialmente sob a influência econômica e movimentos sociais como um todo. Nesse sentido, o curso passa a conciliar atividades acadêmicas com as demandas apresentadas pela sociedade, especialmente, pela comunidade situada em seu entorno.

Por conseguinte, a inovação no campo da *práxis* profissional, atrelada às diretrizes curriculares contidas nas legislações que regulamentam os cursos de Direito no Brasil, passaram a fomentar, na formação do aluno, o viés emancipatório, com o intuito de o capacitar para práticas profissionais.

No Brasil, o arcabouço regulatório dos cursos superiores tem fundamento na Constituição Federal, que estabelece normas gerais no artigo 207, as quais preveem a autonomia das Universidades. O artigo 214 da Constituição Federal determina a criação de plano nacional de educação com diretrizes relacionadas à Melhoria da qualidade do ensino (III), formação para o trabalho (inciso IV) e a promoção humanística, científica e tecnológica do País (inciso V).

Além do espectro de indicação normativa contidas na Constituição Federal, o ensino superior possui como normas que o regem, a Lei nº 9.394, de 20 de dezembro de 1996, conhecida como Lei de Diretrizes e Bases da Educação Nacional – LDB, a qual disciplina a educação no Brasil e a Lei nº 10.861, de 14 de abril de 2004, criadora do Sistema Nacional de Avaliação da Educação Superior – SINAES, sistema que direciona as atividades de avaliação, regulação e supervisão da educação superior.

O Decreto nº 5.773, de 9 de maio de 2006, trata do exercício das funções estatais de regulação, supervisão e avaliação das instituições de ensino superior e dos cursos superiores de graduação e sequenciais e, por sua vez, a Portaria Normativa MEC nº 40, de 12 de dezembro de 2007, instituiu o e-MEC, sistema eletrônico de fluxo de trabalho e gerenciamento de informações relativas aos processos de regulação da educação superior no sistema federal de educação.

A LDB, ao estabelecer o conceito das Universidades, e aqui incluso o curso de Direito, não traz a necessidade de formação didático-pedagógica, referindo-se apenas à exigência de parte do corpo docente possuir titulação e regime de dedicação exclusiva. É preciso ir além. Rodrigues (2019) afirma que a educação jurídica precisa ser pensada na perspectiva de futuro, agregando-se novas tecnologias, robôs geridos pela inteligência artificial, e formação de profissionais prontos a interagir diante de novas realidades.

Nessa perspectiva, os currículos devem incluir tecnologia e construir projetos que olhem de forma prospectiva, de forma a inserir estratégias didático-pedagógicas que desenvolvam novas competências. Tal cenário possibilitará educação renovada, garantindo a autonomia dos sujeitos, consubstanciando elementos necessários a serem desenvolvidos, como agilidade e a criatividade. Isso possibilita a formação de sujeitos dotados de autonomia, conhecimento técnico, dogmático e prático, que dominem tecnologias da informação.

O planejamento educacional do curso superior em Direito se inicia com a estruturação dos sistemas de ensino cumprindo seu papel no campo da educação. Na qual estão estabelecidas metas estratégicas para se alcançar em determinado espaço de tempo, depois olha-se para missão institucional e desenvolvimento de atividades que estejam em atendimento às normas. Então, finaliza-se com o projeto do curso que contém a estrutura pedagógica completa, e as formas pelas quais serão desenvolvidos os planos de ensino e aprendizagem.

O MEC utiliza a expressão diretrizes curriculares[56] para definir orientações gerais a serem cumpridas pelas Instituições de Ensino Superior – IES na elaboração dos projetos pedagógicos e currículos plenos de seus cursos, neles estão contidas as exigências de elaboração do projeto de curso e dos elementos que o compõem. Nesse sentido, as diretrizes devem, então, conter os componentes curriculares, as competências a serem obrigatoriamente trabalhadas pelo curso, ampliando o que era definido nos antigos

[56] A primeira vez que se utilizou a expressão diretrizes curriculares, segundo o autor foi na portaria MEC nº. 1886/94 e depois a competência foi atribuída em 95 para a câmara de educação superior do conselho nacional de educação.

currículos mínimos[57], os quais eram restritos à enumeração de eventuais atividades.

O currículo é categoria utilizada para designar a forma como acontecem os componentes formais curriculares e se nomeia o resultado dessa organização. A Resolução CNE/CES n. 5/2018 não utiliza a categoria currículo, mas sim as diretrizes curriculares nacionais do curso de Direito, entendidas como as orientações obrigatórias quando da elaboração dos currículos destes cursos, como alguns conteúdos obrigatórios enumerados nas perspectivas formativas, conteúdos transversais estabelecidos em legislação própria, como a prática jurídica, o trabalho de conclusão, as atividades complementares e o conjunto de competências. A Resolução nº 7/2018 agrega a esses componentes curriculares obrigatórios as atividades de extensão.

De acordo com Rodrigues (2019), nas últimas duas décadas assistiu-se à transição da elaboração de currículos plenos para a edição de projetos pedagógicos formais. Isso possibilita ao docente, com excesso de autonomia e sem competência formativa, agir de forma a descaracterizar o curso pensado na estrutura curricular,

O projeto pedagógico contempla a listagem de disciplinas ou módulos que contêm os conteúdos mínimos definidos nas diretrizes curriculares com as respectivas ementas e a listagem dos demais componentes curriculares obrigatórios devidamente acompanhados de suas regulamentações. Os principais problemas dos projetos pedagógicos são: 1) a falta de integração entre as disciplinas ou módulos e as perspectivas formativas; 2) a autonomia[58] dos docentes relativamente às disciplinas ou aos módulos pelos quais são responsáveis.

[57] Currículo mínimo é o conjunto dos componentes curriculares fixados pelo órgão competente incluído entre os currículos plenos dos cursos da área específica. O aluno se vincula ao currículo pleno das IES. O currículo oculto é o que se materializa na sala de aula, é a realidade do dia a dia. O currículo oficial é o que consta nos documentos formais das IES. O currículo oculto é o que o professor que às vezes não concorda com o conteúdo estabelecido na ementa de determinada disciplina e o substitui por aquele que entende ser o correto (WANDERLEI, 2018).

[58] Rodrigues (2019) afirma que as formas de controle dessa autonomia por meio de ementas, programas e planos de ensino aprovados raramente impedem que docentes incorporem a cada ano novos conteúdos ou excluam parte dos conteúdos previstos de forma indisciplinada e relativamente anárquica.

Ainda segundo Rodrigues (2019), a autonomia está insculpida nas esferas cognitivas administradas pelo docente, que as faz segundo critério de importância, muitas vezes exigindo esforço insuficiente e resultando na prática de estratégias pedagógicas terroristas ou no pacto de mediocridade. Tal situação percepção vai ao encontro da proposta deste trabalho ao afirmar a necessária construção de competências pedagógicas para a docência no curso de Direito. Isso, porque, hodiernamente se fala em projeto pedagógico por competências. No entanto, esse modelo não tem se mostrado efetivo, pois ocorre a descrição de ações a serem desenvolvidas e formas pelas quais seriam trabalhadas, visando atingir a formação profissional adequada ao perfil proposto para o egresso, mas que, no contexto real, não são.

3.3. Aprendizagem baseada em problemas: a escolha do Conselho Nacional de Educação para o curso de Direito

Dentre as metodologias ativas, a aprendizagem baseada em problemas (*Problem Based Learning* – PBL), tem chamado a atenção de instituições e, inclusive, consta como diretriz para os cursos de Direito a partir de 2021.[59] O PBL ativa o conhecimento prévio como determinante da informação nova a ser processada e ao discutir o assunto ocorre novos processos de ancoragem, novas associações entre conceitos e aproxima o ensino da universidade à prática profissional, ao trazer problemas reais.

O método denominado *Problem Based Learning* – PBL ou Aprendizagem Baseada em Problemas – ABP é utilizado na Harvard Business School desde a década de 1930, como método do processo de aprendizagem e foi implantado no Canadá em 1969 na Universidade de McMaster, pelo professor da faculdade de medicina.

No Brasil, os cursos de medicina passaram a aplicar o método no final da década de 90, como no caso da Faculdade de Medicina de Marília – UNIMAR e da Faculdade de Medicina da Universidade Estadual de Londrina – UEL.

No escopo da aprendizagem baseada em problemas, o conhecimento necessário para a solução do problema é adquirido depois que os estudantes começam a trabalhar com a situação. O confronto com o problema

[59] Cf. Resolução CNE/CES nº 5/2018, já mencionada na tese.

desencadeia o processo de aprendizagem, constituindo o aspecto central de todo o programa curricular.

O aprendizado se torna efetivo, pois o aluno passa a ser capaz de explicar os fenômenos que acontecem no mundo real e no caso concreto, abordando as teorias que validam determinada resposta. De acordo Mamede (2001), trata-se de aprendizagem colaborativa, na construção ativa de conhecimento, que traz em si a aprendizagem contextual, isso porque princípios, ideias e mecanismos não são estudados em abstrato, mas no contexto de uma situação problema, facilitando a seleção de teorias que serão relevantes para a resolução pretendida.

O método se faz útil ao considerar constante transformação social e, na medida em que não se faz suficiente o ensino exclusivamente teórico, necessita-se de efetividade no quesito aprender a aprender, não limitando o aluno a decorar o que foi transmitido em sala de aula, mas impulsionando o aprendizado contínuo.

Barrows (1986) propôs que o aprendizado deveria acontecer no sentido mais amplo possível, sendo necessário que os alunos pudessem permanecer atualizados e condicionando-os a enfrentar problemas novos quando da atividade profissional. Nesse aspecto, o componente fundamental seria a formulação apropriada de necessidade de aprendizagem para determinar os melhores recursos disponíveis em termos de eficiência e disponibilidade, sendo necessária a autoaprendizagem, fortalecendo o uso de habilidades e conhecimentos adquiridos no estudo individual.

O método PBL se constitui de seis componentes centrais, o problema, os grupos tutoriais, o tutor, o estudo individual, a avaliação do estudante e os blocos ou unidades por meio dos quais o currículo é estruturado.

As características do PBL podem ser descritas como o aluno sendo sujeito central do triângulo de aprendizagem, havendo estímulo para o seu raciocínio crítico, grupos tutoriais, problema dentro de contexto de aprendizagem, processo ativo, cooperativo, integrado e interdisciplinar, com maior validação para o público adulto.[60]

A metodologia PBL se insere dentro da construção do processo cognitivo, da aprendizagem do adulto, insculpido na fisiologia da memória e trabalhando com a ancoragem de conteúdo, consubstanciada na

[60] Cf. Mamede Silvia. p. 52.

experiência prévia e na participação ativa como ponto fundamental para a motivação e a aquisição de conhecimento.

O PBL tem como intenção primordial o estímulo ao aluno na sua capacidade de aprender a aprender, valorizando o trabalhar em equipe, a validação ou confronto de opiniões e a responsabilidade pelo seu aprendizado.

O aluno é conscientizado a valorizar os seus pressupostos teóricos e preencher lacunas de conhecimento que inviabilizam a resolução daquele problema, verificando pontos teóricos a serem aprendidos, selecionando assim informações relevantes. Além disso, o PBL tem como ponto central a capacidade de diálogo entre os alunos, dado que considera que os estudantes precisam entender o significado dos vários pontos de vista para se chegar à conclusão de como resolver o problema (CUNHA, 2004, p. 12).

O PBL traz o processo de ancoragem, ao possibilitar que o aluno busque as respostas para o problema a partir do que foi aprendido ao longo da vida, condicionando a formação de auto aprendizado.

Na Alemanha, Zitscher (2004), falando sobre a aplicação do método PBL no Direito, afirma que apesar dos outros sistemas romano-germânicos aplicarem o método dedutivo na aplicação do direito, o sistema de aula alemão prefere o sistema misto, usando o caso abstrato, construído ou o concreto, extraído da vida forense, baseando o ensino a partir do caso, não deixando de apresentar o sistema jurídico, contrapondo os sistemas de *common law* no qual o método é prevalentemente dedutivo.

Cunha (1998, p. 11) aponta três critérios importantes do método PBL: o ambiente propício ao aprendizado da atividade prática, o *feedback* cíclico de outros alunos e do tutor, a orientação multidirecional e o aprendizado funcional, baseado em um problema real.

O PBL tem início com a apresentação do problema, descrevendo-se fenômeno ou evento realizado que precisa ser explicado pelos estudantes, relacionando os princípios ou mecanismos subjacentes.

A partir de casos que sejam próximos da realidade, há interesse na resolução do problema e condiciona-se a pesquisa ao conteúdo relevante para solução do problema, estimulando o aprendizado baseado em pesquisa e proporcionando a oportunidade de desenvolver pensamentos e habilidades de estudo, com base no erro, no *feedback* e no encontro das respostas adequadas à solução do problema.

No PBL não há informação anterior. O ponto de partida é o problema que será estudado por meio de grupos tutoriais com número que permita fácil interação e ao mesmo tempo, robustez no diálogo e um facilitador, que é o professor.

Tal método proporciona aprendizado que vincula o conceito à aplicabilidade, validando a importância ou o significado daquele ensino teórico. A aplicação e a associação, ao que se está estudando, permite aos estudantes perceberem quanto conhecimento possuem para resolver o problema e fazer novas associações, discussões e questionamento para trazer mais informações, mais detalhes e concentrar os estudos em determinados arcabouços teóricos, suficientes àquele momento.

O grupo tutorial é fundamental, pois traz a validação de conceitos estudados de forma individual a partir do *feedback* dos demais participantes do grupo, que irão verificar e discutir a resolução do problema, permitindo a participação de todos os membros, corroborando com a cooperação e o aprendizado mútuo.

Quando há tema de maior complexidade, é possível ainda que seja feito colóquio ou aula interativa com algum especialista no assunto, situação que se diferencia da atuação do professor, que está ali como debatedor e solucionando dúvidas. Nesse mesmo sentido, aliado à aula interativa e ao professor como solucionador de dúvidas, a importância da discussão em grupo está no estímulo para os temas relacionados ao problema e no desenvolvimento de habilidades de trabalho em equipe.

Os cursos de Direito estão sendo direcionados para formatar o currículo na estrutura do PBL, o que já acontece em vários cursos da área de saúde, principalmente o de medicina[61]. O currículo tradicional é estruturado em espiral, no PBL o currículo é estruturado a partir de blocos temáticos que possuem temas específicos que se relacionam entre si. Os problemas são interdisciplinares, facilitando o aprendizado e a futura aplicação prática. Assim, tudo o que for relacionado a determinado assunto é aprendido de forma conjunta, independente da disciplina.

[61] O Curso de medicina no Brasil é o que mais utiliza o método PBL na estrutura curricular e nas práticas pedagógicas do curso. As metodologias ativas, de forma geral, são utilizadas em larga escala nos cursos de saúde no País. Outros bacharelados, como engenharia, também têm se valido de tais métodos, mas em menor escala.

O PBL pode ser usado de forma macro, e não isolado em determinadas disciplinas. Sobre esse aspecto, o curso precisaria ser completamente pensado a partir desse método, que seria uma maneira de aprender, orientando a construção do currículo. Essa maneira integral de inserir o PBL é, inclusive, a proposta do MEC para os cursos de Direito a partir de 2021.

O Currículo demonstra ao aluno os cursos ou a sucessão de experiências adequadas a produzir de forma satisfatória e contínua ambiente propício ao aprendizado, promovendo o desenvolvimento dos alunos com fins de direcionar suas capacidades e potencialidades.

A UNESCO descreve o currículo como todas as experiências, atividades, materiais, métodos de ensino e outros meios empregados pelo professor para alcançar os fins de educação. A preocupação envolve a finalidade, a descrição das experiências e a natureza das atividades envolvidas.

O currículo elaborado a partir do método PBL deve garantir o estudo de situações necessárias para a capacitação do aluno. O desenho do currículo pode ser feito em conjunto com professores e especialistas, delimitando o objetivo da instituição com relação ao profissional desejado, e assim, há que se perscrutar as necessidades sociais locais.

O curso de Direito, assim como outras áreas, possui normas que direcionam o conteúdo mínimo e a estratégia curricular institucional. Em 1994, a portaria nº 1889 estabeleceu o conteúdo mínimo que os cursos de Direito deveriam abordar. Naturalmente, por se tratar do mínimo, cada curso pode ter matérias e atividades acrescidas a partir do respectivo projeto pedagógico. Dentro dessa normativa, a direção do curso de Direito pode optar apenas pelo currículo mínimo, ministrando de forma interdisciplinar e em busca das matérias fundamentais, profissionalizantes e práticas.

É preciso deixar claro que, independente da instrução normativa dos órgãos reguladores, a elaboração do currículo deve envolver a descrição que o justifique, os objetivos gerais, a análise do perfil dos alunos, os princípios educacionais aplicados, a estruturação em si, a descrição das unidades do curso, o sistema de avaliação dos alunos, o modelo de organização, o processo de gerenciamento e o sistema de avaliação do curso.

De acordo com Bittar (2006), a interdisciplinaridade, a prática jurídica, a pesquisa e as aulas teóricas são harmonizadas por meio da grade curricular, de forma a garantir qualidade e estrutura de formação. Mamede (2001) afirma que o desenho do currículo observa três perguntas: as necessidades dos potenciais usuários, relativas à comunidade, o desenvolvimento do currículo no escopo de determinada instituição, sendo direcionado o porquê e, quais as diferenças entre o curso que está sendo desenhado e outros cursos que possuem o mesmo escopo.

Quando se observa os objetivos gerais dos currículos, verifica-se as necessidades dos alunos e o perfil dos empregadores, condicionando a empregabilidade real ou a formação de competências que atenda ao mercado que absorverá este estudante. É preciso descrever de forma clara os objetivos para que sejam guia no prosseguir do desenho do próprio currículo, no conhecimento dos sujeitos que irão gerir e retroalimentar os passos ali descritos e a contextualização social em que se inserem.

Ao descrever os objetivos gerais, verifica-se os conteúdos e temas que serão mais relevantes e caminha-se para decidir quais os princípios educacionais aplicados, hodiernamente, como elementos principiológicos, uma vez que os currículos estão centrados no aluno. O currículo, se tiver como fundamento o PBL, além de conferir a abordagem do aluno como sujeito ativo do aprendizado, traz a necessidade de problemas multidisciplinares, baseados no contexto social, e sistemático.

Apesar da variedade de metodologias ativas e das teorias de aprendizagem que se sobrepõem e de alguma forma tangenciam os métodos de ensino, o curso de Direito está inscrito, agora, em duas variáveis teóricas: o método de ensino tradicional e o PBL.

O método de ensino tradicional é centrado no professor, que, dentro da sua liberdade de cátedra, decide o que vai ser ensinado. A base do ensino é a informação, a transmissão de conteúdo por meio de aulas teóricas e a partir de disciplinas isoladas que formam um todo, mas não são contextualizadas de forma multi ou interdisciplinar. O ensino se encerra dentro da sala de aula ou dos portões universitários, não há interação com os problemas sociais locais e os estudantes cumprem o programa de forma integral, sem que tenham a oportunidade de eleger as disciplinas de maior interesse. Além disso, as atividades são realizadas sem sistematização prévia e correlacional aos objetivos.

O método de ensino, cuja aprendizagem é baseada em problemas, posiciona o estudante como sujeito ativo da aprendizagem, que estabelece objetivos próprios, e adquire conhecimentos, habilidades, os quais são forjados na análise e resolução de problemas que se aproximam da realidade. Sob essa perspectiva, o ensino é integrado na medida em que diversas disciplinas são abordadas conjuntamente e o ensino se volta para a sociedade que absorverá esse profissional futuramente. Condiciona-se tempo para aprofundar o viés teórico em disciplinas eletivas. Por fim, há planejamento e registro sistemático das atividades.

O currículo que tem por base o PBL, ao invés de se estruturar por disciplinas, utiliza blocos ou módulos de ensino, voltado para o olhar multidisciplinar. Sendo útil que os docentes se reúnam para estruturar o modo como cada assunto será trabalhado ou mesmo construam a unidade modelando o curso com o pensamento voltado aos métodos de avaliação e instrumentos de aprendizagem, como bibliografia indicada, vídeos etc.

O sistema de avaliação no método PBL possui momentos variados que inclui *feedbacks* contínuos e valor maior atribuído ao processo de construção do conhecimento e validação do objetivo alcançado, diferindo do método tradicional em que a avaliação se constitui resposta certa ou adequada a partir da determinação docente sobre aquela questão, e assim valida-se o conteúdo teórico apresentado.

O modelo de organização do currículo no formato PBL traz algo que merece ser descrito, visto que deve haver o denominado gerencialmente matricial. Além disso, dois grupos distintos dentro da organização, os departamentos que representam campos de conhecimento e as equipes que serão temporárias, mas responsáveis pelas atividades curriculares.

Dentro da organização do currículo no formato PBL também é preciso da organização de equipes a partir de projeto específico, com orçamento pré-definido e coordenado por diretor que tenha responsabilidades executivas. O diretor do projeto deve ter o apoio de comitê curricular composto por pessoas que ocupem posições estratégias, articulando com os diversos departamentos, para que haja gerenciamento do currículo que consubstancie a perfeita execução, sem sobreposição ou repetição de temas.

Por fim, a avaliação do curso, no currículo PBL, se dá integralmente, envolve a comunidade, os alunos, os professores, a estrutura administrativa. Importa que a estrutura cognitiva do currículo PBL garanta ao aluno o aprendizado de situações que lhe permitam capacitação e compreensão do conhecimento para responder as demandas para além da academia e internalizar o comportamento de autogestão do conhecimento no sentido de saber buscar a resposta para os problemas reais.

As mudanças sociais constantes validam as revisões permanentes a serem feitas nos currículos em PBL, inclusive quanto às avaliações cognitivas e de habilidades. Necessário que a equipe seja composta de membros mais experientes e membros mais jovens, que permitam a continuidade de revisão permanente do currículo.

O problema, dentro do contexto da metodologia PBL, deve observar fenômeno relevante que necessite de explicação, induzir motivação interna no estudante a partir de seus conhecimentos prévios e fomentar a interação entre determinado grupo, para que em conjunto possa ser pensada a solução mais adequada ao tema, com a profundidade apontada nos objetivos curriculares.

Quando se fala em conhecimento prévio, tem-se a premissa de reforçar determinado conteúdo, apresentar algo novo, que possa se ancorar em conceitos pré-estabelecidos ou mesmo substituir determinado conhecimento, o denominado aprender a desaprender ou corrigir a rota de conteúdo.

A metodologia PBL permite trabalhar com a multidisciplinaridade e com a transdisciplinaridade. O aspecto multidisciplinar deve ser refletido no problema e contemplar duas ou mais disciplinas. A solução não deve estar limitada apenas ao conteúdo estrito, e sim buscando situações que envolvam a transdisciplinaridade, tocando em outras áreas e contextos, rompendo, nas palavras de Morin (2011, p. 112), o isolamento de disciplinas, permitindo a circulação de conceitos e esquemas cognitivos, articulando domínios disciplinares em sistema teórico comum.

O problema revela o interesse central a ser estudado, com perguntas que possam conduzir à discussão, sendo pertinente o nível de conhecimento, suficiente para motivação dos estudantes e adequado à construção de número variável de conceitos, de forma a estimular coleta e interpretação de dados, formulação de hipótese e estratégias de pesquisa.

No caso do Direito, a sugestão de Zitscher (2004, p. 41) é escolher um caso da jurisprudência, de preferência já na última instância que aborde algum problema típico da disciplina, adaptando o fato ao acórdão que se pretende alcançar.

O problema apropriado determina se a aprendizagem será bem sucedida, considerando a escolha de tema relevante, a abrangência das habilidades necessárias e a complexidade suficiente à vida real, passando por quatro possibilidades de enfoque: o problema descritivo, no qual os participantes aprofundam o tema, o problema explicativo, no qual aparecem mecanismos sequenciais que permitem a evolução no tema, o que traz obstáculo, construído com desafios e o que traz dilema, apresentando duas ou mais possíveis propostas, mas que sejam insculpidas de argumentos.

Um dos vetores da metodologia PBL está no grupo tutorial que irá dar subsídio para a construção do aprendizado de maneira relacional e progressiva, tendo o facilitador como figura de estímulo ao exercício reflexivo e o tutor como líder para eventuais problemas interpessoais.

A figura do tutor deve unir conhecimento sobre o tema, disponibilidade para envolvimento com os estudantes e habilidades de expressão para com os alunos. Como os alunos devem participar ativamente das discussões e contribuir com novas referências teóricas encontradas.

Nos grupos tutoriais, é importante que haja um coordenador que contribua com a discussão e um relator que anote os objetivos de aprendizado nos encontros de análise do problema e as referências bibliográficas. Do mesmo modo, se faz necessário que esses papéis possam ser trocados durante o período letivo, geralmente ao final do ciclo de cada problema analisado, assegurando a participação de todos nas funções necessárias ao andamento do grupo (MAMEDE, 2001, p. 182).

A avaliação[62] dos alunos pode ser de diversas formas, contudo, salienta-se que no método PBL a avaliação é constante, o progresso é verificado desde o início e não apenas no último dia, como se fosse prova. O método permite acompanhamento e controle da aprendizagem. Desta forma, cabem testes observacionais ou mesmo de múltipla escolha que podem ser denominados pré-testes, avaliação modular e formativa, após determinados ciclos, para verificar a compreensão do aluno ou a adaptação ao método e à avaliação somativa ou certificativa.

Como se dá a viabilidade e os desafios e perspectivas para o desenvolvimento dos pensadores e operadores do direito ao utilizar a PBL. Discorre-se acerca da necessidade de implementação de educação jurídica

[62] Na Universidade Estadual de Londrina – UEL, as avaliações no método PBL utilizam quadro conjuntos estruturantes, a avaliação modular a cada módulo temático; a avaliação progressiva, uma prova comum a todos os alunos; a avaliação de habilidades, como uma gincana para observação de habilidades por meio de banca docente e a avaliação informal e permanente feita pelos tutores. A faculdade de medicina de Marília traz ainda a autoavaliação individual e em grupo.

que atenda aos anseios da atualidade, por meio da adesão a ensino forense efetivo e de qualidade. Pauta-se em diálogo intermitente entre a teoria e a prática, a mudança de perfis, docentes e discentes, bem como a adoção de novas metodologias, rompendo com práticas arcaicas e que não mais correspondam às necessidades contemporâneas. Desse modo, apresenta-se a Aprendizagem Baseada em Problemas, como alternativa eficaz ao desenvolvimento de habilidades e competências, com fito à formação de indivíduos críticos e atuantes no meio em que estão inseridos, aptos aos enfrentamentos que lhe forem apresentados.

Dentre os desafios contemporâneos, há que se falar da formação acadêmica emancipatória, isso porque o repensar de mecanismos relacionados à qualificação dos egressos dos cursos de Direito para a atuação na sociedade e ao debate que denotam a exigência de saberes, habilidades e competências, relacionados aos novos desafios da humanidade e das transformações científicas.

Considera-se que a aprendizagem, baseada em problemas (ABP), ao desafiar os estudantes por meio de um problema [...] concreto, complexo, cujas possíveis soluções determinam impactos diversos para as partes envolvidas (GHIRARDI, 2012, p. 61), fomenta no estudante a capacidade de pensar criticamente, de organizar o saber, desenvolvendo habilidades e, por fim, competências que lhe são socialmente indispensáveis.

De acordo com Gallow (2011, p. 05), "desenvolver o aprendizado por meio do desenvolvimento das habilidades é uma das características do PBL, sendo que os alunos aprendem quando resolvem os problemas. A aprendizagem baseada em problemas é motivadora da autonomia discente, exigindo, também, muita preparação e reflexão por parte do corpo docente, vez que se trata de autonomia assistida, com objetivos claros e com intensa busca pela superação de desafios.

Nesse sentido, tendo em vista o ensinamento daquele que tem sido indicado como o que idealizou a aprendizagem baseada em problemas, como meio de promover a autonomia na busca pelo saber, há que se concluir que "o pensamento não trabalha com meras coisas, mas com significados; e os significados para serem aprendidos devem estar incorporados a existências sensíveis e particulares." (DEWEY, 1979, p. 228)

Tagliavini (2013, p. 79), expõe que "Renovar a Educação Jurídica é fazer opção pela qualidade do conhecimento jurídico, da percepção jurídica, da capacidade de lidar juridicamente com os problemas".

A experiência, na perspectiva de olhar o seu resultado, passa por cima do verdadeiro processo de experiência, uma vez que é este essencialmente negativo. Ele não pode ser descrito simplesmente como formação, sem rupturas, de generalidades típicas. Essa formação ocorre, antes, pelo fato de que as generalizações falsas são constantemente refutadas pela experiência, e coisas tidas como típicas hão de ser destipificadas. É como descreve Gadamer (1999, p. 522) sobre como a experiência ocorre, a fim de enfatizar que com a aprendizagem baseada em problemas, o acadêmico se torna consciente da experiência, ou seja, do processo de ensino-aprendizagem, e, em um procedimento inverso, torna-se experimentador, professor e, por meio da experiência, torna-se alguém consciente de sua finitude.

O experimentador "é experimentado, no autêntico sentido da palavra, aquele que é consciente desta limitação, aquele que sabe que não é senhor do tempo, nem do futuro". Cada etapa do ensino-aprendizagem torna-se uma nova possiblidade de aprendizado, na qual o saber não tem um fim, não é absoluto, reconhecendo o que de fato é real (GADAMER, 1999, p. 527).

Para Chizzotti, (2000, p. 103) "O ensino é uma atividade voltada para a formação de um conhecimento que auxilie a descobrir o mundo em que vivemos", sendo que, para este autor, deve preparar para a resolução de problemas cotidianos.

Cumpre-se ressaltar que existem muitos desafios quanto à implementação da metodologia de Aprendizagem Baseada em Problemas. Para Cunha (1992, p. 475), o protagonismo da mudança na direção tem a ver com esforços intencionais, significa assumir os pressupostos da ruptura paradigmática e vai além envolvendo a vontade de fazer diferente.

Assim, os envolvidos neste processo, sejam professores, alunos, gestores, sociedade, serão protagonistas de um processo que exige mudança de atitudes, reflexões profundas e até mesmo rompimento com práticas que não condizem com a realidade. Aguiar (2004, p. 19), salienta que "uma educação que não trate das habilidades, certamente será um receituário ideológico, de noções paralisantes que não toca nem na interioridade dos educandos, nem sua interferência no mundo e em si mesmos". O ensino jurídico, hodiernamente, detém-se em apresentar conceitos prontos e acabados, matando a capacidade de pensar, de criar, de renovar, refletir e criticar, dado que os alunos tendem a ser, meros reprodutores daquilo que é repassado em salas de aula, tidas como único ambiente onde o saber acontece.

Anastasiou e Alves (2006, p. 86) descrevem o PBL como metodologia que instiga "o enfrentamento de uma situação nova, exigindo pensamento reflexivo, crítico e criativo a partir de dados expressos na descrição do problema; demanda a aplicação de princípios, leis que podem ou não ser expressas em fórmulas matemáticas". Diante disso, perante o novo cenário de direitos e deveres que se acentua nesse século, é necessário que o ensino jurídico, adote postura muito mais dinâmica, a fim de enfrentar, com credibilidade, essas emergências da própria sociedade (ZABALZA, 2004).

Menciona-se ainda Aguiar (2004, p. 19) quando afirma que "nosso ser-no-mundo depende das habilidades que temos, depende da complexidade maior ou menor da tensão entre os seres humanos e os fenômenos".

A formação tradicional pode resultar em postura profissional baseada na reprodução sem significado. A utilização de metodologias ativas relativas ao ensino e aprendizagem, inserindo desenvolvimento de habilidades e novas competências, promove incremento ao discente de posturas críticas, reflexivas, que geram a autonomia para a construção do pensamento, de forma a impulsionar o desenvolvimento de ideias, o espírito inovador e a criatividade acadêmica

3.4. O Professor da Educação Jurídica

O presente capítulo visa compreender[63] o delinear daqueles que se enquadram na função de Professor de Direito. Para definição de quem é o professor da Educação Jurídica, utilizamos nesta pesquisa, lentes comuns, utilizamos teses, contextos e narrativas que se somam em um *pot-pourri* denso e profundo.

São analisadas críticas que vão desde a existência do chamado pacto de mediocridade, apresentado por Rocha (2011), que em sua tese faz uma pesquisa empírica sobre o professor de Direito na grande Florianópolis, a Posner (2016) quando aborda os caminhos divergentes entre a academia e a prática do dia a dia na atividade judicial, no âmbito do judiciário nos

[63] Ressalta-se que não somos vistos exatamente por quem somos, mas, muito mais pela sombra da ação que fazemos.

Estados Unidos. Perpassamos também pelas narrativas das entrevistas que compõem esta pesquisa e, ainda pela nossa vivência acadêmica.

As mudanças que existem em torno do espectro educacional, envolvendo fugacidade das informações, inovações tecnológicas constantes e alteração de cenários e contextos influenciam nas dimensões iniciais relativas à formação do professor, ou à bagagem que este traz consigo para dentro da sala de aula. Nesse aspecto, há que se dizer da validação e do louvor ao desafio concreto e hercúleo à docência jurídica.

Há uma pista no transcorrer dessas linhas de que, ainda que represente ousadia, haveria espaço válido para formação docente que seria coerente ao que se persegue nos cursos de mestrado e doutorado no país, mas sabe-se que não necessariamente tais ações dentro desses espaços, que representariam o atendimento às reais necessidades de consolidação da formação do professor com a efetividade esperada.

Nesse sentido, expõe-se com clareza que o conhecimento pedagógico do docente formador tem exigências referentes ao mundo contemporâneo, denominado sociedade 4.0, que ultrapassam a pesquisa e o conhecimento técnico, esbarrando não só na construção pedagógica, mas na natureza epistemológica. O primeiro delinear da sombra que se propôs observar está na fala do docente que se responsabiliza, ainda que de forma indireta, pela formação de outros docentes, pois o professor do curso de direito espelha sua prática nos futuros professores que entrarão em sala e utilizarão do espelhamento referencial, mas aquela prática pedagógica estará distante dos referenciais necessários à demanda hodierna.

A construção do professor de Direito seja por si mesmo, em espaços direcionados a isso, perpassa a inquietação e o desafio de construção com intenção de melhorias e reflexão da prática pedagógica, de instrumentos que viabilizem o pensamento autônomo, o incremento e o desenvolvimento de habilidades, a liberdade para pensamentos divergentes e a adequação profissional ao mercado. Mercado este que não necessariamente será o que temos hodiernamente, considerando a velocidade de transformação do mundo. (GOMES, 2006).[64]

[64] Cf. GOMES, Rita de Cássia Medeiros. Formação de Professores: um olhar ao discurso do docente formador. **Revista E-Curriculum**, São Paulo, v. 2, n. 3, dez. 2006. Disponível em: http://www.pucsp.br/ecurriculum. Acesso em: 18 jul. 2017.

O professor de Direito não foi forjado para atuar no contexto de mudança e incertezas do mundo líquido moderno, usando o conceito de Bauman (2011), isso se até a próxima década não passarmos para um mundo vazio ou completamente gasoso.[65] Nesse sentido, faz-se importante a compreensão do conhecimento aprendido e interiorizado e a reformulação deste, incluindo o repensar da prática pedagógica. Prática que traz em si o conjunto de ideias que a orienta (ainda que o docente não tenha plena consciência desta situação).

A influência da formação inicial e da formação universitária baliza a capacidade de auto avaliação do professor, de suas concepções ou ações para o que considera inovador ou necessário nas imposições que se fazem do coletivo social. Há certo compromisso que se faz no ato de inovar na educação jurídica, tem a ver com o modelo do futuro próximo, com a inserção imediata no mercado de trabalho.

O professor de Direito deve ter então a necessária construção de habilidades que permita o olhar para a inovação, em um processo coletivo e ao mesmo tempo individual. Faz parte deste processo a observação de necessidades e de propostas, inclusive aquelas advindas de políticas públicas, denominadas inserções verticais, pois tornam os professores e coordenadores meros executores das decisões, mas ao mesmo tempo responsáveis individuais pelo trabalho proposto naquela mudança indicada na política pública que se pontuou.

No transcorrer deste trabalho observou-se dificuldades no processo de compreensão, reflexão e absorção por parte dos docentes e dos discentes acerca das novas conceituações e transformações de opção pedagógica. Isso porque o professor não age sozinho, mas faz parte de um sistema que determina sua atuação. Nesse caso, em algumas falas, quando o professor se atreve[66] a fazer algo inovador, mas não tem respaldo da coordenação e, os alunos não foram preparados, o resultado é que a aula perde o valor e

[65] Utilizo a expressão gasoso para referenciar a falta de densidade possível na próxima era da modernidade. Pois se a modernidade líquida significa a necessária e constante adaptação e movimentação a modernidade gasosa poderia significar a ausência de densidade que lhe fixasse em determinado momento ou lugar, haja vista, estamos caminhando para um mundo sem fronteiras, em velocidade inimaginável e com pressuposto que não permitem criar raízes.

[66] Uso a expressão "atreve" de forma proposital, porque se faz atrevido no contexto de ultrapassar barreiras ordinárias invisivelmente postas pela sociedade.

frustra o docente que acaba voltando à prática tradicional, que aparentemente "não dá errado".

A formação do professor em si tem como resultado o estímulo ao conhecimento e o perscrutar de mudanças significativas. A forma de dar significado ao conhecimento importa e valida autonomia contextualizada da profissão docente, isso porque valorizar paradigmas de formação promove a preparação de professores reflexivos, que assumem a responsabilidade de seu próprio desenvolvimento profissional e que participam como protagonistas na implantação das políticas educativas (SCHÖN, 1992, p. 27).

Tal constatação valida a afirmativa de Anastasiou e Pimenta (2002, p. 55), de que ensino e aprendizagem pressupõem "estudos que buscam explicar as relações entre o saber pedagógico e o saber científico na construção do fazer didático, que analisam criticamente a perspectiva do "aprender a aprender".

Paradigma corrente é de que todo professor se pressupõe educador, mas na prática, nem todos carregam, no sentido de colocar o peso para si, ou assumem o compromisso, no sentido de validar as renúncias necessárias, incluindo orgulho, ou possuem a competência, no aspecto formativo, de realmente serem educadores.

O educador, de acordo com Luckesi (2002, p. 27) é aquele que pode ser objeto ou sujeito. Como objeto, sofre a ação do tempo e dos movimentos sociais, sem assumir a consciência e o papel de interferir nesse processo. Como sujeito, constrói conjuntamente com outros sujeitos, em seu agir, projeto histórico que esteja voltado para contribuir na formação do indivíduo, que na educação se traduz e se executa em projeto pedagógico.

Algumas situações impõem, aos professores, o desenvolver do aluno capacidades que estes ainda não adquiriram para si. Nessa medida, a passividade traz a inquietação e a rejeição do novo, e aqui, entra a tese de Rocha[67] (2011), que trabalhou em 2013, em seu projeto de pós-doutorado,

[67] Cf. Tese e artigos: Pós-doutoranda em Direito pela UFSC-Universidade Federal do Estado de Santa Catarina. Doutora em Direito, Estado e Sociedade pela UFSC –Universidade Federal do Estado de Santa Catarina. Mestre em Direito pela Pontifícia Universidade Católica do Rio de Janeiro –PUC/RJ. Advogada pro bonoda UNICIN –União das Instituições Conscienciocêntricas Internacionais, professora universitária e professora voluntária do IIPC –Instituto Internacional de Projeciologia e Conscienciologia. Conselheira do CIAJUC–Conselho Internacional de Assistência Jurídica da Conscienciologia da UNICIN, verbetógrafa

a reavaliação do ciclo de *práxis* pedagógica, que já havia sido realizado em 2009. O projeto envolveu pesquisa etnográfica com os professores de Direito das faculdades da grande Florianópolis. Utilizando referenciais epistemológicos da teoria reflexiva do professor Schön (2007), além do racionalismo crítico de Karl Popper, a autora demonstrou que existe ciclo de agir pedagógico, que quando quebrado traz o confronto da mudança como algo que impacta muito mais ao discente do que ao docente.

Confirma-se o que já havia sido mencionado por Aguiar (2004, p. 188), quando afirma que existem professores que se empenham em quebrar o pacto de mediocridade subjacente ao ensino jurídico nacional e que estão destemidos em enfrentar o turbilhão de reclamação da equipe discente, que só se volta para aqueles que violam este pacto silencioso, omite-se em exigir daqueles docentes medíocres e preferem nivelar por baixo para evitar confrontações ou mais esforço em sua atuação docente.

O pacto da mediocridade é definido como a pedagogia do fingimento, onde o professor finge que ensina e o aluno finge que aprende (WERNECK, 1992). Pode ser traduzido também como a política de "não quero ser incomodado", assim ambas as partes preferem manter sua relação contratual na educação jurídica que ciclicamente se conforma com o que já não cabe para o novo mercado de trabalho que se põe adiante.

Ainda na abordagem sobre esse pacto de mediocridade, Alves (2013), afirma que há expressões que denotam condição de aulas que não possuem significados aos alunos, ou aulas que trazem a sensação de mediocridade do ensino jurídico, como "o professor enrolou a aula inteira", "o professor entrou em sala, passou a matéria e foi embora"; "a aula dele foi um "show", mas não entendi nada"; "a professora simplesmente ditou o ponto".

Esse aspecto, não é pontual, espalha-se por pesquisas que retratam a mesma situação em diferentes cursos jurídicos pelo país e ao mesmo tempo revela-se repetitiva ao longo dos anos. Essa falta causada por tal situação de inconsistência na *práxis* pedagógica traz a leitura de ineficácia na responsabilidade docente individual e institucional quanto ao ensino.

da enciclopédia da Conscienciologia, autora, dentre outros, do livro "O professor reflexivo e o professor de Direito: uma pesquisa de caráter etnográfico". adriana.rocha@kiwiocas.net. Adriana de Lacerda Rocha O PACTO DE MEDIOCRIDADE NO ENSINO JURÍDICO SOB VIÉS DO CICLO DA PRÁXIS PEDAGÓGICA REFLEXIVA 350- 368. Direito, educação, ensino e metodologia jurídicos II. Fernando Antônio de Carvalho Dantas. CONPEDI 2014.

Sobre isso, Arruda Jr. (1989, p. 27) menciona que há situações, definidas por ele como comumente existentes nas escolas de direito particulares e isoladas, em que o professor prefere nada exigir.[68]

A pesquisa de Rocha (2011), vinte anos depois, alerta que a prática citada como comumente existente nas escolas de direito particulares e isoladas foi negligentemente ampliada, e mais, que havia certo pacto entre os professores e alunos das instituições de ensino jurídico demonstrando que os professores de direito afirmavam boa prática pedagógica, mas que tal fala não correspondia à realidade, haveria assim forte divergência entre o que os professores afirmavam e o que efetivamente acontecia em sala de aula, de forma massificada.

Há, em certa medida, incômodo na comunidade docente jurídica dedicada à educação, em parte pela desqualificação docente e em parte pela massificação. Preocupa-se sobre o que se denomina professor reflexivo, como sendo aquele que se prepara para ser docente, que busca a todo o momento conhecimentos e habilidades exigidas para o desempenho da docência jurídica que vai além do conhecimento científico, mas exige conhecimentos específicos para o exercício docente, como afirma Zabalza (2004).

Comenta-se, na mencionada pesquisa de Rocha (2011), sobre o professor de Direito que se recusa a assumir o papel de interação, de participação e prefere reforçar a figura do professor conhecedor de leis, normas e sábio ao contrário do professor reflexivo que exige tempo de preparo de aula, de detalhe sobre cada turma (cada qual com sua peculiaridade). A preparação minuciosa de plano de aula, a adaptação às emergências, e, ao mesmo tempo, a cooperação para o aluno que vai necessitar de tempo, de estudo. Mas naquele pacto de mediocridade, muitos alunos em razão de outros compromissos, procuram faculdades que estimulam uma docência imbricada no processo de simples audição de aulas-palestras, em ensino que repete ciclicamente o pacto da mediocridade em detrimento ao ensino reflexivo.

Cunha (1998, p. 475) sintetiza a complexidade da docência reflexiva e a premência de mudança de postura docente tradicional, esclarecendo

[68] Ressalta-se o ano desta fala: 1989. Parece estarrecedor perceber que trinta anos depois esta fala se confirma e parece lugar comum no discurso do docente das escolas particulares de Direito.

protagonizar a mudança na direção aqui defendida, o que envolve esforços intencionais. É preciso assumir os pressupostos da ruptura paradigmática. E essa se faz com imprescindível vontade de fazer diferente. A autoridade docente, historicamente alicerçada no domínio do conhecimento disciplinar específico, precisa ampliar essa legitimidade pela base dos conhecimentos pedagógicos que caracterizam a profissão do professor.

Rodrigues (2019) afirma que a docência reflexiva está ligada à "seriedade e afetividade", que não pode haver separação, considerando que o professor sabe que ensinar exige "querer bem aos educandos".

O professor reflexivo é, antes de tudo, despojado, desprendido, flexível e acessível sem, entretanto, perder a autoridade e o comando de sua equipe discente. Ele está sempre disponível para o diálogo (FREIRE, 1996, p. 135). Esta condição representa exercício de autoridade democrática que cria ambiente para a construção da disciplina que não minimiza, em nada, o exercício da liberdade docente e discente. Na condição de professor-educador reflexivo é imprescindível que se crie clima para que floresça o aprendizado da autonomia de maneira prática, e não somente pela teoria.

Dewey (2010) coloca duplo movimento na reflexão, que é representado por duas etapas: (i) uma que parte dos dados desordenados ou não para um todo, e (ii) um retorno desse todo, dessa ideia com significado, para os dados inicialmente referidos, na tentativa de relacioná-los mutuamente. Desse modo, emprega-se, primeiro, pensamento indutivo à reflexão da situação que se apresenta, para, depois, se realizar pensamento dedutivo com o objetivo de corroborar a conclusão a que se chega. Para que o ato de pensar seja completo, esses dois procedimentos precisam estar presentes, como esclarece Dewey (2010, p. 81): "este pensamento mais sistemático é [...] como as formas mais naturais no seu duplo movimento: aquele que leva à hipótese e aquele que volta aos fatos".

Dewey (2010, p. 72-78) aponta que o professor reflexivo precisa, ao se deparar com uma situação que causa certa inquietação e questionamento, denominada de "situação pré-reflexiva", reestruturar seu pensamento para dar conta de responder à incerteza que se apresentou.

Surge, aqui, a situação contrária chamada por ele de "situação pós-reflexiva", ou seja, aquela em que o problema se encontra resolvido e os dados e as ideias correlacionados e direcionados para conclusão. Entre essas duas situações, Dewey (2010, p. 72-78) identifica cinco fases que se referem aos diferentes estágios de evolução do pensamento reflexivo:

a) Inicia-se com uma situação problemática, de incerteza e de dúvida, considerada como o primeiro momento da indagação na medida em que sugere, de algum modo, mesmo que vagamente, solução, ideia de como sair dela.
b) O segundo momento é o desenvolvimento desta sugestão, desta ideia, mediante o raciocínio que Dewey chama de intelectualização do problema.
c) O terceiro momento consiste na observação e na experiência: trata-se de provar as várias hipóteses formuladas e refutá-las ou não.
d) O quarto momento consiste numa reelaboração intelectual das sugestões ou hipóteses inicialmente.
e) Chega-se assim a formular novas ideias que encontram no quinto momento da indagação a sua verificação e que pode consistir na aplicação prática ou simplesmente indicar novas observações ou experimentações comprobatórias.

A racionalidade é outro fator importante para a reflexão, mas não é suficiente. O pensamento reflexivo exige também posturas, atitudes e atributos que permitam exercer a flexibilidade e a curiosidade constante em relação a fatos e conceitos novos. Como o docente de Direito permanecer ministrando aulas-conferências, típicas da escolha exclusiva de didática bancária e reforçadora do pacto de mediocridade, não estará atuando como professor reflexivo através de pensamento reflexivo, pois privilegia a rigidez, o autoritarismo, a não participação, a não interação, o distanciamento entre professor e a realidade do aluno. Três atitudes podem ser desenvolvidas na prática reflexiva para a implementação de metodologias de investigação e verificação, conforme aponta Dewey (2010, p. 72-78):

a) Abertura de espírito: refere-se ao fato de ser receptivo e aberto a informações provenientes de fontes diversificadas, assim como a capacidade de aceitar possíveis alternativas de percurso e o reconhecimento da possibilidade de erro nas diferentes situações.

b) Responsabilidade: verifica-se pelo exame cuidadoso e a aceitação das consequências de um ato, assegurando a consistência e validade de uma crença.
c) Empenhamento (indispensável para mobilizar as atitudes anteriores): trata-se de predisposição para enfrentar a atividade com curiosidade, energia, bom humor, capacidade de renovação e esforço pessoal contra a rotina.

O Professor, como profissional, antenado às mudanças reais sociais que apontam para o futuro, deve se fundamentar no pensamento e na crítica reflexiva, conforme aponta Schön (2007) quando afirma que, nesta circunstância, o professor torna-se capaz de habilitar o futuro profissional a enfrentar situações novas e diferentes na vida real e de se sentir capaz de tomar decisões que melhor se adéquam às indefinições que tais situações trazem consigo.

Para Schön (2007), a competência profissional (que ele chama de *artistry*) é um saber-fazer sólido, teórico e prático, inteligente e criativo que permite ao profissional agir em contextos instáveis, indeterminados e complexos, caracterizados por zonas de indefinição – que transformam cada situação em novidade e que, portanto, exige reflexão – e atenção que dialogue com a própria realidade que lhe fala (o que Schön denomina de *back talk*) (ALARCÃO, 1996, p. 13).

Para que o profissional adquira essa competência, a sua formação deve contemplar situações nas quais possa praticar, sob a orientação de tutor ou professor experiente (que Schön chama de "*coach*" com o sentido de formador, treinador, facilitador, companheiro e conselheiro), que o ajude a compreender a realidade que lhe é apresentada, no início de forma ainda confusa, como se fosse um verdadeiro caos (que Schön descreve de *Mess*). Esta formação prática (*practicum*), real ou simulada, é concebida para oferecer ao candidato visão ampla da profissão, do trabalho e de seus problemas inerentes, permitindo que haja, desse modo, reflexão dialógica entre o que é observado e vivido, e a construção ativa do conhecimento na ação, seguindo assim metodologia de aprender a fazer fazendo (*learning by doing*).

A educação jurídica fundamentada no tecnicismo não tem se mostrado eficiente, e a perspectiva futura sobre o mercado de trabalho do bacharel em Direito estimula o entendimento de que a necessidade de mudança é urgente e avassaladora.

A tomada de decisão baseada em aplicação de conhecimentos meramente técnicos, a partir da ciência aplicada, não são suficientes para a vivência profissional, em situações que fogem das situações estudadas, que refletem ensino sem prática. Nesse contexto, há professores de Direito com falta de conhecimento teórico e prático para lidar com problemas relacionados às complexidades e emergências.

O professor reflexivo traz com maestria o desenvolvimento de papel de pesquisador e docente, dado que há justaposição entre a reflexão e a pesquisa. De acordo com Nóvoa (1995), é fundamental que o professor de Direito consiga relacionar, de forma reflexiva, a teoria e a prática pedagógica no cotidiano universitário. Deve haver consciência sobre a práxis pedagógica.

O engajamento necessário para contrapor a ideia de domesticação e alienação em processo consciente, no objetivo de discurso, que consiga modificar e transformar, enriquecendo a teoria é necessário divergir do que Gadotti (2010, p. 30- 31) coloca que "a educação que copia modelos, que deseja reproduzir modelos, não deixa de ser práxis, só que se limita a uma práxis reiterativa, imitativa, burocratizada". Esse tipo de educação reprodutora incentiva a permanência do pacto de mediocridade e com ele a crise no ensino jurídico.

Exemplifica-se o ciclo da prática pedagógica em 4 fases: 1) seleção dos conteúdos; 2) a transposição didática (qual a melhor técnica para cada momento da práxis, adequada à necessidade da turma, saindo da aula expositiva como escolha exclusiva); 3) comunicação multidimensional – a preocupação com o outro (amor: sacrifício), o servir ao outro, a preocupação sai de si, do plano de aula, da prova da Ordem dos Advogados do Brasil – OAB, da aula performática e passa a estar ligada à história de vida do aluno, da interação entre aluno e professor; 4) o fazer pedagógico, quando ocorre postura de exemplos, onde o fazer pedagógico acontece com o esclarecimento aos alunos, além do conteúdo técnico, com informações que ajudem o aluno de forma individual, nas respectivas singularidades; 5) o esclarecimento assistencial: quando o professor ultrapassa a transmissão, a denominada educação bancária e se torna agente do esclarecimento, da educação ampla, sendo aquele que possui postura que esclarece e inspira.

Cada etapa é complementar para a realização pedagógica, mas são momentos únicos que aprimoram o ensino jurídico de forma a valorizar o ser humano em sua complexidade.

A pesquisa revela sobre a existência do pacto de mediocridade na seguinte medida, quando 51,54% concordam com essa realidade mas afirmam ser raro, confirmando a tese de Rocha (2011, p. 215). Esse resultado corrobora a hipótese de que existe a pedagogia do fingimento na área jurídica cujas razões são diversas segundo os autores. Ou seja, pela percepção dos professores respondentes, o pacto faz parte da sala de aula. Entretanto, não se pode deixar de ressaltar que, durante a pesquisa de campo, quando da entrega dos questionários, era frequente escutar os professores questionando: "Você quer saber se existe pacto de mediocridade na minha aula? É isso?" A autora menciona a indignação ao ler a pergunta, era relacionada a ser em sua aula. Além disso, traz que o pacto da mediocridade ocorre tanto no âmbito privado, é a questão do mercantilismo que o estimula, quanto na esfera pública, pois a estabilidade o reforça.

Para o professor reprodutor (BOURDIEU *et al*, 1975), a capacidade conteudista confunde-se com a capacidade docente. Aqui, o papel desempenhado – erroneamente – traduz a concepção de experiência entendida como vivência (BECKER, 2005) fora da sala de aula. Tal vivência "significa, portanto, submissão ao meio, [...] e não à sua transformação. O sujeito reproduz, pela experiência, o meio, mas não o transforma" (BECKER, 2005, p. 12).

Becker (2005) lembra que esta epistemologia empirista, na maioria das vezes é inconsciente e baseia-se na pedagogia da repetição: na reprodução e no treinamento (antipedagógica, autoritária, de arrogância didática). O puzzle pedagógico é questão, situação, dúvida, aspecto, problema, traço docente pessoal a ser melhorado e selecionado, intencionalmente, pelo professor para ser pesquisado, investigado, estudado e trabalhado em sua *práxis* pedagógica objetivando o seu aprimoramento pessoal e profissional (ALVES, 2013).

Elaborar para a aula puzzle pessoal facilita na mudança do estilo docente rumo à docência reflexiva. O puzzle pedagógico se relaciona com o conteúdo sapiencial (ALVES, 2013). Este conteúdo está entrelaçado com a observação do aluno pelo professor onde ele procura identificar qual a real necessidade dele para, então, conseguir oferecê-la. Neste movimento, o professor seleciona, dentre o conteúdo científico a ser transposto em conteúdo a ser apreendido e aprendido, qual tema específico irá abordar com a turma.

A práxis pedagógica reflexiva é processo contínuo e não termina nunca. Se o processo parar de fazer a construção, é porque o professor não está crescendo na sua docência, não está renovando, adequadamente, pois, para superar o pacto de mediocridade, o professor deve motivar o aluno para leitura e para isto é fundamental estimular esta leitura através de atividades onde os livros estão presentes.

A metodologia da práxis pedagógica é recurso para os professores incomodados com a situação imposta pelo pacto de mediocridade superarem-no, e envolve: auto-observação e hetero-observação; o registro de aspectos a serem melhorados e os que foram positivos; exercitar a autorreflexão pessoal e a coletiva (junto com a equipe docente para, em grupo, poderem aprimorar-se); e a metarreflexão (reflexão para a ação, na ação, sobre a ação, e a reflexão sobre a reflexão).

A abordagem acerca de quem é o professor de Direito leva em conta, na presente pesquisa, estudo já realizado no âmbito da Fundação Getulio Vargas, que, a partir de dados disponibilizados por órgãos públicos, sistematizou algumas variáveis sobre o ensino jurídico e, nesta tese, foram utilizados os dados referentes à análise objetiva e na fotografia descrita de quem é professor de Direito no país. Neste item da tese, utilizando os dados do observatório[69] referente aos professores do curso de direito no Brasil, pretende-se fazer narrativa descritiva que reflita os contornos da sombra[70], do professor de Direito no país.

O Observatório do Ensino do Direito – OED é projeto permanente dentro do Núcleo de Metodologia de Ensino da Direito GV. O objetivo desse observatório está na reunião de dados sobre o ensino jurídico nacional com o objetivo de aprofundar análises e qualificar a reflexão sobre a modelagem da cadeia do ensino do direito. Nessa medida, o relatório se fez extremamente útil à presente tese.

[69] O relatório do OED não avança em argumentos e propostas, apenas sistematiza dados, que foram espelhados na presente tese, permitindo a validação de argumentos anteriormente expostos apenas de forma teórica. A metodologia utilizada, a partir das informações do Censo Nacional da Educação Superior do INEP para o ano de 2012 permitiu o tratamento de dados a partir de consolidações e cruzamentos que resultou na divisão de dois grupos: o perfil dos cursos e o perfil do corpo docente.

[70] Utiliza-se a palavra sombra no mesmo sentido já explicado anteriormente, referendando que a externalidade visível possa dar pistas sobre o professor como objeto de pesquisa.

Os dados foram coletados a partir da disponibilização destes em sites oficiais, como o que acontece com o Censo Nacional da Educação Superior, realizado pelo Instituto Nacional do Ensino Superior – INEP, que desde 1995, coletando dados, não apenas do curso de Direito, mas de instituições, cursos, alunos e professores de todo o Brasil abrangidos pelo ensino superior.

A estrutura do Observatório do Ensino do Direito pode ser descrita a partir de seis macrogrupos: a coordenação acadêmica, a coordenação executiva, o comitê científico, a consultoria de análise de dados, a consultoria de comunicação e os pesquisadores.[71]

O Estudo do Observatório se baseou no Censo da Educação Superior de 2012, realizado pelo INPE e na avaliação trienal de 2010, realizada e divulgada pela CAPES.

Nesse ínterim, foram extraídas as seguintes informações da pesquisa realizada pela FGV (2013):

- De acordo com Gráfico 1, os dados do estudo revelaram que 84% dos cursos de Direito são oferecidos por instituições privadas, bem como 65% estão localizados em cidades do interior.[72]

[71] a) Coordenação acadêmica: tem por responsabilidade a organização, planejamento e supervisão acadêmica do projeto, estabelecendo áreas específicas de investigação para cada etapa e as diretrizes para o enquadramento e divulgação dos dados; b) Coordenação Executiva: responsável pelo gerenciamento da execução da pesquisa, pela supervisão do pessoal envolvido e pela monitoração de todos os aspectos de estruturação prática do projeto; c) Comitê científico: composto por representantes de IES públicas e privadas de diferentes regiões do país que tem por objetivo discutir e propor temas e áreas para investigação e pesquisa, bem como oferecer sugestões para a análise e a divulgação dos dados e para a expansão e aprofundamento do debate sobre o ensino jurídico em todo o território nacional; d) Consultoria de análise de dados: responsável pela sistematização, produção e verificação dos dados estatísticos trabalhados pelo OED; e) Consultoria de comunicação: responsável pelo planejamento e organização do diálogo do OED com a sociedade, desenhando e executando ações para a otimização da capacidade de o OED contribuir para o debate público nesta área; f) Pesquisadores: responsáveis pela execução e acompanhamento das tarefas necessárias à efetiva consecução dos objetivos do OED.

[72] Nesse caso, o dado geral do ensino superior demonstra que 66% dos cursos de ensino superior estão em instituições privadas e 63% em cidade do interior.

Gráfico 1 – Cursos de graduação – distribuição nacional por rede de ensino e localização

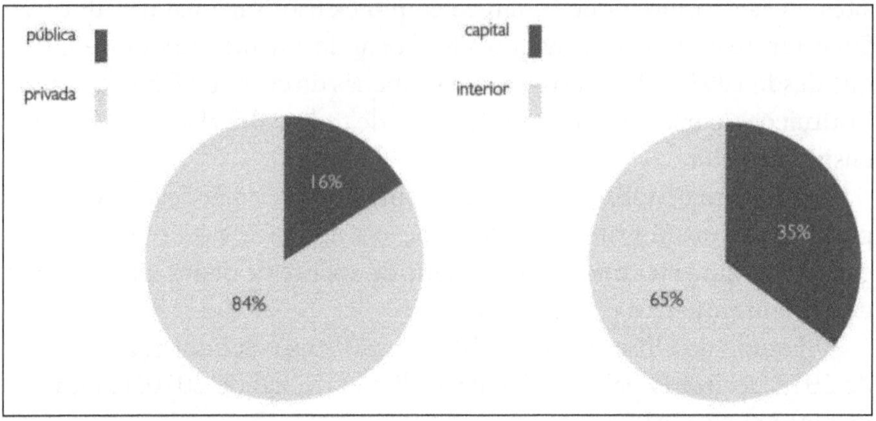

Fonte: FGV (2013, P.21)

Isso nos revela que precisamos compreender como são os ambientes formativos dos professores das instituições de ensino superior privadas, já que elas representam mais de 80% das instituições que oferecem o curso de Direito. Frise-se que, apesar de mais de 60% dos cursos de Direito estarem localizados em cidades do interior, esse número é diferente quando se olha para os dois extremos do país, considerando: região Norte e Nordeste, e região Sul e Sudeste.

- Nas regiões Sul e Sudeste, há o maior número de pós-graduação *stricto sensu*. A maioria dos docentes de Direito possuem o título de mestre ou especialistas e trabalham em regime parcial, com exceção do Sudeste em que predominam docentes horistas, brancos e do gênero masculino[73], e sob este aspecto, ressalta-se que há oferta desigual de programas de pós-graduação *stricto sensu* no país, conforme podemos verificar no Gráfico 2.

[73] Nos demais cursos, os docentes em tempo integral representam 56%, como que nos cursos de Direito esse percentual cai para 34%.

Gráfico 2 – Curso de Pós-Graduação
– comparação da distribuição nacional com a distribuição

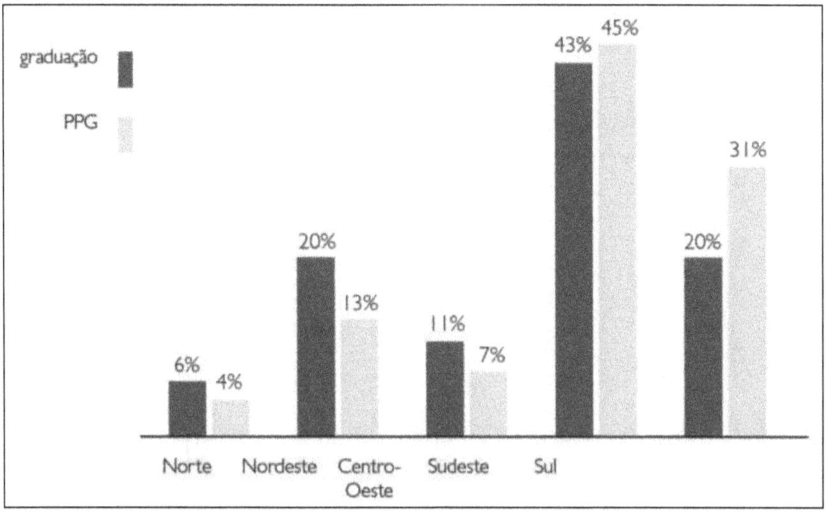

Fonte: FGV (2013, p.29)

- Dentre os cursos de ensino superior, o Direito possui a menor proporção de docentes doutores, 25% (vinte e cinco por cento), se comparado aos demais cursos, que possuem em média 40% (quarenta por cento). No entanto, a presença de docentes com mestrado no Direito é de 45%. Por outro lado, apenas 28% possuem especialização, segundo consta no Gráfico 3.

Gráfico 3 – Funções docentes e titulação – distribuição nacional

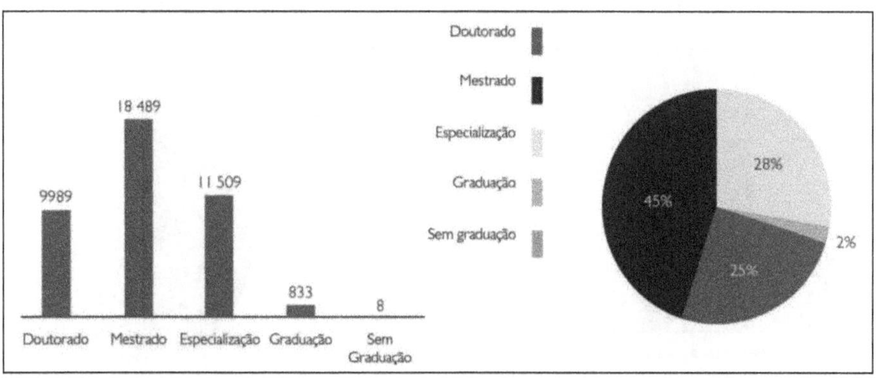

Fonte: FGV (2013, p. 36)

- Percebe-se que, ao comparar o perfil de cada região, as regiões Sul e Sudeste predominam com funções docentes com mestrado, tendo a região sudeste a maior concentração de docentes com a titulação de doutores;

Gráfico 4 – Funções docentes e titulação – comparação dos dados regionais

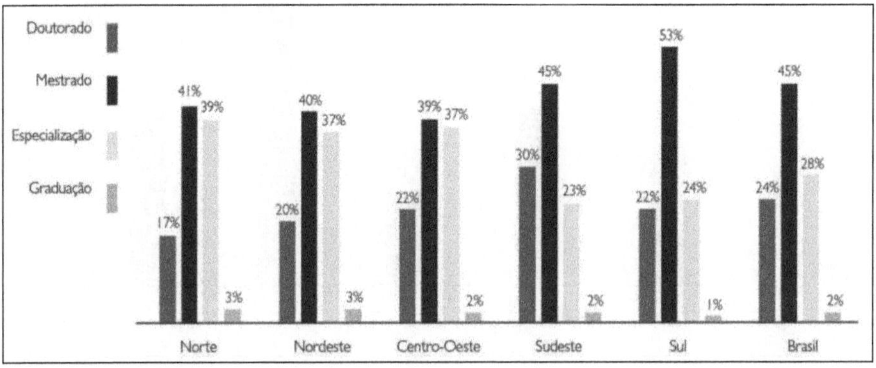

Fonte: FGV (2013, p. 45)

- O Norte possui menos funções docentes com doutorado (17% na IES privada, e 16% na IES pública) do que a média nacional, predominando as funções com mestrado (41% na IES privada e 40% na IES pública), seguida de forma muito próxima, as funções com especialização (39% na IES privada e 32% na IES pública) e estando ali a maioria das funções docentes que possuem somente a graduação (7% na IES privada e 12% na IES pública), em conformidade com os Gráficos 5 e 6.

Gráfico 5 – Funções docentes e titulação – distribuição na Região Norte

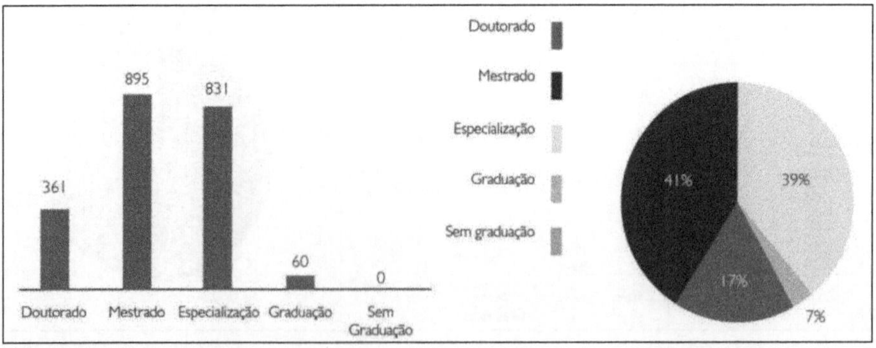

Fonte: FGV (2013, p.37)

Gráfico 6 – Funções docentes e titulação – distribuição na Região Norte, nas redes pública e privada de ensino

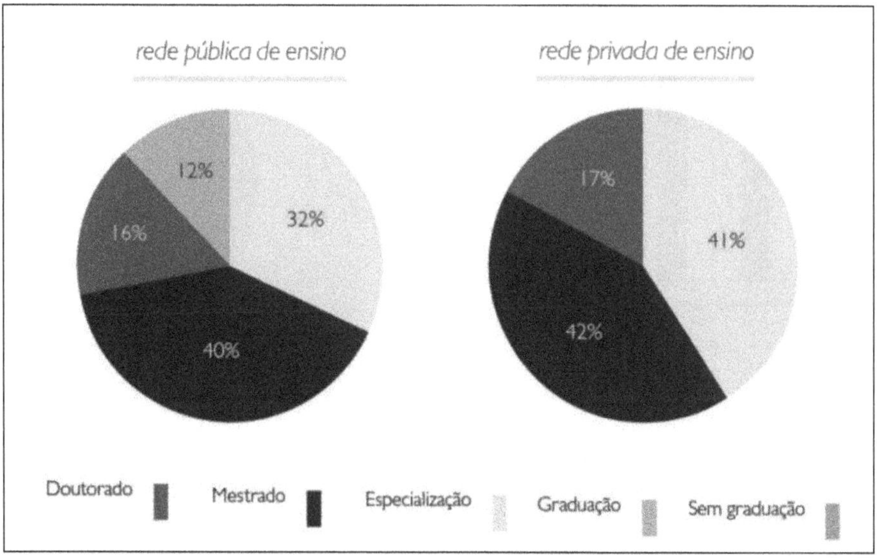

Fonte: FGV (2013, p. 38)

- Conforme pode-se verificar no Gráfico 7, a região Nordeste possui contexto de inserção docente semelhante à região Norte, mas conta com mais funções de doutorado no geral, 20%, e com 40% que possuem mestrado e 3% apenas com graduação, demonstrando também menos funções com especialização que a região Norte, 37%. Nota-se, no Gráfico 8, que na rede pública as funções com mestrado prevalecem (38%), sendo 28% das funções ocupadas por doutores, 23% por especialistas e 11% que possuem apenas a graduação. Por outro lado, na rede privada as funções de docente com especialização e mestrado se equiparam, representando 41% cada uma, seguindo de 18% para funções com doutorado, 18%, não se verificando funções na rede privada de docentes que tenham somente a graduação.

Gráfico 7 – Funções docentes e titulação – distribuição na Região Nordeste

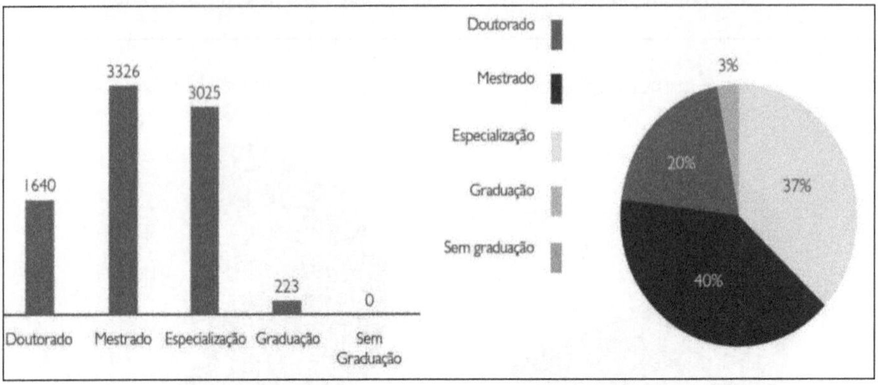

Fonte: FGV (2013, p.39)

Gráfico 8 – Funções docentes e titulação – distribuição na Região Nordeste, nas redes pública e privada de ensino

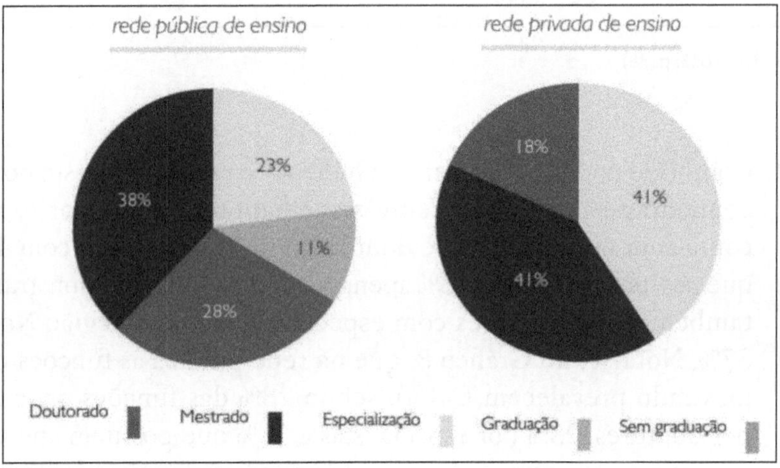

Fonte: FGV (2013, p. 40)

- Ao analisar o Gráfico 9, observa-se que na região Centro Oeste, a maior titulação dos docentes está concentrada no mestrado, 39% e especialização, 37%, tendo as funções de doutorado 22% e somam-se 2% as funções de docentes que possuem somente a graduação. No que se refere as instituições públicas, há mais funções com doutorado e mestrado, 36% e 32%, respectivamente, mas ao mesmo tempo há

8% de docentes que possuem somente a graduação, tendo aí 24% de docentes com especialização. Como na rede privada, as funções docentes são ocupadas quase que em sua maioria por especialistas, 41%, sendo 40% mestres e 19% doutores, consoante Gráfico 10.

Gráfico 9 – Funções docentes e titulação – distribuição na Região Centro-Oeste

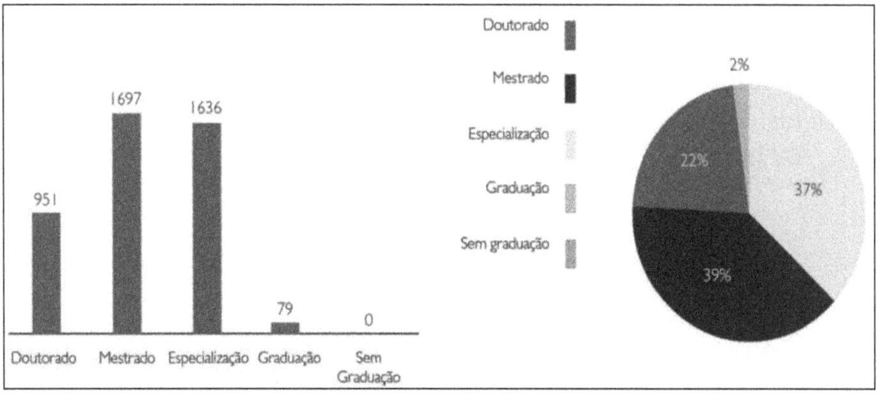

Fonte: FGV (2013, p. 40)

Gráfico 10 – Funções docentes e titulação – distribuição na Região Centro-Oeste, nas redes pública e privada de ensino

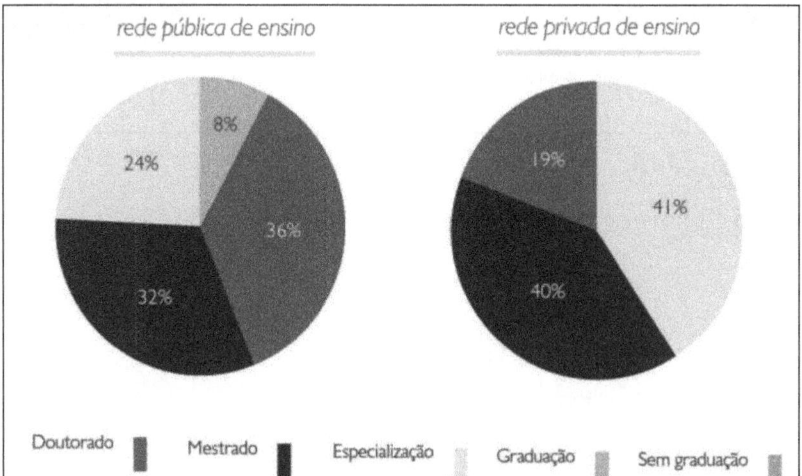

Fonte: FGV (2013, p. 41)

- Na região Sudeste, a proporção de funções com doutorado é maior que no Norte, Nordeste e Centro Oeste, tendo 29% de funções docentes com doutorado, 29%, seguida com 46% de mestres e 23% de especialistas, apresentando 2% de funções docentes apenas por graduados, conforme observa-se no Gráfico 11. Quando se fala nas IES públicas há maioria das funções ocupadas por doutores, 58%, seguida de 26% de mestres, 9% de especialistas e 7% de professores que possuem apenas a graduação. Nas IES privadas, o número de funções docentes ocupadas por mestre sobe para 48%, seguida de doutores 26%, sendo que 24% ocupam a função como especialistas e 2% como graduados. Tais dados podem ser observados no Gráfico 12.

Gráfico 11 – Funções docentes e titulação – distribuição na Região Sudeste

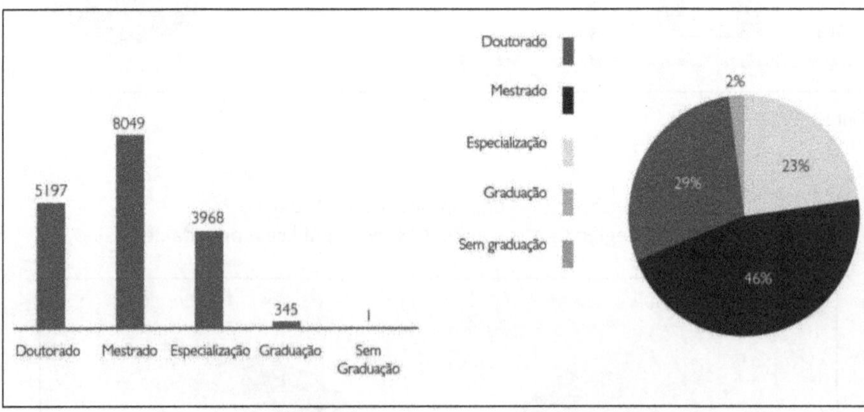

Fonte: FGV (2013, p. 42)

Gráfico 12 – Funções docentes e titulação – distribuição na Região Sudeste, nas redes pública e privada de ensino

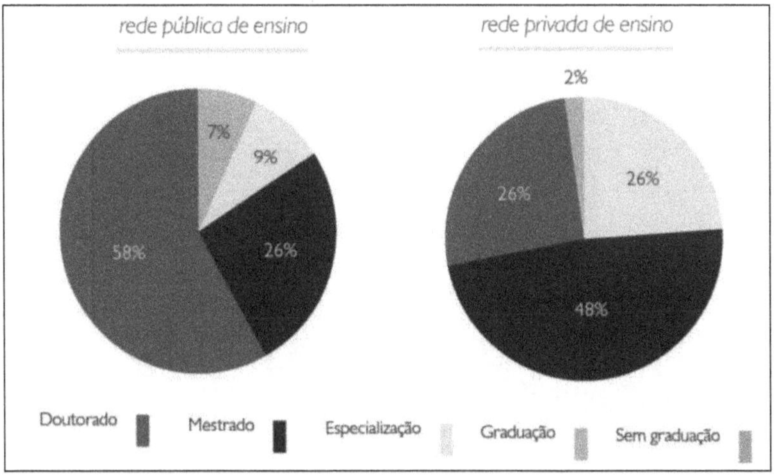

Fonte: FGV (2013, p. 42 e 43)

- Nota-se no Gráfico 13 que a região Sul possui maior número de função docente com mestrado, apresentando 53%, seguida por 24% de docentes com especialização, 22% com doutorado e apenas 1% com graduação. Na instituição pública, as funções com mestrado somam 43% e com especialização 27%, sendo que nas IEs privadas as funções com mestrado somam 56% e com especialização 23%, conforme pode ser constatado no Gráfico 14.

Gráfico 13 – Funções docentes e titulação – distribuição na Região Sul

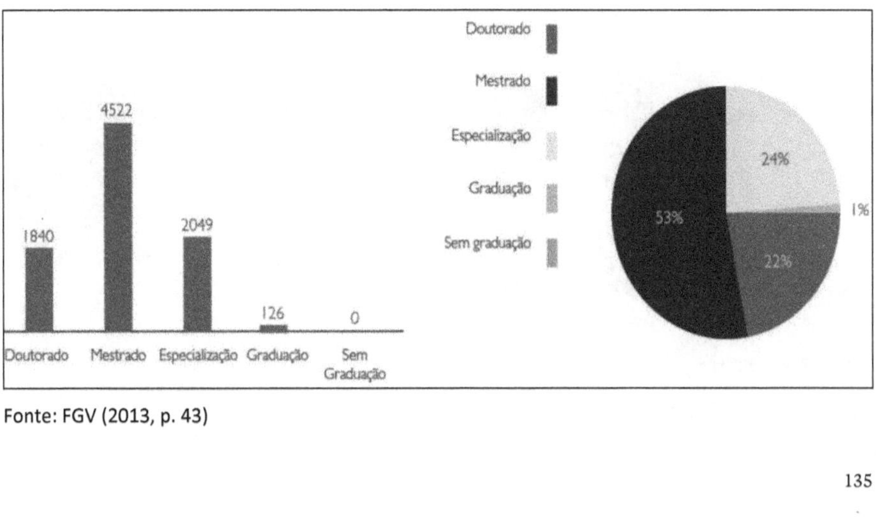

Fonte: FGV (2013, p. 43)

Gráfico 14 – Funções docentes e titulação
– distribuição na Região Sul, nas redes pública e privada de ensino

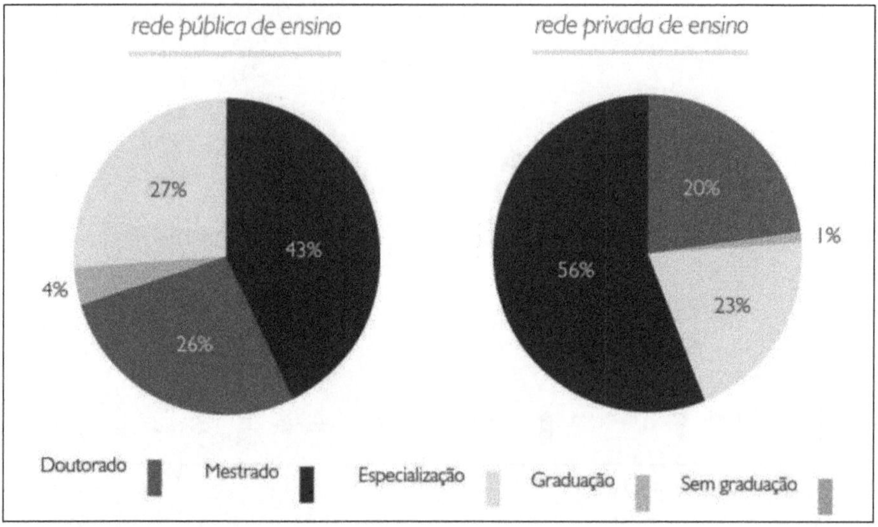

Fonte: FGV (2013, p. 44)

O Gráfico 15 demonstra, ainda, que o regime de trabalho das funções docentes em âmbito nacional, com dedicação exclusiva, se resume a 6% das funções docentes no Direito. São 28% das funções em tempo integral sem dedicação exclusiva, 34% em tempo parcial e 32% horistas.

Gráfico 15 – Funções docentes e regime de trabalho – distribuição nacional

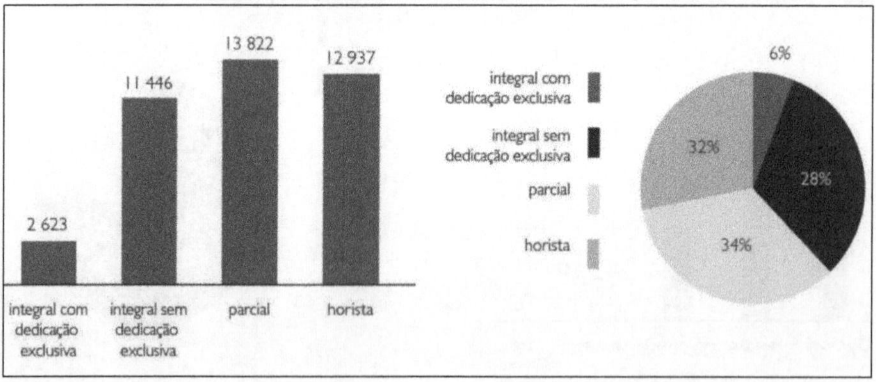

Fonte: FGV (2013, p. 79)

Nas instituições públicas de Direito, há maior prevalência de docentes em regime integral, sendo 30% com exclusividade e 32% sem exclusividade. Mas nas instituições privadas, o retrato é invertido. Há maior proporção em regime horista, 36% e, 35% em regime parcial, seguindo de 27% de regime integral sem exclusividade e 2% com exclusividade, segundo consta no Gráfico 16.

Gráfico 16 – Funções docentes e regime de trabalho – distribuição nacional, nas rede pública e privada de ensino

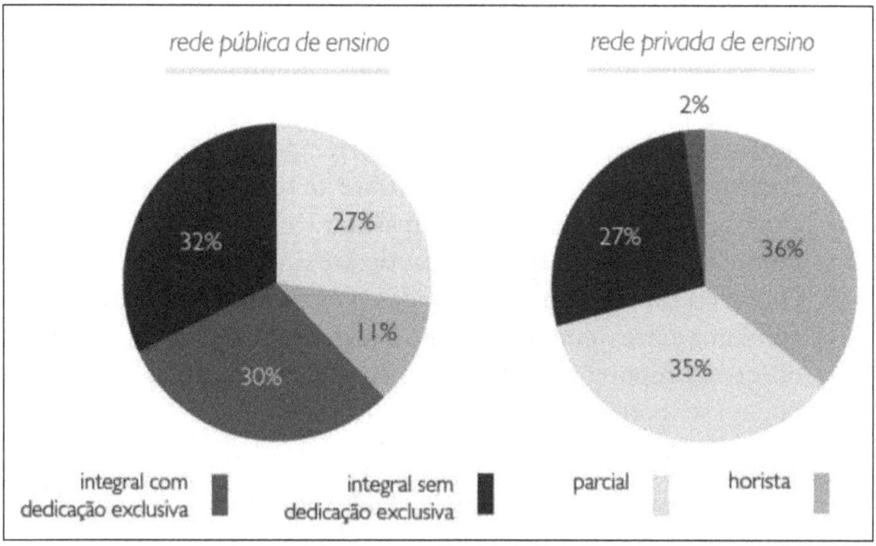

Fonte: FGV (2013, p. 79 e 80)

- A visão global do Gráfico 17 demonstra que as regiões brasileiras possuem perfis semelhantes quanto ao regime de trabalho, com destaque para a região Sudeste com maior número proporcional de docentes horistas (34%) e para a região Norte com maior número proporcional de docentes em regime parcial (39%).

Gráfico 17 – Funções docentes e regime de trabalho – comparação dos dados regionais

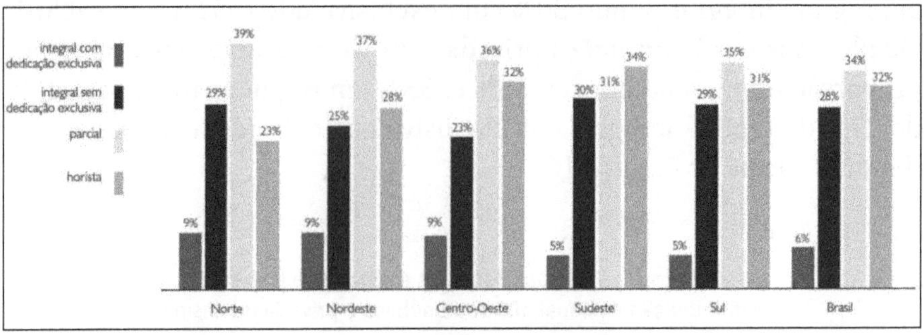

Fonte: FGV (2013, p. 88)

- Na proporção de funções docentes, olhando para instituições públicas e privadas de forma separada, temos que mais de 80% dos professores dos outros cursos estão no tempo integral, sendo que no Direito este número não alcança 70% e no tempo parcial, os demais cursos das IES públicas não ultrapassam 15%, como no Direito esse número passa dos 20%, alcançando até 35% na região Nordeste. Quando se olha para as IES privadas, o número de tempo integral se aproxima entre o curso de Direito e os demais cursos, sendo possível observar proporções semelhantes em todos os regimes. Tais dados podem ser corroborados na Tabela 1.

Tabela 1 – Funções docentes e regime de trabalho – comparação com os cursos superiores em geral

	TEMPO INTEGRAL		**TEMPO PARCIAL**		**HORISTA**	
	Geral	**Direito**	**Geral**	**Direito**	**Geral**	**Direito**
Região Norte	61%	38%	22%	39%	17%	23%
Região Nordeste	64%	34%	22%	37%	13%	28%
Região Centro-Oeste	60%	32%	24%	36%	16%	32%
Região Sudeste	52%	35%	23%	31%	25%	34%
Região Sul	54%	34%	24%	35%	22%	31%
Brasil	56%	34%	23%	34%	21%	32%

Fonte: FGV (2013, p. 89)

Ao observar os números retratados na referida pesquisa da FVG (2013), questiona-se quais seriam as estratégias do ensino superior para o desenvolvimento sustentável da Nação, o Direito é ferramenta de inclusão? Será que o curso de Direito é o local formador para dar respostas às demandas que são geradas pela transformação social? Ao mesmo tempo, há constante ampliação do diálogo entre órgãos reguladores, academia e entidades representativas, mas questiona-se a suficiência do mercado como bússola para aprimorar a forma como se pensa e ensina Direito no país.

A qualidade do ensino jurídico é marco de inquietação que já se demonstrou no início desta tese. Antes disso, em março de 2013, o Ministério da Educação suspendeu a criação de novos cursos de Direito. Posteriormente, em agosto, foi instituída a câmara consultiva temática de política regulatória do ensino jurídico, tendo como objetivo propor sugestões para a formulação de nova política regulatória, fazer a revisão das Diretrizes Curriculares nacionais e a avaliação do curso de Direito.

Outro fator relevante é que a mídia constantemente mostra o resultado da OAB e a falha em alcançar número mínimo de vagas em cursos de carreiras jurídicas específicas como evidências de falha na formação. Esse baixo índice de sucesso traz a sensação comum de que há cursos demais e vagas em excesso para a graduação em direito, mas que as instituições proporcionam formação insuficiente ao padrão requerido pelo mercado de trabalho, seja pela qualidade docente ou oportunidade de qualificação destes.

Os meios de comunicação também referenciam o crescente investimento dos escritórios de advocacia em formação profissional. Nesse sentido, o Governo Federal tem adotado a regulamentação, movimento comum no país, para incrementar a qualidade do ensino jurídico. Diplomas normativos fixam os requisitos mínimos, as instituições impõem diretrizes para o planejamento curricular dos cursos e a qualidade é medida principalmente pela titulação e regime de trabalho dos docentes em atividades. São indicadores que amparam a conformação atual dos cursos jurídicos. Além disso, há indicação de que a centralização do debate social irá se aprofundar acerca da performance que os egressos refletem.

Sobre esse aspecto, a contextualização da universidade para estrutura e funcionamento do curso de direito, em conformidade com as competências requisitadas pelo mercado de trabalho, nos parecem descoladas. Claro que se deve levar em conta as particularidades regionais e a diversidade, porque o ensino jurídico nacional não é um fenômeno único, mas, levando em conta os dados sistematizados, parece haver algo além da titulação e do tempo disponibilizado para a docência. Se bem que os dois parâmetros refletem, de forma geral, o descolar do Direito em comparação aos demais cursos de ensino superior no país.

Oliveira (2014), traz pesquisa interessante sobre o perfil do professor de Direito na região de Manaus, definida como pesquisa quantitativa, o estudo feito pela referida autora teve a colaboração de discentes e docentes quanto a respostas de questionários. E o resultado constata a necessidade de reflexão docente acerca da qualidade e formato de partilha do conhecimento junto aos discentes, inclusive, considerando o baixo índice de aprovação no Exame Nacional da Ordem dos Advogados, prova realizada pelo Conselho de Profissão para Exercício da advocacia.

Medina (2003, p. 30) contribui com essa perspectiva quando alerta para o esgotamento do modelo atual de formação jurídica, principalmente em razão da proliferação indiscriminada de cursos, sendo variável desse resultado o interesse comercial como mola propulsora da expansão dos cursos sem a correlação de critérios que atendam à instalação voltada à necessidade social.

Colaciona-se o argumento de Oliveira (2013) acerca da necessária renovação do saber-fazer educativo dos professores do Curso de Direito, de forma que se possa ir além do conhecimento jurídico, sendo necessária a capacitação pedagógica continuada com visão holística e humanista, tendo a possibilidade de metodologias transdisciplinares capazes de inovar, criar e possuir formas integradas com as demais disciplinas.

Quando aborda o perfil pedagógico do professor do Curso de Direito no Amazonas, Oliveira (2013) utiliza como referência o Centro Universitário localizado em Manaus/Amazonas e foca no papel docente como variável condicionante para a construção do conhecimento. A pesquisadora observa quais os fatores seriam contributos efetivos para resultados satisfatórios durante o processo de aprendizagem, tendo sido relacionados fatores como paciência pedagógica de motivar, explicar, relacionar, controlar, fixar, avaliar os alunos e a si mesmos, e a clareza quanto aos objetivos para a aprendizagem. Ao ler tais atributos, volta-se ao que se explanou sobre professor reflexivo, sobre afeto, sobre o próprio alinhavar do construtivismo outrora mencionado.

A pesquisa de Oliveira (2013) avalia algo preocupante, pois a percepção dos discentes em relação ao ensino é boa, mas contradiz com a posição deles frente ao *ranking* nacional. A análise qualitativa discente considerou formas de ensino diferenciadas, metodologia aplicada de forma eficaz, avaliação diferenciada a cada fim de unidade e transdisciplinaridade, no aspecto quantitativo discente as variáveis foram estímulo à produção do conhecimento, objetivos claros de aprendizagem, se o professor se preocupa com a leitura e interpretação dos textos de estudo e revisão dos conceitos já estudados a cada aula. No aspecto docente, os dados levaram em conta avaliação formativa, interpretação dos temas de estudo, preocupação com a leitura e interpretação de textos por parte dos alunos, além de perguntas que abordaram o estímulo à produção do conhecimento, objetivos operacionais claros, fixação da aprendizagem, revisão dos conceitos já estudados e reunião dos professores para discussão pedagógica.

Em linhas gerais, de acordo com Oliveira (2013, p. 311), o índice de aproveitamento do Centro Universitário do Norte, no que diz respeito à aprendizagem, na visão dos discentes é boa, espelhando o seguinte resultado: bom 64%, ótima 19%, regular 17%, excelente 1%, porém os resultados obtidos tanto no Exame da OAB quanto no ENADE em nível regional são preocupantes, pois o Amazonas ficou posicionado entre os piores lugares na qualidade do ensino superior.

Para Marques Neto (2001, p. 209): "Todas as instituições responsáveis pela educação devem ser envolvidas nos processos da formação continuada do educador". Por mais vocação nata que o docente do curso de direito tenha, precisa ser humilde para aprender a aprender, pois o Curso de Graduação em Direito não oferece especificamente qualificação direcionada à Metodologia do Ensino Superior, somente a pós-graduação o oferece, estudo esse, que deve ser oportunizado pela instituição da qual o docente faz parte. Nas grades curriculares dos cursos de graduação no Brasil não foi identificado esse critério ou agente formador.

Referencia-se ainda a pesquisa de Melo Filho (2000, p. 38-39), que demonstrou que 63% dos docentes, no universo pesquisado, faziam uso da aula expositiva como técnica única, 67% dos discentes restringem seu estudo a um só livro, adotado pelo professor, 58% das disciplinas são mal dimensionadas (muito conteúdo e pouco tempo para o desenvolvimento), 90% das avaliações contemplam provas discursivas em que não se mensuram qualidades de refutar teses contrárias e refletir criticamente sobre o Direito, 72% dos professores ministram uma disciplina duas ou três vezes por semana, não realizam trabalhos de pesquisa, não orientam, não possuem habilitação didática específica, não participam de outras atividades acadêmicas, pois via de regra, exercem outras ocupações paralelas (principal fonte de renda).

As análises de tais pesquisas subsidiam e se alinham ao resultado demonstrado a seguir. Há algo salutar em perceber que tais informações são fundamentais para a consciência da necessidade do aprimoramento pedagógico dos docentes do Curso de Direito, ou seja, que esses docentes tenham, de fato, preocupação com o desempenho no campo da didática e da metodologia do ensino superior, vez que o Curso de Direito não oferece uma matéria relacionada a preparar docentes para a área.

3.5. Espaços informativos para o ensino do Direito

A presente tese perscruta o fazer-se professor de Direito e nesse perquirir encontra-se espaços que debatem o ensino jurídico no país, que guardam espaços de discussão e validação de pesquisas voltadas ao objeto relacionado à presente tese, qual seja a formação pedagógica do professor de Direito.

Tais espaços não são formativos, mas concentram importantes grupos de trabalho que difundem práticas e pesquisas relacionadas ao ensino do Direito. Nessa medida, consideramos que são espaços informativos para o ensino do Direito.

3.5.1. A Ordem dos Advogados do Brasil (OAB)

A Ordem dos Advogados do Brasil – OAB, desempenha papel institucional nacional perante os advogados e influencia a condução dos cursos jurídicos. A origem da instituição se deu, em momento conturbado do país, aconteceu por meio do Decreto nº 19.408, de 18 de novembro de 1930, tendo por objetivo selecionar e disciplinar os advogados. Após a criação, outras normas jurídicas[74] foram aprovadas de maneira a conferir contornos jurídicos estruturais à entidade.

[74] Cf. Decreto nº 20.784 de 14 de dezembro de 1931. A Lei Federal nº. 4.215 de 27 de abril de 1963. A Lei nº 8.906 de 4 de julho de 1994.

Importa ao presente trabalho mencionar que há importante papel desempenhado em relação ao ensino jurídico. A instituição, desde 1994 possui autorização normativa para, por meio do Conselho Federal, se pronunciar acerca de cursos jurídicos, conforme inciso XV do art. 54 da Lei nº 8906 de 4 de julho de 1994.

> XV – colaborar com o aperfeiçoamento dos cursos jurídicos, e opinar, previamente, nos pedidos apresentados aos órgãos competentes para criação, reconhecimento ou credenciamento desses cursos; (BRASIL, 1994).

Além da colaboração definida na Lei, a instituição possui Comissões em âmbito nacional e regional que tratam da educação jurídica[75], e, nesse aspecto colaboram com discussões, fóruns, seminários e proposições junto às instituições. A OAB também avalia os cursos jurídicos em larga medida a partir da aprovação dos egressos no exame de ordem, condição necessária aos bacharéis em Direito para o exercício da advocacia. O Decreto Federal n. 3.680/2001, dispõe que cabe ao Conselho Federal da OAB a manifestação sobre o reconhecimento ou a renovação do reconhecimento dos cursos a serem criados, daqueles já existentes e dos que estão em funcionamento.

Castro (2014, p. 23) enaltece que, o tema ensino jurídico perpassa desde a primeira Conferência Nacional dos Advogados, ocorrida nos anos de 1950, todos os eventos patrocinados pelo Conselho Federal da OAB. Além disso, a criação da Comissão de Ensino Jurídico – CEJ/OAB já nos anos 1998 a 2000 publicou uma coleção denominada "OAB Ensino Jurídico" e publica o primeiro relatório do projeto OAB/Recomenda.

O projeto OAB/Recomenda expõe em documento único a sistematização de coleta dados dos instrumentos de avaliação já existentes e demonstrar à sociedade a qualidade de cada curso de Direito (CASTRO, 2014, p. 23).

Nos anos 2000 ocorre evento regional promovido pelo Instituto dos Advogados do Brasil – IAB[76], para discutir o ensino jurídico. O 1º Colóquio

[75] As Comissões de Educação da OAB, tanto em nível Nacional, como em nível estadual também abordam o Direito à educação e defendem a educação básica.

[76] O Instituto dos Advogados Brasileiros é anterior à OAB, fundado em 1843 como consequência dos cursos jurídicos e exercício da advocacia. É a mais antiga casa de estudos do Direito

sobre Ensino Jurídico aconteceu na cidade do Rio de Janeiro e foi considerado marco inicial para congregar interessados em nível nacional no processo de construção de cursos jurídicos mais qualificados.

A partir dessas iniciativas, surge a motivação de professores de que houvesse uma associação que pudesse lhes representar para além dos muros institucionais dos órgãos de representação dos advogados (OAB e IAB). Nasce, então, a Associação Brasileira de Ensino do Direito – ABEDi.

3.5.2. A Associação Brasileira de Ensino do Direito (ABEDi)

A Associação Brasileira de Ensino do Direito – ABEDi congrega professores, instituições de ensino e estudantes que almejam a melhoria da qualidade do ensino jurídico no Brasil.

O interesse inicial da Associação era congregar interessados em nível nacional no processo de construção de cursos jurídicos mais qualificados. Apesar de não haver consenso de onde se queria chegar, sabia-se o que deveria ser evitado, a expansão de cursos que seguisse somente a lógica do mercado, para isso deveria haver "efetiva formação de profissionais críticos, com suficiente habilidade para lidar com as questões contemporâneas, e que não houvesse aprovação de estudantes aquém do mínimo necessário" (ALMEIDA, 2003).

Nesse contexto surge a ABEDi, que realiza o I Congresso, em 2002, na cidade de Natal, contando com a participação de mais de 350 professores e estudantes de Direito. Desde então, anualmente a associação realiza fóruns e encontros que servem ao objetivo institucional de se fortalecer como espaço de discussão e fomento de melhorias no ensino do Direito.

3.5.3. O Conselho Nacional de Pesquisa e Pós-Graduação em Direito (CONPEDI)

O Conselho Nacional de Pesquisa e Pós-graduação em Direito (CONPEDI) surgiu em 17 de outubro de 1989, e pode ser descrito como Sociedade

das Américas e tem como objetivo a criação da Ordem dos Advogados do Brasil. Assume em 1888 as funções que iriam ser exercidas pela OAB em 1930, passando a ser, nesse período (1888-1930), denominado Instituto da Ordem dos Advogados Brasileiros. Atualmente o Instituto corresponde à Academia da Advocacia. (Informações disponível em: https://www.iabnacional.org.br/conheca-o-iab, acesso em 06 de dezembro de 2012)

Científica do Direito no Brasil. Trata-se de associação civil que tem por objetivo promover estudos jurídicos e desenvolvimento da pós-graduação em Direito no Brasil.

Por meio de Encontros e Congressos nacionais e internacionais[77], o CONPEDI oportuniza colaboração aos Programas de Pós-Graduação nas instituições brasileiras de ensino, coopera para definição de políticas voltadas à formação de pessoal docente e discente da área jurídica, e corrobora para promoção e qualificação do ensino jurídico.

O primeiro encontro do CONPEDI aconteceu em 1992, mas os anais passaram a ser disponibilizados de forma sistemática e digital a partir de 2006. Ressalta-se, outrossim, que os encontros sempre contaram com grupo de trabalho específico para discussão do ensino jurídico.

O CONPEDI incentiva estudos jurídicos de pós-graduação nas diferentes instituições brasileiras de ensino universitário: colabora na definição de políticas públicas para a formação de pessoal docente da área jurídica. Além disso, há constante colaboração junto às autoridades educacionais, sobre os assuntos de interesse da pesquisa e da pós-graduação em Direito. O intuito de defesa e promoção de qualificação do ensino jurídico refletem sua função institucional e seu papel social (OLIVEIRA, 2009).

[77] Os encontros internacionais passaram a acontecer no ano de 2014.

Capítulo 4
Metodologia

O presente trabalho dialoga com pesquisa etnográfica micro e macro tendo por base o campo da formação docente e a construção de competências. O presente trabalho tem por escopo o campo da formação docente do professor de Direito e a respectiva construção de competências. Para isso, faz esboço a carvão[78] do fenômeno que influi na definição dos vetores que justificam o objeto em construção. Faz-se recorte, com relação aos coordenadores dos programas de pós-graduação em Direito no Brasil em âmbito numérico e espacial com relação às regiões do país. Subsidia-se a escolha considerando que um estudo muito especializado é capaz de determinar grandes ampliações culturais (BACHELARD, 2005).

A abordagem etnográfica no presente estudo não teve por objeto apenas os interesses e experiências da pesquisadora, mas foi caminho que se forjou adequado para construção do objeto da presente pesquisa, ainda que com as dificuldades inerentes a pesquisa etnográfica, pois nem sempre é fácil ou confortável, sendo em larga medida mais confortável ler e escrever, mas trata-se de pesquisa empírica rigorosa, onde sempre existe a possibilidade de abandono por parte do pesquisador do argumento de autoridade em prol da autoridade do argumento.

[78] "Um pouco à maneira dos arquitetos do século XIX, que faziam admiráveis esboços a carvão do conjunto do edifício no interior do qual estava situada a parte que eles queriam figurar em pormenor" (BOURDIEU; PASSERON, 1975)

A análise crítica dos dados por meio de procedimentos cruzados e recorrentes, aliados ao esforço de sócio análise e objetivação do sujeito, foi caminho adequado para a ruptura com a sociologia espontânea (senso comum), e essa nos pareceu o formato apropriado para construção do presente objeto de pesquisa, claro que não tão somente pela pesquisa etnográfica, derivando também as incursões doutrinárias, visto que não se construiu o objeto apenas no plano escolástico, não sendo refém do argumento de autoridade e da pesquisa meramente bibliográfica.

A abordagem etnográfica se apoia na inserção da pesquisadora como agente, no campo e na realização de entrevistas semiestruturadas. Os fatos ganham sentido a partir de teoria subjacente (BECKER, 2005), a análise de conteúdo, realizada nos dados obtidos nas entrevistas, mostra que as teorias se complementam.

O processo de investigação se desenvolveu a partir da pesquisa bibliográfica, abrangendo a compreensão e aplicação dos conceitos de níveis de realidade, complexidade e lógica inclusiva, o que conduziu a análise de textos fundamentados na formação do professor.

O trabalho também desenvolveu pesquisa de campo e utilizou diálogos semiestruturados, elaborados em procedimento sistemático de pesquisa qualitativa, com o objetivo de revelar os polos constitutivos da ação docente que trazem a complexidade subjacente à ação formadora do professor do curso de Direito. As variáveis são a frequência de palavras dentro da síntese de descrição dos conteúdos produzidos, além da apresentação de inferência de comportamento dos participantes no processo dialógico de construção do conhecimento.

Para manter coerência com o seu objetivo, esta pesquisa fez diligência compreensiva e tencionou investigação das relações estabelecidas entre o sentido definido pelos atores (participantes) e os que os sociólogos (pesquisadores) poderiam reconstruir, conforme Dubet (1994, p. 235). A partir de então, utilizou-se o modelo ternário das três lógicas teorizado por Dubet (1994) como ponto de partida para coletar e gerar dados, bem como para proceder às análises.

Tal metodologia possibilita o cruzamento entre os conteúdos produzidos nos diálogos. Os macros conceitos estruturantes da fundamentação teórica possibilitam a evidência da teoria da complexidade e da transdisciplinaridade aplicadas às questões curriculares de formação do professor de Direito.

Apesar da pesquisa empírica ter forte impacto em relação à reflexão da experiência vivida e a consolidação dos pressupostos alinhavados no arcabouço teórico, foram analisados os conteúdos disponíveis das disciplinas de metodologia do ensino oferecidas nos cursos de pós-graduação *stricto sensu*, com o intuito de verificar o que é valorizado nesse aspecto da formação docente

Quando se fala em método, remete-se ao caminho escolhido na busca do resultado que se pretende alcançar. Qualquer resultado enveredará pela distinção do que seria o conhecimento. O desvelar de algo encoberto, fruto de uma racionalidade humana toma proporções maiores e se afasta de uma percepção dedutivista (Aristóteles), a partir da obra de Francis Bacon, quando defende o acúmulo de partes menores para enunciados maiores em uma perspectiva indutiva.

Na valorização de certos conhecimentos, menciona-se a doutrina de Racionalismo, com René Descartes, e o empirismo, com John Locke e David Hume. O método de Descartes separa o observador do fato observado, como o empirismo traz conhecimento construído a partir de processo interativo entre o ser humano e o seu cotidiano.

As ciências naturais encontraram valor junto à sociedade a partir da produção de conhecimento tido como verdadeiro. Diante deste prestígio, há indagação acerca da investigação da vida humana como ciência. Utilizando o método das ciências naturais, surgem dois posicionamentos: de um lado, a utilização de único método para todas as ciências e, de outro lado, método científico para esta ciência. Assim, há dois paradigmas de pesquisa: quantitativo-realista e interpretativo idealista, que ainda hoje influenciam a escolha de métodos e procedimentos de pesquisa. O primeiro possui três características: a separação entre o sujeito e o objeto (dualismo epistemológico); a ciência livre de valores, e a ciência social produzindo o resultado de regularidades e relações entre os fenômenos sociais. O segundo, interpretativo-idealista, retira o dualismo e afirma que o ser humano interage com o que observa, portanto, haveria relatividade inerente, interatividade entre o pesquisador e o objeto.

Com os referidos paradigmas, haveria compatibilidade entre eles? A posição que melhor coaduna com a presente pesquisa é de que não seria o caso de compatibilidade, mas que haveria sim a possibilidade de uso dos métodos qualitativos, quantitativos, mistos, indutivos, dedutivos e as diversas abordagens de pesquisa utilizadas de forma separada ou conjunta em um ou outro momento.

A tese construída está baseada em alicerce ontológico pragmático, refletiu abordagem que almeja ações conscientes, fruto de processo reflexivo que envolveu a consciência e a experimentação dos fenômenos que alteram positivamente as realidades individuais e as sociedades como conjunto de realidades múltiplas (PATTON, 2002; KIRSCHNER, SWELLER, CLARK, 2006).

Esse alicerce ontológico pragmático adentrou o campo da linguagem para conhecer determinado fenômeno. No presente trabalho, a linguagem como movimento no exercício dialético da comunicação humana, serviu para uma interação perene entre o sujeito e o objeto de pesquisa.

O fenômeno estudado, qual seja, a ação docente no curso de Direito, perpassa a ação humana em atuação quer individual, quer institucional, quando se almeja contribuir para ensino jurídico de qualidade que resulte em desenvolvimento maior do país. Tal estudo, fez-se observando o processo de formação dos professores de Direito em nível *stricto sensu*, induzido por políticas estatais e os benefícios reais aos alunos.

A base epistemológica do presente trabalho usou a compreensão da realidade a partir da experiência vivida pelo indivíduo, sob uma abordagem filosófico-epistemológica. Nesse sentido, de modo integrativo, a pesquisa aborda o indivíduo-professor que se propõe a conhecer a influência do processo de formação na sua vida profissional e na sala de aula.

O caminho da pesquisa também se orientou com a Teoria Fundamentada nos Dados, *Grouonded Theory*[79], desenvolvida por Barley Glaser[80] e por Anselm Strauss[81], vertente epistemológica que se adiciona à fenomenologia (TAROZZI, 2011; PATTON, 2002; CHARMAZ, 2009;

[79] A obra *The Discovery of Grounded Theory: strategies for qualitative research*, publicada em 1967, com diversas reedições, trazem subsídio ao presente trabalho. A fundamentação está na aproximação do pesquisador ao assunto a ser investigado, sem necessariamente uma teoria a ser testada, mas com o desejo de compreender uma situação e como e porque seus participantes agem desta ou daquela maneira e porque o fenômeno se desdobra deste ou daquele modo. Nesse sentido, reúne-se informações sobre o fenômeno, compara-se, codifica-se e se extrai regularidades e a teoria emerge da rigorosa e sistemática análise dos dados.

[80] Aluno na Columbia University de Paul Lazarsfeld (precursor dos *surveys* de larga escala), influenciado pelo objetivismo positivista-quantitativista.

[81] Aluno da Escola de Chicago, com uma tradição qualitativa sociológica pragmática, influenciada pelo interacionismo simbólico, surge como defensor das pesquisas de campo.

STRAUSS E CORBIN, 2007, GLASER E STRAUSS, 2008; COHEN, MANION, MORRISON, 2011).

A teoria fundamentada nos dados pode ser vista como alternativa metodologicamente rigorosa e robusta ao dedutivismo e ao excessivo objetivismo, característicos das abordagens positivistas. Essa teoria serviu para explicar mais satisfatoriamente os fenômenos sociais, contrapondo ao indutivismo, pois, a teoria é gerada a partir da análise dos dados, em que se codificam padrões orientadores das discussões em processo de teorização interpretativa, na busca por padrões e conexões entre os fenômenos observados (TAROZZI, 2011; PATTON, 2002; CHARMAZ, 2009; STRAUSS; CORBIN, 2007).

Na abordagem que se fez não houve distinção se o dado é quantitativo ou qualitativo, mas análise de dados primários, permitindo categorização de análise que amadurece com a imersão do pesquisador nos dados (COHEN; MANION; MORRISON, 2011; CHARMAZ, 2009; STRAUSS; CORBIN, 2007; GLASER, 2008).

O que se está a expor como método é a ausência de teoria ou hipótese prévia para ser executada, no qual, apesar da constância de existência de perguntas que direcionam a pesquisa, podem estas, propositadamente, ser aperfeiçoadas, quando se demonstra que o rigor metodológico, por não ser perfeito, constitui-se na alternativa multifacetada de investigação de fenômenos sociais.

Glaser, em 2008, desenvolve uma *Quantitative Grounded Theory*, em que visita as bases históricas e conceituais da *Grounded Theory*, estabelecendo formas de obter, categorizar e analisar os dados quantitativos.

A categorização permite três grupos interconectados de dados: 1) Descrições (*crude indices*); *consistency indices*, que consistem no cruzamento das variáveis dos dados de forma a buscar padrões ou divergências; e as *core categories*, ou categorias centrais de análise, a partir do perfil comportamental dos dados, objetivos do estudo e o alicerce teórico norteador. Neste sentido, a análise produz contribuições e discussões acadêmicas à área de estudo (GLASER, 2008; ROSENBAUM, 2008).

Opta-se por teoria fundamentada em dados quantitativos – QGT, já utilizada em outro trabalho sob a tutela do professor Cândido[82] e que

[82] O Professor Cândido Gomes foi o primeiro orientador do presente trabalho, mas foi desligado da instituição no transcorrer do doutorado.

trouxe substancial acréscimo à metodologia de trabalho que se pretende empregar.[83] Serviu, portanto, de teorização acerca da formação docente do professor de Direito e da descoberta sobre a influência das pós-graduações *stricto sensu* no cotidiano da sala de aula. As fontes de dados foram as grades disponibilizadas pelos cursos *stricto sensu* em Direito no País e os relatos dos docentes acerca da sua carreira profissional, após a conclusão do Mestrado e/ou Doutorado em Direito.

Na abordagem qualitativa, foram analisados dados curriculares disponíveis nos sítios eletrônicos de universidades e programas. Além disso, priorizou-se, no presente trabalho análise dos relatórios produzidos no âmbito da CAPES, dos textos produzidos no observatório da Fundação Getulio Vargas – FGV[84], nos relatórios e seminários da ABEDi[85] e nos artigos discutidos no âmbito do CONPEDI[86], no Grupo de Trabalho voltados para o Ensino Jurídico.

4.1. Local da pesquisa

O campo da pesquisa corresponde ao âmbito universidade, dado que é nessa que se propõe a formação docente, ainda que de curso superior, formando profissionais que atuarão ali. As universidades escolhidas envolvem ao menos uma privada e uma pública de cada região do país. Dentre as instituições privadas, foram escolhidas duas confessionais que possuem referenciais teóricos que sustentam, dentre outras questões, formação para a integralidade humana e profissional que prioriza o diálogo entre o corpo docente e o discente, conforme se verificou no Projeto Pedagógico Institucional e no Plano de desenvolvimento Institucional, bem como no regimento de algumas universidades com esse perfil.

[83] O trabalho, ainda inédito, desenvolvido no doutorado de Bruno Teles Nunes, sob orientação do professor Candido Gomes, *O Mestrado profissional em ensino na formação continuada: da motivação docente à escola,* serviu de substancial contribuição para escolha do método a ser empregado. NUNES, Bruno Teles. **O Mestrado profissional em ensino na formação continuada: da motivação docente à escola.** Tese de Doutorado. Universidade Católica de Brasília, 2017.

[84] A FGV criou um grupo de trabalho em 2013 sobre educação jurídica, que trouxe dados substanciais à presente pesquisa.

[85] A Associação Brasileira de Ensino do Direito – ABEDi, é uma organização que visa a promover o desenvolvimento e a qualidade do ensino, pesquisa e extensão em Direito. http://abedi.org/

[86] O Conpedi é uma organização da sociedade civil que apoia os programas de pós-graduação *stricto sensu* das instituições de ensino na área jurídica.

Tendo em conta essa natureza, propõe-se a contribuir para a concretização de amplo diálogo entre os atores que compõem o sistema educacional brasileiro até se alcançar as interações sociais de docentes e discentes. Desse modo, por sua natureza confessional, as universidades assumem publicamente em seus documentos estratégicos compromisso educacional global com o estudante. Esse compromisso envolve estruturação ética da subjetividade e formação humanística, bem como capacitação científico-tecnológica, que confere ao estudante competência e compromisso social.

Além disso, como espaço de construção de diálogo de pesquisa, de forma a cobrir todas as regiões do país, foram utilizados os encontros semestrais do CONPEDI. Esses encontros aconteceram durante a realização da tese, isso porque ali há relação dialética associada a pesquisas que tenham por base a construção cultural do saber de maneira articulada.

4.1.1. O Cenário da Graduação

O Cenário da primeira fase da pesquisa se deu na graduação da Universidade Católica de Brasília. Ali foi solicitado à secretaria do curso de Direito três professores que tivessem maior índice de elogios pelos alunos. O objetivo era verificar se a percepção dos alunos com relação à qualidade de aula dos respectivos professores estava embasada em alguma formação pedagógica e desvelar, entre tais práticas docentes, as experiências educativas em sala de aula, a forma de agir e de pensar sobre os processos de ensinar e de aprender, conforme descrito na Tabela 1.

Tabela 2 – Relação do cenário da primeira fase da pesquisa

Campo de pesquisa 1: Professores de Curso de graduação em Direito de determinada Universidade com integração a cursos de pós-graduação *Stricto Sensu*	
Característica	***Titulação***
Professor que leciona na graduação em Direito	Doutor
Professor com maior quantidade de elogios pelos alunos da graduação	Especialista/Mestrando
Professor formado no PPGD que integra a graduação	Mestre

Fonte: Elaborada pela autora a partir das escolhas para coleta de dados na pesquisa.

4.2.1. O Cenário da Pós-Graduação

O Cenário da segunda fase da pesquisa se deu de duas formas: *in loco,* na Pós-graduação *Stricto Sensu* em Direito e, nos encontros semestrais do CONPEDI, no âmbito das reuniões de coordenação dos PPGDs ou das reuniões de editores, conforme consta na Tabela 2.

O ambiente dos encontros do CONPEDI trouxe leveza para a realização da entrevista, que aconteceu de forma tranquila e amistosa. O objetivo era caracterizar por meio da inserção da pesquisadora no ambiente pesquisado e da relação subjetiva entre a pesquisadora e os entrevistados, um perfil docente e desvelar os caminhos percorridos no processo de tornar-se professor do ensino superior, no curso de Direito, compreendendo o ser e o fazer-se professor, e, nessa medida, descobrindo as competências necessárias à ação docente e a forma como se deu ou deveria se dar a construção das mesmas.

Tabela 3 – Relação do cenário da segunda fase da pesquisa

Campo de pesquisa 2: Cursos de pós-graduação *stricto sensu* em Direito Acadêmico	
Componentes	***Local de atuação***[87]
Coordenador	Região Sul do Brasil
Coordenador	Interior da Região Sul do Brasil
Coordenador	Região Centro-Oeste do Brasil
Coordenador	Região Sudeste do Brasil
Coordenador	Interior da Região Sudeste do Brasil
Coordenador	Região Norte do Brasil
Coordenador	Região Nordeste do Brasil
Coordenador	Espanha

Fonte: Elaboração da autora a partir das escolhas para coleta de dados na pesquisa.

[87] Não se diferencia universidade de outras nomenclaturas para Instituição de Ensino Superior, mas utiliza-se Universidade como denominação comum.

4.2. Sujeitos da pesquisa

Os participantes foram professores e coordenadores de curso, escolhidos por oferecerem amplas oportunidades de descortinar aspectos da interação social entre eles, e decifrar diálogos implícitos ao processo educacional.

Os perfis dos professores selecionados eram diversos – variando entre doutores, mestres e especialistas –, o que ampliou as oportunidades de estabelecer padrões das possíveis descobertas, segundo critérios como idade e tempo de docência. Escolheu-se, como característica docente, o reconhecimento dos professores por seus coordenadores pela capacidade de estimular o aprendizado de seus alunos. Nesse sentido, há o pressuposto de que a forma de agir e de pensar desses professores poderia indicar aspectos formativos necessários à construção de competência docente, que abarca os alinhamentos construtivistas.

No que se refere aos coordenadores, foram escolhidos os que atuam nos Programas de Pós-Graduação em Direito – PPGDs. Eles se destacaram por terem perfis diferenciados dos demais, seguindo critérios como: nota do curso, representando nível acima de 4 no conceito CAPES, currículo do curso, trajetória acadêmico profissional, disciplinas ministradas e tempo de docência.

Os participantes se submeteram às definições dos questionários e roteiros de entrevista semiestruturados, fazendo-o de forma esclarecida e voluntária, sendo respeitados em sua condição sociocultural e faixa etária de acordo com a resolução 466/2012, do Conselho Nacional de Saúde, sobre pesquisas com seres humanos (BRASIL, 2012).

Ocorreram interações durante o período em que se realizou a pesquisa. Foram efetivados mapeamentos de oportunidades de interação e, em cada oportunidade, buscou-se alcançar o objetivo de validar a necessidade ou não de espaço formativo para a docência no curso de direito.

Os temas estiveram relacionados com os recursos dos quais os participantes lançavam mão para construir suas trajetórias profissionais, elucidando em suas narrativas quais recursos que possibilitaram identificar vinculações causais entre experiências sociais e sistemas com os quais estas mais se relacionaram "integração, interdependência e ação históricas". (DUBET, 1994). Nesse aspecto, ressalta-se que a vontade de fazer melhor pelo aluno, a dedicação subjetiva e o amor pela docência foram resultados frequentes que vinculavam a busca formativa durante a trajetória profissional.

Para possibilitar o estabelecimento de comparações entre os casos estudados, a primeira fase recaiu na compreensão de cada caso com o objetivo de particularizar e não de generalizar (STAKE, 1995). Esse método pressupõe a concentração de estudos em um conjunto de pessoas que vivenciam ou vivenciaram situações sociais distintas. Por ter havido convergências e divergências. Sendo assim, tomou-se cada caso em sua singularidade (LÜDKE; ANDRÉ, 1986).

Quanto ao número de participantes, foram 11 professores, somando os dois momentos de entrevistas, representando 8 universidades ao todo no País. Uma perspectiva comparada, de forma a evidenciar as representações, os conhecimentos, as práticas, os comportamentos e as atitudes.

Para a primeira parte da pesquisa, foram realizadas entrevistas individuais com 3 professores da graduação, entre os meses de maio e junho de 2017, nos moldes do Apêndice A. Ao passo que, na segunda parte da pesquisa foi utilizado o questionário, acostado no Apêndice B, para realizar as entrevistas individuais com coordenadores de programa de pós-graduação *stricto sensu*, nos meses de novembro de 2018 e junho de 2019.

4.3. Instrumentos para coleta de dados

Os questionários de pesquisa que validaram o diálogo tiveram por pressupostos: 1) articulação entre conhecimentos científicos e conhecimentos culturais, valores éticos; 2) possibilidade de aplicação ao campo da educação formativa de professores; 3) pluralidade de conhecimentos teóricos e práticos que se consolidam no exercício da profissão de professor, fundamentados em princípios de interdisciplinaridade, contextualização, democratização, pertinência e relevância social, ética e sensibilidade afetiva.

A coleta de dados foi desenvolvida de duas formas. Para a primeira parte da pesquisa, optou-se por dois momentos: primeiro roteiro de entrevistas na forma de questionário enviado aos respondentes para aposição das respostas; e, depois conversas com os sujeitos da pesquisa, de forma a explorar as respostas apresentadas e desvelar subjetividades não explicitadas no instrumento de coleta de dados. Para a segunda parte da pesquisa, optou-se também por dois momentos, mas se fez de forma invertida. Primeiro uma conversa de forma a explorar o conteúdo do roteiro semiestruturado e, posteriormente, o envio do questionário com a aposição das respostas.

Determinou-se um ponto de saturação dos dados coletados e gerados. Neste sentido, a acumulação de informações ao longo do processo se mostrou determinante para estabelecer o momento de parar a coleta e a geração de dados.

Utilizou-se a entrevista porque a opção metodológica recaiu sobre o estudo de casos múltiplos, método favorável a diferenciadas possibilidades de compreensão. Para Stake (1995) esta é a principal via para as realidades múltiplas e, de acordo com Yin (2010), é fonte de informação das mais relevantes para o estudo de caso. Conforme André (1995), a entrevista se constitui numa das principais fontes de evidência no estudo de caso etnográfico em seu objetivo de desvelar significados que os entrevistados atribuem a alguma situação.

Como técnicas de análises das entrevistas, foram utilizadas as análises de conteúdos e de discursos objetivando a descrição das respostas e o estudo do comportamento dos sujeitos da pesquisa de forma a desvelar sua subjetividade, criando a interdependência entre sujeito e objeto, entre a subjetividade do sujeito e o mundo objetivo (CHIZZOTTI, 2000, p. 79). Tal movimento conforma visão holística dos fenômenos, levando em conta todos os componentes de determinada situação, considerando assim suas interações e influências (ANDRE, 1995, p. 17).

Além disso, utilizou-se a análise documental no intuito de compreender e confrontar detalhes de informações em documentação selecionada, de modo a atender aos objetivos predeterminados e formatando-as convenientemente para, ao fim, representá-las de modo diferente ao encontrado (BARDIN, 1977).

4.3.1. Questionários

Os questionários de pesquisa compreendem uma percepção inicial do entrevistado e, em seguida, as questões da entrevista semiestruturada se alinham aos objetivos de pesquisa do trabalho.

O Apêndice A traz o questionário referente aos professores da graduação.

O Apêndice B traz o questionário referente aos coordenadores da pós-graduação e a visão do professor de Pós-Graduação *Stricto Sensu* da Espanha.

Capítulo 5
Resultados da Investigação

5.1. Historicidade dos sujeitos de pesquisa

Como resultado da pesquisa, apresenta-se inicialmente a historicidade dos sujeitos de pesquisa e a motivação para a docência, a partir da nuvem de palavras das entrevistas semiestruturadas, para revelar fatores que contribuam para efetividade na prática docente na graduação e a relação com a formação *stricto sensu.*

A análise dos dados disponíveis referente aos PPGDs, a análise das grades curriculares disponíveis e a disponibilidade de disciplinas pedagógicas nos cursos de Mestrado e ou Doutorado, somando-se as notas do *Ranking Universitário Folha – RUF,* feito pela Folha de São Paulo[88], com relação à

[88] O Ranking Universitário Folha – RUF é uma avaliação do ensino superior realizada anualmente, desde 2012, pela Folha de S.Paulo, e publicada sempre no mês de setembro. A metodologia é inspirada em rankings internacionais de universidades e conta com cerca de 400 referências para revisão de literatura de avaliação de ensino superior. Os dados que fazem parte dos indicadores de avaliação do RUF são coletados por uma equipe da folha em bases do Censo da Educação Superior Inep – MEC, Enade, Inpi, SciELO, em agências de estímulo à ciência e em pesquisas nacionais exclusivas realizadas pelo Datafolha. Ranking de Universidades: o Ranking Universitário Folha avalia e classifica as 195 instituições credenciadas como Universidades pelo MEC, da rede pública e privada, por meio de cinco indicadores: Pesquisa, Internacionalização, Inovação, Ensino e Mercado. Ranking de Cursos: o RUF avalia os 40 cursos de graduação com maior ingressantes no país, como Administração, Comunicação Social, Direito e Medicina, de acordo com dados do último Censo da Educação Superior.

avaliação para inserção do profissional no mercado, irão caracterizar os currículos como voltados ou não à prática pedagógica.

A partir das entrevistas observa-se sugestões para práticas efetivas na formação de professores, corroborando ou não para a hipótese de que o tempo e o espaço adequado para essa formação se dariam no Mestrado e Doutorado em Direito.

A pesquisa teve dois momentos, conforme já mencionados. O primeiro com foco na história de vida e na escolha pela docência. Foi solicitado aos entrevistados que falassem sobre si, trouxessem um pouco da história de vida, experiências e como exercício da docência se apresentou em suas vidas. O segundo, com foco no alinhamento metodológico, que culmine com a resposta à questão de pesquisa, qual seja, encontrar a necessidade (ou não) do aspecto formativo para a ação docente no curso de Direito, referendar o espaço e o tempo da pós-graduação *stricto sensu,* como adequado a esta formação.

Buscou-se representar todas as cinco regiões do país, inclusive o Sudeste, sendo representado na região metropolitana da Grande São Paulo e no interior, em razão de ser local com grande número de pós-graduação *stricto sensu*. Foi solicitado aos entrevistados que respondessem o questionário, com objetivo de detalhar sua trajetória profissional e, posteriormente, que respondessem a cinco perguntas formuladas em roteiro de entrevista semiestruturado, conforme a seguir[89]:

a) Como se deu o encontro com a profissão docente ou como se tornou professor (a) do curso de Direito e quais os aspectos marcantes vivenciados na fase inicial de exercício da docência como professor de Direito.
b) Que professor (a) era no início de sua carreira e em que professor se tornou na vivência da profissão docente? Algo contribui para a ressignificação de seus modos de ser professor?

Porém, a nomenclatura desses cursos não é padronizada, algumas instituições dão nomes diferentes para cursos semelhantes, como é o caso de "Ciências Jurídicas", que é equivalente ao curso de Direito. Como o Ranking de Universidades só avalia instituições credenciadas no MEC como "universidades", o Ranking de Cursos considera as carreiras ofertadas por Faculdades, Centros Universitários e Universidades. Institutos Federais, cursos tecnólogos e a distância não são avaliados pelo RUF.

[89] O Apêndice B traz o questionário completo apresentado aos professores.

c) Acha importante e/ou necessária que haja formação pedagógica para o professor do curso de Direito? Se sim, em qual o momento acadêmico seria adequado essa formação? O que você estudou que na sua formação que você está usando na sua ação docente? Áreas, disciplinas, conteúdos.
d) Você já investiu de forma pessoal e particular na formação pedagógica para atuar na área docente? Como desenvolveu sua prática pedagógica? Existem incentivos para formação pedagógica?
e) Quais aspectos considera mais relevantes no desenvolvimento da ação docente? E, quais desses aspectos é possível relacionar com as estratégias de cumprimento das regras da CAPES? Você sente necessidade ou interesse de melhoria na ação docente no curso de Direito?

Com tais variáveis, serão alcançados o objetivo principal da pesquisa, relacionado ao desvelar da necessária formação pedagógica de professores no curso de Direito, diante do pressuposto da sociedade contemporânea e do objetivo específico em evidenciar o espaço adequado para o desenvolvimento que se pretende, qual seja, mudar a realidade da formação e aquisição de competências necessárias ao professor do Curso de Direito.

5.2. Fatores que contribuem para efetividade na prática docente na graduação e a relação com a formação *stricto sensu*

Quanto à historicidade dos sujeitos de pesquisa, o conhecimento das características pessoais dos sujeitos, o início da docência, que se mistura com a história de vida, experiências e formação pedagógica, permite a possibilidade do exercício da empatia e de possível compreensão entre a historicidade dos participantes da pesquisa e sua forma de agir e de pensar. Os sujeitos da pesquisa são identificados com os números de 1 até 11 pelo compromisso desta pesquisa com os entrevistados em não revelar seus nomes, com relação às instituições também se optou por não referenciar, dado que permitiria identificar o professor coordenador do PPGD.

A seguir, são apresentados os dados pessoais dos participantes da pesquisa, conforme Tabela 3:

Tabela 4 – Dados Pessoais dos Entrevistados

Entrevistado	*Região do País*	*Gênero*[90]	*Titulação*	*Experiência docente (anos)*	*Idade (anos)*	*Outro emprego*
1	Centro-Oeste	F	Mestre	Mais de 15	Entre 40 e 50	SIM
2	Centro-Oeste	F	Doutor	Mais de 10	Entre 30 e 40	SIM
3	Centro-Oeste	M	Especialista	Menos de 3	Entre 30 e 40	NÃO
4	Sul	F	Doutor	Mais de 15	Entre 40 e 50	SIM
5	Norte	M	Doutor	Entre 10 e 15	Mais de 50	NÃO
6	Nordeste	M	Doutor	Mais de 15	Mais de 50	SIM
7	Sul	M	Doutor	Mais de 15	Mais de 50	NÃO
8	Centro Oeste	M	Doutor	Mais de 10	Entre 30 e 40	SIM
9	Sudeste	M	Doutor	Mais de 10	Entre 30 e 40	SIM
10	Sudeste – interior	M	Doutor	Entre 5 e 10	Entre 30 e 40	SIM
11	Espanha	M	Doutor	Entre 5 e 10	Entre 30 e 40	NÃO

Fonte: Elaborada pela autora a partir das entrevistas individuais.

Os dados retratados na Tabela 8 revelam que a experiência docente está concentrada entre 10 e 20 anos, o que pode indicar vivência profissional, e permite contribuir para a qualificação das entrevistas realizadas. Tem-se 1 *outlier* que apresenta experiência docente menor do que 3 anos. Dos 11 sujeitos da pesquisa, apenas 1 não tem a titulação de mestrado ou de doutorado. A maioria dos professores do Curso de Direito relataram vínculo empregatício não relativo à docência em outras instituições.

O resultado mostrou que a escolha pela carreira docente nos cursos de Direito ocorre geralmente após o término do Mestrado, e que a motivação acontece de duas formas não excludentes: 1) a partir do sonho de ser professor, ligado à relação familiar ou a algum professor marcante na história de vida do sujeito; ou 2) oportunidade de inserção no mercado de trabalho.

[90] Legenda: F = feminino; M= masculino.

As falas relatam que a prática docente inicial se deu com a tentativa e erro, impelindo esforço pessoal para alcançar algum conteúdo ou modelo pedagógico, construindo por referência de prática pedagógica a vivência como alunos da graduação. A ação docente foi construída a partir do ingresso em sala, sem preparo anterior. Ressalta-se nos resultados frases como: "*Eu tinha dificuldades em elaborar planos de aula e a universidade com carência total de condições materiais, como as universidades federais o são*" (Entrevistado 6); ou "*No início, achei a atividade muito desgastante. Até hoje acho um pouco, principalmente na graduação. O semestre é longo e em geral predominantemente expositivo, o que é um massacre*" (Entrevistado 8); ou ainda "*utilizava-se da mesma metodologia desenvolvida em sala de aula do principal professor e orientador do mestrado em direito*" (Entrevistado 9).

Um dos entrevistados, que já possuía graduação anterior em licenciatura traz relato que confirma a necessidade de formação pedagógica ao fazer uma comparação do curso de bacharel para o curso de licenciatura, do qual ele também era egresso: "*percebi no início que a maior parte dos meus colegas de cursos, os professores, não tinham formação de professor, então, discussões que para mim eram mais ou menos comuns, como avaliação, questões relacionadas a projetos pedagógicos, era difícil ser feitas em colegiado porque os colegas não tinham 'background' para essa discussão*" (Entrevistado 10).

Os relatos apresentados indicaram trajetória de superação individual e temporal das adversidades encontradas na carreira docente. Pelos discursos apresentados depreende-se, apesar da singularidade de cada sujeito, a vontade comum de um exercício melhor da docência, da necessidade de impulsionar a formação da ação docente, da adaptabilidade às emergências.

Os professores entrevistados representam o topo da carreira docente jurídica, aqueles que representam o primeiro grupo são referências como professores de graduação e os demais são referências em seus respectivos programas de pós-graduação *stricto sensu*. De forma comum, trazem entusiasmo, paixão pela docência e demonstram que buscaram formação pedagógica, ainda que por vias transversas ou impulsionados por necessidades específicas.

As trajetórias docentes narradas demonstraram em todos os casos a ressignificação do agir docente a partir de maior conhecimento teórico pedagógico, seja fruto de busca individual, por incentivo institucional, ou ainda pelo tempo de prática em sala de aula. Os relatos demonstram que é possível alterar o agir docente apenas com a experiência em sala, mas nesse caso, com aspectos ligados à relação professor/aluno. O ressignificar docente com relação aos aspectos didáticos, em todos os relatos, indicaram a necessidade formativa.

O amadurecimento em sala pareceu fator preponderante para melhoria da ação docente nos relatos e o resultado em todos os casos apontou para a compreensão do aluno como sujeito, como se observa no trecho: "*Com o tempo você fica com maior domínio do tempo, do assunto e vai prestando mais atenção no que é mais essencial discutir com os alunos e prestando atenção ao próprio aluno, nas suas carências, nas suas necessidades*" (Entrevistado 6).

Constatou-se que o fazer-se professor foi desenvolvido replicando modelos vivenciados no campo do percurso do mestrado e doutorado, em graduações para além do direito que possuíam a licenciatura, em cursos oferecidos de forma paga ou gratuita pela instituição em que lecionam e, uma frase marcante desse contexto mencionou o desenvolvimento da prática pedagógica "*na raça*", significando aqui a força de vontade do professor, o amor empreendido na ação docente para fazer dar certo.

Todos os professores entrevistados, mestres e doutores, lecionavam em Pós-Graduação *Stricto Sensu* e em nenhuma das perspectivas, seja como estavam no aspecto formativo como mestrandos ou doutorandos, seja como professores do *Stricto Sensu*, demonstrou-se incentivos institucionais, curriculares ou o impacto de alguma forma de docência orientada. As falas transitaram pelos seguintes trechos demonstrativos acerca da necessidade: "*A formação pedagógica para os professores de direito deveria ser obrigatória no curso de graduação em Direito*" (Entrevistado 5); "*Acho indispensável a formação pedagógica para o professor de Direito*" (Entrevistado 8) e, se fortalecem com a perspectiva de necessário amadurecimento, afirmando que: "*a pós-graduação stricto sensu é o espaço indicado para fornecer uma primeira aproximação em termos de formação pedagógica, mas a formação mesma é durante a vida toda, é continuada e permanente*" (Entrevistado 7).

A partir dos resultados encontrados, e tendo fundamento no aporte teórico desta pesquisa, afirma-se que dentre os fatores que contribuem para efetividade na prática docente na graduação estão a necessária formação pedagógica e o amadurecimento em sala de aula. Ademais, o resultado principal está a afetividade ao aluno, as falas clarificam que com o tempo o professor passa a compreender melhor a necessidade do aluno, isso tem o significado de colocar o aluno na posição de sujeito.

Com relação à efetividade do ensino, a ponderação preliminar sobre a abordagem construtivista e o próprio incentivo normativo presente na Resolução nº 5/2018 para o curso de Direito insere a metodologia ativa como base curricular. Tanto a metodologia ativa quanto o construtivismo estiveram presentes nas falas que ressaltaram a necessidade de melhoria na ação docente do professor de Direito. As manifestações ocorreram em frases como: "*pela utilização de metodologias modernas e inovadoras*" (Entrevistado 5), em "*entender o que representa a avaliação e gerar um "contrato pedagógico*" (Entrevistado 5), no ressaltar do planejamento: "*ele envolve todos os demais e pressupõe o conhecimento amplo do processo de ensino-aprendizagem*" (Entrevistado 7) e, "*pela necessidade de supervisão e docência orientada*" (Entrevistado 9).

A relação da construção da ação docente com a formação *stricto sensu* se confirmou em todas as falas, podendo ser ressaltado o seguinte trecho: "*Acredito que a pós-graduação é o espaço indicado para fornecer uma primeira aproximação em termos de formação pedagógica*" (Entrevistado 7). Mas alguns entrevistados ainda se posicionaram com o início dessa formação já na graduação: "*Penso que a disciplina de Docência jurídica deveria ser obrigatória no curso de graduação em Direito*" (Entrevistado 5).

As entrevistas realizadas com os sujeitos da pesquisa indicam pistas de fatores que permeiam os processos formativos docentes, abordando, entre outros aspectos, os assuntos relativos ao aluno, ao ser humano, ao professor, à problematização, ao ensino e ao conhecimento. A Figura 5, apresenta a nuvem de palavras referente às entrevistas individuais do primeiro grupo e a Figura 6, apresenta a nuvem de palavras referente às entrevistas individuais do segundo grupo.

Figura 5 – Nuvem de Palavras das entrevistas individuais com professores da graduação.

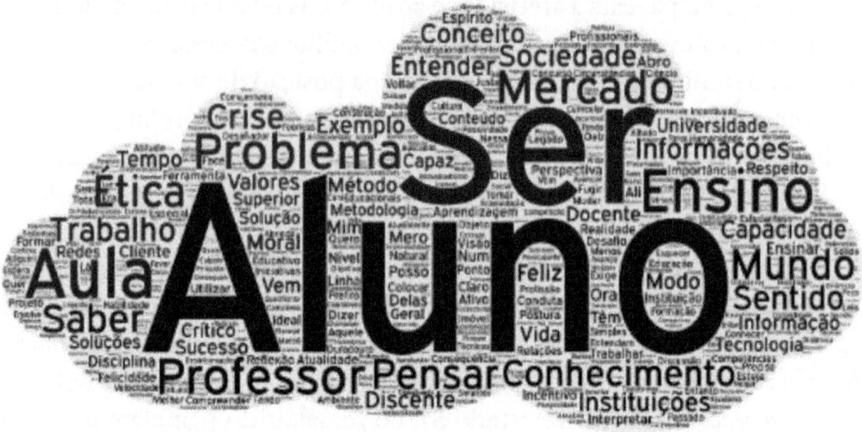

Fonte: Elaborada pela autora a partir das entrevistas individuais.[91]

Figura 6 – Nuvem de Palavras das entrevistas individuais com professores/coordenadores dos programas de pós-graduação *stricto sensu*.

Fonte: Elaborada pela autora a partir das entrevistas individuais.

[91] Cf. NEVES Junior, Idalberto José das; SANTANA, Hadassah Laís de Sousa; CUNHA, Célio da; SÍVERES, Luiz. A paideia em tempos de modernidade líquida: os desafios da educação superior brasileira. *In* CUNHA, Célio; MACHADO, Magali de Fátima Evangelista; NEVES Junior, Idalberto (org.) Pensamento pedagógico: Textos e contextos I. Cátedra UNESCO de Juventude, Educação e Sociedade; Universidade de Brasília. 2018.

O resultado da pesquisa indica mudança do eixo de ensino, recorrendo-se à preocupação com o aluno como sujeito e protagonista do processo de ensino-aprendizagem. Tal visão reflete a dialogicidade e o papel das relações no processo educativo. Sobre essa égide, a função do professor sendo orientada para o papel de mediador do processo e a formulação de problemas como base metodológica incita o pensamento a partir de práticas pedagógicas que consideram as dimensões epistemológicas, metodológicas e ontológicas como paradigmáticas para a educação.

Nesse aspecto, há reforço da premissa de que a docência é atividade complexa, demanda formação específica, inverso do senso comum. Para ser professor não basta conhecer. Há na docência a característica da imprevisibilidade, da singularidade, da incerteza, da novidade, do dilema, do conflito e da instabilidade (PIMENTA; ANASTASIOU, 2002, p. 114).

A mesma dinâmica, pode ter efeitos diferentes em turmas distintas. A docência, lida com relações humanas. Daí, presume-se tamanha complexidade. Nesse esteio, Masetto (1998, p. 11), afirma que o exercício docente, no ensino superior exige características específicas e que não se restringem a ter diploma de bacharel ou doutor, o exercício profissional, vai muito além disso: requer muita competência e desenvoltura próprias. A maioria dos professores confia nas representações e lembranças que possuem sobre o que é SER professor, baseando-se nas suas experiências como alunos, o que é insuficiente.

As entrevistas confirmam a percepção como espaço e tempo adequado para a formação docente durante os programas de mestrado ou doutorado. No aspecto normativo, a LDB, como já visto, posiciona-se no sentido de que prioritariamente os professores do magistério superior terão sua formação em programas de mestrado ou doutorado. Apesar da previsão de que o professor finaliza pós-graduação *stricto sensu* está apto a lecionar no ensino superior, a norma não indica como seria feita a formação docente. Em consequência, quanto à formação pedagógica de mestres e doutores, as universidades atuam de maneira diversa, muitas vezes sem nenhuma ação voltada para a formação docente.

5.3. Disponibilidades de práticas pedagógicas nos currículos dos PPGDs

As práticas pedagógicas nos currículos dos Programas de Pós-graduação *stricto sensu* em Direito foram observadas na pesquisa, a partir da disponibilidade de disciplinas pedagógicas, somando-se as notas do ranking universitário do País, o RUF, feito pela Folha de São Paulo. Com relação à avaliação para inserção do profissional no mercado, possibilitou caracterizar os currículos como voltados ou não à prática pedagógica.

Oliveira (2013) trouxe contribuição interessante para o presente trabalho, por meio de dados de 2008 verificou quais programas de mestrado e doutorado em Direito no País apresentavam disciplinas pedagógicas. Considerando 34 do total de 62 (mestrado e doutorado), ela verificou quem eram os professores de tais disciplinas, constatando que a maioria não tinha formação pedagógica e tampouco a produção técnica ou intelectual relativa ao tema. Na busca feita pelo presente trabalho (2019), constatou-se 37 programas, do total de 131 (Mestrados e Doutorados) com disciplinas relativas ao tema docência no ensino superior, e, na busca pelos professores, o resultado foi igual ao da tese da Oliveira (2013), a maioria não possui formação pedagógica.

Percebe-se que o número de programas com disciplinas ligadas à formação pedagógica não teve o aumento substancial quando se observa que a quantidade de programas de 2013 para o ano de 2019 mais do que dobrou. Claro que o fato de haver 37 programas entre Mestrados e Doutorados que oferecem disciplinas para a prática docente é salutar, pois significa a oportunidade de reflexão sistemática sobre a sala de aula, o papel docente, o ensinar e o aprender, o planejamento, a organização dos conteúdos, as metodologias, as técnicas de ensino, o processo de avaliação, o curso e a realidade social onde atuam. Mas, a existência de tal disciplina não necessariamente indica a formação adequada, pois depende da maneira como é ministrada.

Considera-se que há necessária preparação pedagógica que conduza à reconstrução de sua experiência e construção e revisão de novas formas de ensino (ANASTASIOU, 2002, p. 250). Ocorre que, nem sempre a disciplina é ministrada por docentes que dominam os saberes necessários à docência e aí se insere a necessidade de formação prévia do professor formador.

A evidência argumentada foi pela incoerência da visão de que detém o saber técnico, automaticamente saberia ensinar. Isso, porque as universidades brasileiras ainda possuem forte influência do modelo napoleônico de universidade, modelo que fragmenta o currículo, separa teoria e prática, isola o trabalho do professor, deixando-o responsável por suas disciplinas, valorizando a aula expositiva e memorização por parte dos alunos.

Os dados do trabalho da Oliveira (2013), que foram confirmados no presente trabalho demonstraram, a partir do refinamento da busca, que apenas 3 programas no País, a Universidade Metodista de Piracicaba - UNIMEP, a Fundação de Ensino Eurípedes Soares Rocha - FEESR e a Universidade Estácio de Sá - UNESA, tinham a disciplina metodologia do ensino superior ministrada por professores com doutorado em educação. Além disso, a Pontifícia Universidade Católica de Minas Gerais - PUC/MG e a Universidade do Estado do Rio de Janeiro - UERJ, são as duas que possuem professores com doutorado em história da educação. Cumpre observar que 10 programas possuem professores doutores em Direito para a disciplina e os demais com formação em Ciências Sociais, como filosofia, ciência política, relações internacionais ou teologia. Nota-se, ainda, que apenas 5 programas desses incluíam a formação pedagógica ou a formação para o magistério jurídico como objetivo do programa.

Há certo descompasso quando se observa que os programas oferecerem disciplinas que envolvem práticas pedagógicas com professores doutores em Direito e sem formação em qualquer área de educação, que esses professores lecionam disciplinas ligadas à formação docente. O significado de tal circunstância está na fala presente de que o tempo na docência ensina o professor a ser professor. Tal premissa encontra vasta aplicação no contexto de afetividade, de ir ao encontro do aluno como sujeito, mas não se faz válida, necessariamente, quanto à preparação pedagógica instrumental em termos de teoria e prática.

Quando se observa o ranking universitário do País, o RUF, feito pela Folha de São Paulo para as dez melhores escolas de Direito, considerando aqui a graduação, percebe-se que 6, das 10 escolas possuem no campo do Mestrado e/ou Doutorado disciplinas para didática ou metodologia no ensino superior, notadamente, a Universidade Federal de Minas Gerais - UFMG, Escola de Direito de São Paulo - FGV/SP, Universidade Federal do Paraná - UFPR, Pontifícia Universidade Católica de São Paulo - PUC/SP, Universidade de Brasília - UNB e Universidade Presbiteriana Mackenzie - UPM. Ao olhar o ranking da Consultoria *Quacquarelli Symonds* (QS), das cinco universidades de Direito que ela indica como melhores, apenas uma não possui, a UFRJ, mas ao mesmo tempo, apesar de não possuir expresso na grade curricular do Mestrado, visualiza-se na página do programa diversas iniciativas, *workshops* e seminários relacionados ao tema.

Indica-se, como variável a considerar, que a disponibilização na grade curricular dos programas de Mestrado e Doutorado de disciplinas ligadas à metodologia do ensino repercute na formação docente e na cultura docente, considerando aquele núcleo formativo que se reflete no ensino construído na graduação.

5.4. Sugestões para práticas efetivas na formação de professores

Quanto às sugestões para práticas efetivas na formação de professores, as entrevistas trouxeram também as necessidades do professor, revelando caminhos já trilhados, angústias presentes e ações possíveis para reparar aquilo que eles passaram como professores no início de carreira. Nesta perspectiva, foram adaptadas algumas frases retiradas das entrevistas que se contextualizam como sugestões para essa formação de professores:

1. Investimento pessoal na formação profissional docente;
2. Formação continuada e permanente;
3. Vontade de ajudar a transformar a realidade daqueles que confiam a sua educação ao nosso trabalho;
4. Formação docente para o curso de direito de forma profissionalizada e não em cursos curtos institucionais, com pouca efetividade[92];
5. Esforço para que a vida acadêmica em equilíbrio com a extra acadêmica;
6. Exercício da tolerância, no sentido de ficar mais próximo do aluno e entender as individualidades de cada turma;
7. Obrigatoriedade da Docência jurídica no curso de graduação em Direito;
8. Leitura de livros e artigos sobre prática pedagógica;
9. Utilização de metodologias modernas e inovadoras, entender o que representa a avaliação e gerar um "contrato pedagógico";
10. Atenção ao próprio aluno;
11. Consciência de que suas condutas servem para a formação dos próximos professores de Direito;

[92] Uma das falas, de forma crítica sobre a formação docente, mencionou que "as instituições oferecem pequenos espaços mais informativos do que formativos".

12. Necessidade de muito mais ações voltadas à didática, à metodologia de ensino;
13. Indicação da pós-graduação *stricto sensu* como espaço indicado para fornecer uma primeira aproximação em termos de formação pedagógica;
14. Relevância para o planejamento como pressuposto da ação docente. Ele envolve todos os demais e pressupõe o conhecimento amplo do processo de ensino-aprendizagem;
15. Necessidade que a formação docente integrasse, de forma obrigatória, os conteúdos e atividades da pós-graduação *stricto sensu*;
16. Necessidade urgente de melhorar a ação docente no Curso de Direito;
17. Necessidade de pensar primeiro no aluno para montar qualquer curso e não no que se quer falar;
18. Indispensabilidade de melhorar a formação docente no campo do direito;
19. Necessidade de ser motor de novos conhecimentos e tendo de ser impulsionador dos conhecimentos deles, com uma visão mais crítica e prospectiva;
20. Importância de ressignificar a posição de autoridade;
21. Importância de que o desenvolvimento da ação docente passe por período de supervisão e docência orientada, para que o professor experimente, em um ambiente mais controlado, as formas metodológicas com as quais ele se sente mais confortável;
22. Construção de habilidades linguísticas e as técnicas de aprendizado e fixação são elementos importantes também na ação docente, especialmente na era contemporânea, quando os alunos são submetidos a estímulos diversos e sua atenção é bem mais dividida/fragmentada;
23. Construção da ação docente no mestrado e no doutorado, ambiente propício para nos fazer melhores professores, além da experiência em sala de aula que possibilita ressignificar a vida docente;
24. Compreensão de que a melhoria da ação docente no curso de Direito só vai ser possível quando houver efetiva formação pedagógica dos professores;
25. Necessidade de que o professor da área do Direito aprenda a interagir com as novas metodologias, aprenda a fazer com que

a sua ação docente seja mais efetiva e incorpore ferramentas que estão no cotidiano dos alunos, pois além de colocar o aluno como protagonista, aprendizagem passa a ser vista a partir do problema;

26. Atualização não apenas em conteúdo, mas também na forma que se deve transmiti-los;
27. Indicação de iniciar a formação pedagógica a mesmo um ano antes de iniciar a docência.
28. Indicação de que a prática pedagógica se resolve com o exercício prático;

A Figura 7 apresenta a nuvem de palavras referente às frases coletadas das entrevistas individuais, especificamente como sugestões para práticas efetivas na formação de professores, conforme segue:

Figura 7 – Nuvem de Palavras sugestões para práticas efetivas na formação de professores

Fonte: Elaboração pela autora a partir das entrevistas individuais.

O resultado demonstra a necessidade de ação indutora para formação docente, e o reflexo do trabalho expõe a necessidade de professores que tenham alguma formação em Educação para lecionar a disciplina que trata da docência no ensino jurídico no âmbito do Mestrado ou Doutorado. A motivação principal dessa formação em educação está na vivência do que será transmitido. Nesse sentido, as palavras de Berger explicitam:

> Como cobrar dos futuros e atuais professores aquilo que não lhes foi oferecido? Como cobrar postura crítica e analítica se não são colocados em momentos de formação na situação de experimentar, vivenciar e incorporar as habilidades intelectuais necessárias ao desempenho? Como pretender que os professores sejam criativos e inovadores se não lhes são dadas novas oportunidades? Como esperar formação que se mostre coerente com seu modo de pensar e agir na prática pedagógica se valorizamos no discurso teorias progressistas construtivistas e humanizadoras, mas na prática a pedagogia do oprimido é a que permanece (pedagogia tradicional). Como permitir que o professor possa conhecer seu potencial, refletir sobre suas escolhas ou tomar consciência de sua condição profissional, ainda de exercitar a reflexão? Como esperar autonomia quando não lhes foi possível desenvolver o pensamento crítico reflexivo e criativo durante o tempo de formação? (BERGER, 1986, p. 548-549).

Não há aqui a afirmativa de que a formação em Educação garante a resposta aos questionamentos anteriores, mas sim que oferece subsídios para reflexão e ação. O momento de formação pedagógica acontece ou deveria acontecer na pós-graduação. Nem no caso da Universidade Católica de Brasília – UCB e de outras que possuem Mestrado e Doutorado também em Educação, seria inclusive possível fazer integração entre os programas, para que houvesse tal formação, como já ocorre com as disciplinas relacionadas a epistemologia, que são gerais.

São possíveis, ainda, mudanças indutoras na norma vigente de forma a oferecer avanço crível sobre a formação de professores para a docência superior. Esse avanço deve incluir a obrigatoriedade da contratação de, no mínimo, um professor com formação em educação, para compor o quadro de professores do programa *stricto sensu* (OLIVEIRA, 2013, p. 258).

E, embora a problemática da educação, em especial no ensino superior, não se esgote com a questão da formação de professores, esta, inevitavelmente, far-se-á presente em qualquer ângulo que se torne a investigação educativa, nessa medida se faz importante a inclusão de profissional de educação, abrangendo situações de prática docente ou estágio.

Os resultados demonstram a necessidade de mudar o cenário atual, que no máximo traz professor que desenvolve técnicas metodológicas com base nas experiências em sala de aula ou em leituras esparsas sobre o tema, gerando aprendizado sem maiores bases teóricas sobre metodologia. Corrobora-se que o momento propício para essa formação deve ser no plano da pós-graduação *stricto sensu*.

Há clara deficiência hoje dos cursos jurídicos relacionada à ausência de formação pedagógica e isso gera alguns problemas, visto que não há, regra geral, e principalmente nas escolas aonde não há formação, o professor tem dificuldade para lidar com novas concepções de ensino, tende a permanecer no modelo de *educação bancária*, em que o aluno está para assistir ao *show* do professor. A ausência de formação é sensível, e isso reflete em todos os contextos. Mister pensar a formação e oportuno no espaço e tempo do Mestrado e Doutorado.

5.5. O Desvelar da formação pedagógica do professor de Direito diante da sociedade contemporânea

Os objetivos específicos, enquadrados anteriormente, alinham a pesquisa ao objetivo geral, qual seja, a compreensão da formação pedagógica diante da sociedade contemporânea. Tal compreensão valoriza a capacidade dos indivíduos em utilizar instantaneamente os conhecimentos adquiridos para resolver problemas. A primeira fase da pesquisa[93] apresentou a percepção dos professores, revelando os seguintes desafios para a educação superior no contexto de mudanças de parâmetros metodológicos:

a) Dominar determinados conhecimentos tem baixo valor permanente em um mundo em rápida transformação, assim, não cabe a ideia de conhecimentos permanentes, duradouros e invariáveis;

[93] Essa primeira fase da pesquisa reflete também artigo em co-autoria com o professor Idalberto no livro pensamentos pedagógicos, textos e contextos, coordenado pelo professor Célio da Cunha. Cf NEVES Junior, Idalberto José das; SANTANA, Hadassah Laís de Sousa; CUNHA, Célio da; SÍVERES, Luiz. A paideia em tempos de modernidade líquida: os desafios da educação superior brasileira. *In:* CUNHA, Célio; MACHADO, Magali de Fátima Evangelista; NEVES Junior, Idalberto (org.) Pensamento pedagógico: Textos e contextos I. Cátedra UNESCO de Juventude, Educação e Sociedade; Universidade de Brasília. 2018.

b) As habilidades requeridas pelo mundo contemporâneo podem não estar contidas nos livros didáticos, mas envolvem adaptação constante e criatividade para resolução de problemas;
c) A educação deve trabalhar os processos educativos de forma a prover conhecimentos de uso rápido e instantâneos;
d) A educação deve produzir pessoas joviais e comunicativas, abertas e curiosas, com capacidade de inovação que tragam valor agregado para quaisquer trabalhos e/ou serviços; e
e) A característica mais importante de uma pessoa altamente educada não é o conhecimento sobre temas específicos, mais sim a sua destreza para assimilar informações novas e resolver problemas.

O item "a"[94], que traz como desafio a mutabilidade dos conhecimentos responde, ao afirmar, a partir do discurso subjetivo das entrevistas, que os domínios de determinados conhecimentos têm baixo valor permanente e que a educação no curso de Direito não cabe na estrutura de transmissão de conhecimento. A educação que se apresenta possível a partir da impaciência e da pressa em tempos líquidos, ela tem mais a ver com problemas significativos a serem resolvidos pelos alunos, diálogos e confrontos que permitam a permeabilidade do profissional em diferentes contextos culturais.

O item "b"[95], informa acerca das habilidades requeridas pelo mundo contemporâneo, pois, não estão contidas nos livros didáticos. Tais habilidades envolvem adaptação constante e criatividade para resolução de problemas. O item ainda responde a qual papel estão designados os conteúdos pedagógicos no curso de Direito em tempos de modernidade líquida, podendo ser definido como aquele suficiente a garantir ao egresso alta adaptabilidade ao mercado. Isso significa conhecer alternativas de respostas possíveis a um determinado problema e forte capacidade criativa de lidar com o outro e resolver demandas para as quais ainda não há resposta pronta. Se este pode ser definido como o script dos conteúdos pedagógicos no curso de Direito, os temas transdisciplinaridade e afeto

[94] "Dominar determinados conhecimentos têm baixo valor permanente em um mundo em rápida transformação, assim, não cabe a ideia de conhecimentos permanentes, duradouros e invariáveis; "

[95] "As habilidades requeridas pelo mundo contemporâneo podem não estar contidas nos livros didáticos, mas envolvem adaptação constante e a modos criativos de resolver problemas; "

precisam estar entremeados em toda a estrutura curricular e o professor precisa ter competência para lidar com o outro, com a emergência e com a complexidade.

O item "c"[96], traz a subjetiva afirmação de que a educação deve trabalhar os processos educativos de forma a prover conhecimentos de uso rápido e instantâneos. Essas são as características necessárias aos currículos e processos avaliativos em tempos de modernidade líquida, evidenciando a necessidade do uso de novas tecnologias para a sala de aula e também de avaliações que estejam contidas no processo de construção do conhecimento e de forma integrativa.

O item "d"[97] informa como resultado da educação a construção de pessoas joviais, comunicativas, abertas, curiosas, com capacidades de inovação que tragam um valor agregado para quaisquer trabalhos ou serviços. O reflexo se dá nas competências requeridas para os professores do curso de Direito, em uma sociedade líquida. Ora, se o resultado deve estar atrelado a sociabilidade e a competências emocionais, tais traços característicos devem também estar presentes na ação docente. Principalmente porque a ação reflete o exemplo que será inevitavelmente seguido, seja pela replicação ou pela repulsa.

O item "e"[98] traz a característica mais importante de uma pessoa altamente educada como a destreza para assimilar informações novas e resolver problemas, tem total aderência à nova proposta curricular do curso de Direito que envolve a resolução de problemas como método de aprendizagem. Isso aproxima a necessidade de formação docente nos meandres das teorias pedagógicas relativas ao construtivismo, conforme descrito nesta tese e, mais do que isso, traz como constructo paradigmático o indispensável conhecimento, no sentido mais robusto da palavra, de metodologias ativas.

Ainda quanto à primeira fase da pesquisa, o paradigma descrito com base nas entrevistas, dentro do contexto de educação superior, demonstra

[96] "A educação deve trabalhar os processos educativos de forma a prover conhecimentos de uso rápido e instantâneos; "

[97] "A educação deve produzir pessoas joviais e comunicativas, abertas e curiosas, com capacidades de inovação que tragam um valor agregado para quaisquer trabalhos e/ou serviços; "

[98] "A característica mais importante de uma pessoa altamente educada não é o conhecimento sobre temas específicos, mais sim a sua destreza para assimilar informações novas e resolver problemas. "

afastamento da academia e do mercado de trabalho, expressa também falta de conhecimento dos professores sobre metodologias ativas ou alternativas inovadoras em sala de aula. Isso nos traz a verificação das questões de pesquisa propostas no presente trabalho.

O Resultado posto para o objetivo geral pode ser descrito da seguinte maneira:

a) As nossas Universidades não têm, de forma geral, resultado em indivíduos prontos a enfrentar fatores como a globalização competitiva e exacerbada, o consumismo moldando desejos, vontades, as relações humanas cada vez mais frágeis e voláteis e um mundo, no qual as ações são construídas e conduzidas, a partir da perspectiva da busca da felicidade, do sucesso e da utilidade, ações pautadas na ótica da descartabilidade.
b) No curso de Direito, apesar da maior parte do corpo docente possuir ao menos a titulação de mestre, poucos possuem algum conhecimento ou vivência em práticas que envolvem metodologias ativas.[99]
c) A Universidade continua a ser concebida pelo caráter disciplinar de projetos educativos, que prometem aos indivíduos a prosperidade e o sucesso pela colação de grau em currículos formatados em épocas da revolução industrial.

Quanto à questão de quais competências estariam presentes no desempenho docente, a resposta subjetiva do item "a", desvelou o ensino fragmentado, refletindo competências que não são suficientes para formação do indivíduo como profissional no mundo presente e futuro. Desta feita, confirma-se que as competências presentes repetem padrões do passado sem aderência ou alinhamento com o futuro, descoladas da realidade e conduzidas a partir de espelhamento e repetição de ações docentes referentes a décadas anteriores.

[99] Dos professores entrevistados, apenas dois possuíam conhecimento, um por ter se envolvido com tais práticas no seu mestrado e ser um entusiasta, apesar de não ter vivenciado e dos referenciais serem frágeis; e o outro por ter vivido tais práticas quando fez o Mestrado no exterior, mas que quando tentou adaptar para suas aulas não teve sucesso, havendo inclusive resistência discente.

Estão presentes no "ser professor", competências técnicas advindas dos cursos de Mestrado e Doutorado, que formam pesquisadores e especialistas em determinados temas, mas não preparam para a docência ou para a entrada em sala de aula. Tal assertiva está contida no item "b" no qual se aduz que a maior parte do corpo docente possui titulação, mas que poucos possuem conhecimento ou vivência em práticas pedagógicas que envolvem metodologias ativas.

No item "c", reafirma-se que a Universidade possui o condão de promessa de sucesso, com currículos formatados em épocas de revolução industrial e, tal circunstância reflete no desenvolvimento de competências docentes, de forma urgente para o curso de Direito.

Quanto às questões de pesquisa, as Tabelas 5 e 6 demonstram as percepções subjetivas da pesquisadora, a partir da fala dos entrevistados, bem como realçam as hipóteses extraídas com base nas respostas apresentadas após a aplicação dos questionários.

Tabela 5 – Competências necessárias no fazer-se professor

Indicação de alinhamento às questões de pesquisa Quais competências serão necessárias no fazer-se professor?		
Entrevistados 4,5, 6, 7, 8, 9, 10 e 11	*Percepção subjetiva da pesquisadora a partir da fala dos Professores*	O primeiro contato com a docência indica a presença mais forte de aula focada no conteúdo a ser ensinado e o amadurecimento em sala de aula traz o aprendizado focado no aluno.
	Resultados	As respostas indicam o fortalecimento do processo de ensino e aprendizagem focado no aluno.
Entrevistados 1, 2, 4, 6, 7, 8, 9 e 10.	*Percepção subjetiva da pesquisadora a partir da fala dos Professores*	Início da docência no Direito por acaso ou de forma não programada ou indicação de que há outra atuação profissional com maior densidade volitiva, para além da "escolha docente".
	Resultados	Não há formação específica. O professor às vezes tem outra graduação ou passa por processo formativo alheio à sua formação no Direito que permite algumas competências. Contudo, em geral, as competências presentes refletem espelhamento de práticas consideradas pelos respectivos sujeitos, dentro de sua subjetividade como boas ou ruins.

Fonte: Elaborada pela autora.

Tabela 6 – Desenvolvimento das competências para o professor do curso de Direito

Indicação de alinhamento às questões de pesquisa Como são (ou deveriam ser) desenvolvidas as competências necessárias para o professor do curso de Direito?		
Entrevistado 8	*Percepção subjetiva da pesquisadora a partir da fala dos Professores*	O momento formativo no início da carreira docente não permite autoanálise ou prática reflexiva e há resistência à ideia de formação pedagógica pelos professores do curso de Direito.
	Resultados	Apesar do início da carreira docente indicar necessidade formativa, as respostas demonstram que a prática reflexiva traz momento posterior para melhor compreensão formativa. Nesse caso, indicaríamos que deveria haver disciplinas pedagógicas no Mestrado e no Doutorado em Direito.
Entrevistados 6, 7, 8, 9 e 10	*Percepção subjetiva da pesquisadora a partir da fala dos Professores*	As normas que regulam a pós-graduação stricto sensu em Direito são alheias à docência no aspecto formativo, privilegiando a estrutura curricular e a produção docente, mas deveria haver espaço ali para a formação docente.
	Resultados	As normas que regulam a pós-graduação stricto sensu devem guardar alguma relação com as normas que regulam as atividades na graduação, dado que a formação nos cursos de pós--graduação stricto sensu irá reverberar na ação docente inserida na graduação.
Entrevistados 4,5, 6, 7, 8, 9, 10 e 11.	*Percepção subjetiva da pesquisadora a partir da fala dos Professores*	As frustrações iniciais na sala de aula (que resvalam no erro e acerto), impelem a busca de instrumentos formativos ou mesmo e geram reflexões de mudanças no comportamento.
	Resultados	Na base do "erro e acerto", melhorando com o tempo.

Fonte: Elaborada pela autora.

Ainda quanto à segunda fase da pesquisa, a percepção dos coordenadores e/ou professores de programa de Pós-graduação *stricto sensu*, trouxe a compreensão do seguinte paradigma para a formação de competências docentes, se alinhando aos seguintes objetivos específicos:

- Identificar quais fatores contribuem para efetividade na prática docente na graduação e a relação com a formação *stricto sensu*, conforme descrito na Tabela 7.
- Contribuir com sugestões, a partir dos dados coletados na pesquisa de campo, de práticas de formação de professores efetivas em cursos de pós-graduação *stricto sensu* em Direito, disposto na Tabela 8.

Tabela 7 – Identificação dos fatores

Reflexo nos objetivos específicos Identificar quais fatores contribuem para efetividade na prática docente na graduação e a relação com a formação *stricto sensu.*		
Entrevistados 4, 5, 6, 7, 8, 9 e 10 e 11	*Compreensão do paradigma a partir da subjetividade da entrevista*	A formação docente deve ser continuada e os espaços formativos adequados podem ser curso de formação inicial obrigatório, disciplinas em pós-graduação *stricto sensu.*
	Resultados	1 – Poucos programas revelaram formação continuada ou interesse nessa seara.
Entrevistados 4, 5, 6, 7, 8, 9 e 10 e 11	*Compreensão do paradigma a partir da subjetividade da entrevista*	Não há parâmetro de experiência discente anterior para os professores de Direito de aulas alinhadas ao construtivismo e a energia para mudança de comportamento se perde apesar da autorreflexão que acontece após as frustrações iniciais.
	Resultados	1 – As estratégias envolvem obrigar os professores que ingressam a participar de curso de formação docente 2 – Inserir no corpo da pós-graduação *stricto sensu* disciplina com teor pedagógica ministrada por quem tenha tal constructo teórico.

Fonte: Elaborada pela autora.

Tabela 8 – Contribuição com sugestões

<table>
<tr><th colspan="3">Reflexo nos objetivos específicos
Contribuir com sugestões, a partir dos dados coletados na pesquisa de campo, de práticas de formação de professores efetivas em cursos de pós-graduação stricto sensu em Direito.</th></tr>
<tr><td rowspan="2">Entrevistados 4, 5, 6, 7, 8, 9 e 10 e 11</td><td>Compreensão do paradigma a partir da subjetividade da entrevista</td><td>As aulas na graduação são extremamente cansativas[100], principalmente porque os professores utilizam a metodologia expositiva, seja em razão do tempo disponível para preparo da aula ou da falta de conhecimento de outros métodos, além de não possuírem competências para lidar com as emergências e com a construção individual do conhecimento de cada sujeito aprendente.</td></tr>
<tr><td>Resultados</td><td>1 – As disciplinas cursadas no PPGD não fomentam a prática pedagógica.
2 – Poderia haver disponibilidade de tempo seja como matéria obrigatória ou mesmo oficinas didáticas para formação docente.
3 – As aulas na graduação refletem a falta de preparo, apesar dos professores possuírem a titulação de Mestres ou Doutores.</td></tr>
<tr><td rowspan="2">Entrevistados 4, 5, 6, 7, 8, 9 e 10 e 11</td><td>Compreensão do paradigma a partir da subjetividade da entrevista</td><td>Não há ambiente propício à formação e ao acolhimento do professor com relação aos caminhos metodológicos possíveis e à compreensão pedagógica de construção do conhecimento.</td></tr>
<tr><td>Resultados</td><td>1 – As sugestões significativas envolvem formação continuada, em virtude do amadurecimento do professor quanto à compreensão da necessidade pedagógica e desenvolver práticas de formação nos cursos de pós-graduação stricto sensu.</td></tr>
</table>

Fonte: Elaborada pela autora.

[100] Apenas um entrevistado (8) utilizou a expressão extremamente cansativa, mas os outros mencionaram a questão metodológica e a falta de preparo para lidar com as emergências na sala de aula.

Indica-se, a partir dos resultados expostos, a necessidade de mudança do eixo de ensino, recorrendo-se à preocupação com o aluno como sujeito e protagonistas do processo de ensino-aprendizagem. Tal visão reflete a dialogicidade e o papel das relações no processo educativo.

A função do professor passa a ser orientada para o papel de mediador do processo e a formulação de problemas como base metodológica que incita o pensamento a partir de práticas pedagógicas a considerar as dimensões epistemológicas, metodológicas e ontológicas, como paradigmáticas para a educação (NEVES JUNIOR, 2018, p. 84-85).

Capítulo 6
Discussão da Investigação

A investigação demonstrou a importância da formação pedagógica para a qualidade do ensino, e, sobre esse aspecto, referenda-se a percepção de que o ensino, no Curso de Direito, ainda é predominantemente a aula expositiva e que isso se dá pela falta de formação técnica, pelo uso da repetição de padrão antigo e pela facilidade na abordagem com os discentes, inclusive com relação ao tempo disponível por professores e alunos, confirmando aqui o que GHIRARDI (2012) já havia mencionado em suas pesquisas iniciais.[101]

A metodologia denominada "educação bancária" (FREIRE, 1996, p. 57-60) foi mencionada explicitamente na conversa com o entrevistado que possuía outra graduação com licenciatura, e, implicitamente, quando outros entrevistados utilizaram a expressão "*foco no conteúdo*".

A educação bancária se insere no Direito quando há o pressuposto de decorar leis e códigos. Ocorre que, isso se repete contexto da época em que não havia o acesso à informação da maneira como temos hoje, essa era a principal escolha de formato de aula, mesmo não sendo suficiente para atuação do operador da lei, uma vez que se tornava possível e necessário àquele contexto, anterior à era da informação.

[101] Cf. GHIRARDI, José Garcez. **O instante do encontro**: questões fundamentais para o ensino jurídico. São Paulo: Fundação Getulio Vargas, 2012.

Cabe observar que a compreensão do Direito hodiernamente envolve mais do que o valor e o fato social que conformam a norma. Envolve também construção transdisciplinar, humanista e capaz de compreender o outro. Não cabe mais o professor por "acidente", por ego, ou mesmo por inquietação, com o formato tradicional que se propõem a buscar formação que lhes conceda alguma competência técnica suficiente à inovação.

A construção docente requer, além da postura da proatividade, espaços adequados e acessíveis a esta formação. No curso de Direito têm ocorrido modificações por meio de normas que apregoam qual o perfil desejado ao graduando. Principalmente, induzindo mudanças curriculares, como o fez a Resolução nº 9, de 29 de setembro de 2004, do Conselho Nacional de Educação. O citado normativo determinou que o curso de graduação em Direito deverá assegurar, no perfil do graduando, sólida formação geral, humanística e axiológica, bem como a capacidade de analisar adequadamente os conceitos e terminologias jurídicas, de argumentar coerentemente e de adquirir postura reflexiva e visão crítica. Na mesma esteira, a Resolução nº 5, de 2018, determina necessária adaptação das aulas ao método de ensino baseado em problemas, *problem based learning – PBL*. Mas não há a preocupação com formação docente, nem no aspecto de construir tais possibilidades formativas na graduação e, tampouco, na pós-graduação *stricto sensu*.

As variáveis faltantes no ensino jurídico podem ser descritas como planejamento, metodologia de ensino, formação pedagógica, currículo e avaliação. Nota-se que para o uso adequado das metodologias de ensino, melhor visão e compreensão dos elementos necessários no currículo e definição de avaliação suficiente aos objetivos do curso, faz-se *conditio sine qua non* a formação pedagógica ou alguns elementos desta formação que se façam presentes na ação docente.

É a formação que poderá influenciar positivamente no processo de ensino e aprendizagem. Em pesquisa realizada com 67 professores do curso de Direito no ano de 2015, envolvendo Ceará, Piauí, Pernambuco, Minas Gerais e Paraná verificou-se algo semelhante ao que encontramos na amostra desta pesquisa: a necessidade de relações significativas entre a formação pedagógica e a prática em sala de aula. Isso porque a metodologia está focada em modelos pedagógicos ultrapassados, que imitam a compartimentalização dos saberes, como o já era em 1827, no surgimento do Curso de Direito no Brasil.

Há avanço significativo na norma, que indica mudanças de parâmetros, mas não induz espaços formativos. A indicação que se faz continua restrita à porcentagem significativa de mestres e doutores no corpo docente, porém, sem indicação ou fomento institucional para a formação de prática pedagógica nos cursos *Stricto Sensu*. As mudanças nos parâmetros da norma que rege o curso de Direito envolvem o rompimento com o positivismo e a superação da educação, que é refém do espaço circunscrito à sala de aula. O supedâneo normativo, acerca dos parâmetros necessários ao curso de Direito, disciplina a formação integral, transdisciplinar e interdisciplinar, crítica, prática e, agora, com metodologias ativas, que abordem a resolução de problemas.

Percebe-se que o professor continua sem a devida habilitação pedagógica, sem ferramentas metodológicas para conduzir a construção do processo de ensino e aprendizagem, de forma a ultrapassar a mera transmissão de conteúdo e criar espaço formativo humano, ético e voltado à adaptação necessária às incertezas.

A existência de formação pedagógica é essencial para a transformação que se pretende no ensino jurídico, porque o exercício da docência não depende apenas de um diploma de doutor, e sim da capacitação que permita ao professor manusear as ferramentas metodológicas do aprendizado. A formação e o domínio do conteúdo a ser objeto de construção em sala é basilar, mas o instrumental pedagógico permitirá que a construção seja mais efetiva, produza resultados aderentes às necessidades sociais e reflitam, inclusive, em maior empregabilidade dos egressos.

A tendência, quando não se tem conhecimento técnico de ferramentas metodológicas de ensino, é utilizar métodos que distanciam a teoria da prática. Métodos que não trazem reflexão crítica e não produzem elo com a sociedade. É o significado simplista da docência, quando a maioria dos professores confiam nas representações e lembranças que possuem sobre o que é SER professor, baseando-se nas suas experiências como alunos, o que é insuficiente.

Os resultados das entrevistas e das pesquisas que serviram de referencial à presente tese demonstram que não há construção de conhecimento jurídico sem a percepção do discente como sujeito. Ao mesmo tempo, faz-se necessário superar o método dedutivo e legalista, ir além de dogmas e integrar o ensino à percepção humanista do ofício docente.

O ensino precisa ter como início o momento do encontro, a liberdade do diálogo, que seja participativo e transformador, que haja reconhecimento dos sujeitos na sua integralidade e que haja repercussão de transformação social. Nesse aspecto, retoma-se a falar de um dos entrevistados, com grande percurso acadêmico e experiência que afirmaram o professor como exemplo social, referindo-se à capacidade de motivação, de transmissão de lições de vida e de impacto do exercício profissional.

Como já indicado no presente trabalho, o argumento sobre a necessidade de formação pedagógica para a ação docente no curso de Direito começou a ser discutido em 1985. Essa necessidade tem sido reconhecida em alguns programas *stricto sensu,* em instituições que oferecem além de projetos, cursos obrigatórios, formativos para o início da docência, e ainda outras que oferecem cursos para formação de professores de Direito, aberto ao público como curso de extensão.

A percepção subjetiva das narrativas e da vivência que relaciona a pesquisadora e o objeto pesquisado e a análise dos dados denota padrão orientador da discussão que foi proposta. Isso porque a busca de conexão entre os fenômenos observados e a integralidade do pesquisador direcionou o repensar do processo de formação do aluno, determinou a descrição de objetivos metodológicos específicos no plano pedagógico e indicou ações que pavimentam caminhos para o modelo de ensino participativo.

A preocupação com a norma que se instruiu sobre o método PBL, nos cursos de Direito, devolve algo já mencionado por outros atores dessa fala, da necessária formação docente e que pode ser expressa na conformidade de Celso Hiroshi (2011, p. 193):

> Revendo meus primeiros momentos na atuação da formação de professores de Direito pelos idos de 2002, percebo o quanto essa influência prescritiva me envolvia. Reconhecia a importância dos fundamentos pedagógicos. Fazia continuamente meus estudos pessoais e outros de formação (como uma especialização em docência do ensino superior), mas talvez pela influência da formação jurídica na qual a função prescritiva tem grande papel), e/ou talvez pela própria ausência de uma formação mais sólida voltadas aos conhecimentos dos pressupostos e das teorias pedagógicas, sentia uma forte atração pela prescrição e a empreendi por algum tempo, até perceber que de nada adianta propor discussões e ações sem um amparo nos seus fundamentos. Fazer algo

no plano educativo apenas por deu certo é correr o risco de engessar a ação por falta de compreensão dos princípios que a amparam, impedindo reflexões e sua própria reconstrução. (HIROSHI, 2011, p. 193).

O ensino participativo, como já demonstrado nos fundamentos teóricos desta tese, permite o desenvolver de habilidades que envolvem o raciocínio e a instrumentalização do conhecimento não adquirido, mas a forma como construir esse ensino ainda está incipiente na maioria dos cursos jurídicos ou mesmo frágil do ponto de vista de conhecimento dos pressupostos e teorias pedagógicas que amparam e a fundamentam.

Há no Brasil fóruns disponíveis para participação dos professores de direito, mas que ainda concentram os inquietos, aqueles professores que buscam melhorar a sua ação docente. Esse grupo não significa a maioria dos professores.[102]

E, esses espaços, hoje disponíveis, são de grande importância, mas a presente pesquisa trouxe na hipótese que o local adequado para a formação docente seria a pós-graduação *stricto sensu* e, essa percepção se confirmou na subjetividade das entrevistas. Permanecem válidos os espaços para discussão da prática, mas havendo necessidade de espaço formalmente adequado a esta formação.

Tais locais servem, então, de encontros para reflexões, experiências e dinâmicas, mas a teoria pedagógica e os pressupostos já precisam de estar insculpidos nos docentes, sendo os fóruns a lapidação, o referendar e o avançar da prática. Comprova-se que há maior densidade de análise e contribuição reflexiva na própria estrutura acadêmica *Stricto Sensu*, com relação à contribuição para o desenvolvimento do ensino jurídico no país.

Há algo dentro do aspecto de formação docente que envolve decisões políticas, postura, respeito, ousadia, reflexão e potencialidade de ações. O tempo presente nos convida a renovarmos nossa percepção sobre o modo como o conhecimento é construído no âmbito das faculdades de Direito no nosso País. A maioria dos professores, inclusive, usa a expressão "ensino transmitido". Ressalta-se que, quando se usa na presente tese

[102] A ABEDi e o CONPEDI são fóruns nacionais que possuem espaço adequado para discussões de práticas pedagógicas e acolhimento dos professores que buscam a melhoria na sua ação docente. Além disso, a FGV disponibiliza de forma gratuita vídeos, papers, e-books para a formação do professor de Direito.

a palavra construção, há densidade teórica nisso. Depreende-se aqui elementos fundamentais para a contribuição que se pretendem lançar com esta pesquisa.

Há na construção do conhecimento elementos como o que ensinar, revelando o conteúdo proposto, o quando ensinar, revelando o momento adequado daquela construção, a profundidade do ensino, demonstrando as escolhas metodológicas e a avaliação, que traz os objetivos a serem alcançados. As escolhas docentes precisam trazer a articulação acadêmica com a prática profissional, desvelando algo que permeia o discurso profissional atual. Isso em abordagem subjetiva insere o denominado propósito, significa compreender, em profundidade intrínseca a si, o porquê ensinar.

O contexto de cada instituição, revela a realidade social e particular, realizada que não é possível desvelar, se olharmos o todo ou os aspectos estruturais comuns. A decisão do que oferecer aos alunos é ponto de partida para articulação com a comunidade local e se projeta no desenvolvimento em nível nacional. A oportunidade do encontro nos cursos de graduação pode ser decisiva para o caminho da nação, mas, quando o ensino se distancia da realidade, a universidade perde seu brilho, no sentido de porquê, a pesquisa se torna inócua e o valor que se extrai não produz frutos (SÍVERES, 2015).

A defesa pelo aspecto formativo do professor de Direito não redunda em fórmulas prontas, que, de um modo ou de outro, engessam o ensino. O currículo totalmente formatado em PBL, pode não ser adequado a determinadas realidades. Existem outros métodos e outras teorias pedagógicas possíveis de aplicação efetiva. A formação pedagógica oportuniza a escolha docente consciente e apropriada à construção de ensino efetivo.

Há diversos métodos participativos que referenciam o constructo de ensino e aprendizagem. Mas em todos o aluno, como protagonista, representa a escolha estratégica do encontro com o seu próprio caminho de aprofundamento reflexivo, significando não a ausência do sujeito professor, mas a ação contundente, daquele que rege como maestro, a sofisticada escolha e articulação de modelos para a real proposta de ensino.

O ensino superior possui função social. A razão de ser da universidade vai além da escolha profissional e se aproxima da oportunidade social para o desenvolvimento individual. Circunstância ainda comum em nosso país é que o aluno seja o primeiro da família a cursar a universidade e o curso de Direito ainda traz o caráter de oportunidade, mudança, inclusive, de *status* social.

Conhecer a realidade e saber onde se quer chegar possibilita criar o caminho e ajustar as condições suficientes para efetivar o objetivo. Tal situação significa a escolha política por trás do ensino do Direito, além de poder se projetar tal situação no aspecto do ensino superior, nesse sentido:

> Cada nação e cada povo possuem a universidade que merecem. Acabaremos muito mal, nesse terreno, se não soubermos o que queremos e, principalmente, se não soubermos lutar pelo que queremos. Clarificar nosso pensamento a esse respeito vem a ser parte de uma situação de luta, na qual não poderemos ser poupados e nem nós poderemos poupar. (FERNANDES, 1979, p. 29-30).

As diretrizes normativas e institucionais precisam refletir o que queremos como nação para a Universidade e escolher melhor estratégias e instrumentos para o ensino. Mas existem subscrita a diretrizes institucionais, a auto responsabilidade docente, há uma escolha feita, de seguir o modelo tradicional ou de alterar e aderir a novos padrões de ensino.

Ocorre que, no início da carreira docente, a dimensão da escolha individual sem a formação adequada levará à repetição de padrões vivenciados outrora. Ghirardi (2010a) exemplifica o dia a dia universitário e potencializa essa abordagem quando ilustra o professor de início de carreira, ansioso para lecionar, que quando é convidado (frequentemente vezes de última hora) para ministrar disciplina que se sente pouco confortável. A ansiedade e a inserção docente possível lhe trazem o ímpeto de começar por ali, mas haverá então duas inseguranças circundantes: a primeira relacionada à disciplina que ele tem menos domínio e a outra relacionada ao início da docência, muitas vezes não tem o conhecimento do arsenal metodológico disponível, das técnicas de ensino, dos instrumentos adequados. A partir desta contextualização, a abordagem é de que tal professor irá se utilizar das experiências como aluno, como espelho de professores com quem viveu a sala de aula.

A vivência universitária traz consigo as angústias institucionais, pois ao ser convidado para lecionar em determinada instituição, seguir-se-á a conexão com a realidade já posta e mistura-se a isso a expectativa dos sujeitos em processo que se encontra em andamento, com práticas consolidadas.

O docente, como sujeito integrado em sua disciplina, por mais que haja respeito à hierarquia institucional, decidirá com maior coerência quanto aos objetivos e às dinâmicas metodológicas para transformá-las em instrumento de construção da aprendizagem de forma a honrar o pacto feito com os alunos e com a instituição.

Ghirardi (2010b), relata que no Brasil, ao correr os olhos sobre a bibliografia obrigatória e complementar, em diferentes cursos e diferentes universidades, encontra-se variação, ainda que não tão substancial, mas que o mesmo fenômeno se verifica quanto à metodologia de ensino. Visto que, instituições desiguais em formatos, propósitos e públicos apresentam a mesma metodologia de aula, havendo quase que homogeneidade, apresentando-se o fenômeno jurídico de forma neutra. Situação que ele remete a Florestan (1979), que aborda o consenso, principalmente quando isso se dá no nível do discurso, sobre a importância da educação, há talvez dissenso que não pode ser solucionado por referências a critérios supostamente técnicos.

O cenário da graduação em Direito se aproxima do cenário da década de 80, com o analfabetismo e a crescente dinâmica do construtivismo como saída para dar novo sentido à prática educativa, isso porque ao passo que as formulações, quanto à prática e modelo de educação, balbuciam aspectos que levam a prevalência do objeto universal, a objetividade e o rigor da informação de ou a liberdade do sujeito singular, a subjetividade, que deem tem como pedra de toque o protagonismo do aluno.

O aluno precisa ser visto como sujeito, em sua condição concreta de vida e em suas peculiaridades históricas, psicológicas, sociais. Isto é, segundo esse ponto de vista, fundamental para o desenho de estratégias de aprendizagem.

Note-se que o objetivo do professor passa a ser o de criar condições para que o aluno aprenda por si mesmo e que desenvolva suas próprias estratégias para construir o saber. Nesse modelo, é comum o professor apresentar-se, ou ser percebido como um motivador ou facilitador, como alguém que oferece e articula oportunidades de aprendizagem. Entretanto, para se tornarem efetivas, tais oportunidades necessitam de movimento ativo de apropriação por parte do aluno.

Mister encontro entre teoria e prática resulta no aprendente se apropriando da condição de sujeito ativo diante da complexidade do mundo real, reforça a capacidade de reflexão individual. Traz as questões da vida concreta e das escolhas que fazemos para as implicações éticas, econômicas, políticas, sociais, psicológicas.

O modo como cada aprendente olha para tais questões e as escolhas que faz são de responsabilidade individual, são opções de fundo que refletem o percurso e os valores de cada um. Cada aprendente é protagonista de sua história cotidiana, tanto no âmbito pessoal como no profissional, e essa é uma das dimensões que os métodos participativos buscam incorporar.

Quem somos como professores? Influenciadores de realizadores de sonhos.

Mesmo que indivíduos tenham capacidade de aprender sozinhos, as matrizes compartilhadas do senso comum podem ser incapazes de problematizar e enfrentar com profundidade e eficiência os desafios da vida concreta. O aprendente passa então a ser influenciado a ampliar e qualificar sua capacidade de reflexão. São necessárias estratégias para que cada aluno possa construir seu caminho de aprofundamento reflexivo.

Pensar o indivíduo aprendente como protagonista não tira a importância do professor, mas desloca a posição, muda o sentido. A noção tradicional do docente como detentor de um saber substantivo e específico torna-se insuficiente quando a proposta é arquitetar estratégias que permitam ao outro construir conhecimento, e construí-lo de maneira autônoma. Para isso, é preciso que à tradicional densidade acadêmica anterior se some a sofisticação nos modos de articular uma proposta de ensino.

Há que se ter alguma reflexão e com extrema acuidade quando se fala sobre a forma de implementar um formato de ensino em que o aluno seja sujeito do processo. Há que se pensar sobre o método, não de forma descolada do objeto ou das condições de aplicação, mas a síntese entre a leitura do direito, do saber, do ensino de forma a ressoar na constante reavaliação crítica, pois, quando se envolve sujeitos complexos torna-se o conjunto de ações algo mutável que se expande e se modifica de forma contínua.

Utiliza-se, para a discussão proposta, os escritos de Warat sobre o repensar da docência jurídica. Ele afirma que o sentido comum teórico dos juristas deve ser entendido como conglomerado de opiniões, crenças, ficções, fetiches, hábitos expressivos, estereótipos que governam e disciplinam anonimamente a produção social da subjetividade dos operadores da lei e do saber do direito, compensando-os de suas carências. Visões, recordações, ideais dispersas, neutralizações simbólicas que estabelecem um clima significativo para os discursos do direito antes que eles se tornem audíveis ou visíveis. (WARAT, 1988; 2004a, 2004b, 2004c).

Warat (1985; 1988; 2004a, 2004b, 2004c) influenciou vasta geração de professores e pesquisadores da atualidade, seja em meados de 1970, quando centrou seus escritos sobre a linguagem e a forma de interpretar e aplicar a lei; ou quando combateu o excessivo formalismo do bacharelado em Direito que caracterizava a ausência de liberdade e criatividade por parte dos envolvidos no processo educativo.

Há novo propósito sobre a atividade educativa, pautada na criatividade, autonomia e autoridade. Significa repensar o homem, a sociedade e a relação com o exterior e o inconsciente, é o que Warat (2004) chama de reserva de sensibilidade. Esse novo propósito serve para reencantar o mundo, por meio do amor e do inconsciente, considerando as relações ditas entre as pessoas livres e autônomas.[103]

Na perspectiva da educação superior, que compreende as situações de alteridade, revela-se a interação com o outro que, pelo agir comunicativo, introduz significações e diferenças nas situações. A modernidade, como condução cultural, não levou em conta o outro. A alteridade sempre foi negada, construindo idealizações como argumentos fora da história.

O professor da educação superior surge, nessa discussão de resultados, como aquele que ajuda o aprendente a compreender o saber e, para Warat (2004), o elemento fundamental para se pensar nova pedagogia é o amor. Doloroso, porque permite a transformação do velho pelo novo; e, interdependente, sendo a sincronia que permite a convivência com o outro para produzir juntos a diferença. A questão que se coloca é: há espaço para o amor nas faculdades de Direito?

[103] O indivíduo fechado, isolado do outro não realiza sua autonomia, ficando alienado em relação ao mundo e ao outro. Por excesso de vínculo com o outro também produz alienação. A autonomia é vínculo com o outro no qual ambos têm movimento próprio.

Considerações Finais

As questões de pesquisa que guiaram a presente discussão foi: a) o desvelar das competências necessárias ao desempenho docente no curso de Direito, podendo ser divididas entre as competências presente no ser professor e as necessárias no fazer-se professor; e, b) como são (ou deveriam ser) desenvolvidas as competências necessárias para o professor do curso de Direito.

Esta fase demonstra o conjunto das conclusões relevantes no transcorrer do trabalho. Apresenta-se assim quais são as evidências e considerações metodológicas, perpassando pelas limitações da própria investigação, apresentando, claro, aspectos positivos encontrados na própria limitação, e sistematizando as implicações e perspectivas futuras relativas à formação docente do professor de Direito.

O trabalho teve origem em diversos estudos efetuados sobre a necessidade de formação docente para o professor universitário, delimitado no campo da pesquisa ao professor de Direito. Os estudos foram convergentes em demonstrar que a formação pedagógica é imprescindível do professor de Direito (VASCONCELLOS, 2002; BEHRENS, 2005; AGUIAR, 2004; ALVES NETO, 2011; NÓVOA, 1995, PAGANI, 2011; RODRIGUES, 2019) e os dados retirados nas entrevistas influenciaram a perspectiva de que, ainda que tais disciplinas não sejam oferecidas formalmente em cursos formativos discentes, seja graduação ou pós-graduação *stricto sensu*, os professores que se destacam, ou mesmo a vivência docente, os estimula a procurar essa formação de forma independente, em cursos que podem ser caracterizados como oficinas, fóruns e congressos de educação jurídica.

De acordo com a posição que encontramos referente ao construtivismo (PAVLOV, 1976; SKINNER, 1970; PIAGET, 1973, FERREIRA, 2005; AUSÜBEL, 1963; BRUNER, 1979; GARDNER, 1995; MASLOW, 1987; WALLON, 1995), foi possível encontrar, na revisão teórica, a confirmação da hipótese acerca da necessária formação do professor de Direito, em teorias pedagógicas que lhe permitam dar suporte à ação docente e às emergências da atualidade. Há efetivamente entrelaçamento entre a melhor prática pedagógica e aspectos formativos docentes. O reflexo de tal construção encontra, inclusive, instituições com avaliações melhores na qualidade de ensino pelo mercado de trabalho. Ou seja, instituições que possuem formação pedagógica em Direito em seu programa de Mestrado ou Doutorado ou em cursos específicos de formação alcançam as melhores avaliações pelo mercado de trabalho.[104]

Sobre compreender a educação de forma a conhecer outras realidades, foram basilares os ensinos de Francesca (1993) – acerca da afetividade na relação ensinar-aprender –, de Moraes (2001) – sobre a complexidade e os desafios da transdisciplinaridade –, de Gomes *et al.* (2008) – sobre os aspectos normativos e qualitativos da educação, sobre a carreira docente e sobre a dialogicidade na educação superior – de Síveres (2016) – com a pedagogia da presença, na perspectiva de construir o espaço da sala de aula como presença, proximidade e partida –, de Caliman (2009; 2011; 2012) – com a experiência na pesquisa sobre Juventude, Educação e Sociedade; de Cunha (2016) conhecedor das políticas públicas em educação –, e Giuliano Reis – que em suas passagens pelo programa de Educação na Universidade Católica de Brasília, em 2016, trouxe a partilha de momentos, que transformaram o que se conhecia de metodologia acerca da formação do professor, pois os aprendentes foram levados a sentir, muito mais do que ler e apreender o que se leu, mas a viver experiências marcantes.

Pode-se afirmar, destarte, que foram sustentáculos dessa pesquisa os conceitos de construtivismo e complexidade. A evidência do estudante como sujeito ativo e as ações políticas do MEC para o curso de Direito, induzindo o ensino por meio da metodologia ativa, escolhendo o PBL como instrumento dessa efetivação. O processo de Bolonha que altera estratégias para adequar os cursos superiores à demanda da sociedade

[104] Cf. Apêndice referente ao Raking das Universidades e cursos de Direito no País.

e do mercado, alinhados à competitividade global. E, para além disso, a qualificação de parte significativa do corpo docente como Mestres e Doutores, as ações políticas da CAPES no sentido de não olhar, ainda, para as práticas formativas docentes nos cursos *Stricto Sensu* em Direito do país.

A análise histórica das pesquisas relacionadas à formação docente e à construção de competências permitiu consolidar a convicção de que este processo se assemelha, com as devidas peculiaridades, ao que ocorreu no campo da educação infantil. O construtivismo em oposição ao ensino denominado bancário, operou a mesma reação de mudança de eixo na posição do aluno e do professor, e foi percebido pela comunidade docente à época como solução para o aprendizado, como compreensão e construção efetiva do conhecimento.

Essa fase final, por sua natureza reflexiva, trouxe a convicção de que há espaço e tempo disponível nos programas de Pós-graduação *stricto sensu* do Brasil para oferecer, como disciplina obrigatória, aspectos teóricos que subsidiem o fazer-se professor. Disciplinas essas, que evidenciem na ação docente domínio suficiente para transitar entre as abordagens pedagógicas necessárias às emergências que acontecem na construção do conhecimento pelos estudantes como sujeito do aprendizado.

Percebeu-se a crescente preocupação das instituições de ensino superior, com prevalência nos cursos de Medicina e Engenharias de estratégia de aprendizagem ativa, fortalecendo proficiência, capacidades e atitudes que reflitam as competências necessárias à sociedade hodierna, respondendo ao desafio da educação superior. Assim, evidencia-se nesta pesquisa, a função da Universidade em proporcionar ao aluno conhecimentos e habilidades suficientes ao mundo em rápida transformação, incluindo adaptabilidade constante e formulações criativas para resolução de problemas, perpassando competências interpessoais e trabalho em equipe.

Considerando Costa-Lobo *et al.* (2017), que cita Crites (1974) e Guichard (1995, 2001) acerca do cenário ideal para construção dos futuros profissionais, sendo a instituição educacional e o ambiente educativo devem ser considerados como agente de socialização e vocacionalização e é, extremamente necessário que os professores, em sua ação docente, possam fomentar ou criar ambiente propício a esta construção.

O Estudo pode ter continuidade futura aplicando o segundo questionário aos professores de todos os cursos *stricto sensu* do país e percebendo os espaços formativos encontrados por aqueles docentes para suprir a lacuna pedagógica e, posteriormente referendar com o índice de avaliação do mercado e da qualidade de ensino. Pode-se ainda estender a pesquisa como absorção do mercado dos profissionais formados pelas instituições de ensino que possuem práticas de aprendizagem ativa nos cursos de graduação e a formação dos professores que utilizam tais metodologias.

Pesquisa necessária a ser desenvolvida, ainda, diz respeito ao espaço da universidade como jardim de talentos. Nessa perspectiva, a formação do professor por si só não garante a implementação das metodologias ativas, mas é preciso perceber o professor como capital, valorizando o tempo, o talento e a energia[105] daquele profissional e não o percebendo como insumo do produto, no caso a educação, mas como capital da organização, como o principal recurso para efetividade na solução organizacional universitária.

Parece viável e interessante a intervenção pessoal e direta junto aos programas *stricto sensu* do país, a partir, principalmente, da amizade que se construiu e das conversas alinhadas e refletidas na elaboração e validação da pesquisa empírica aqui produzida. De todo modo, para efetivação formal da medida, parece-nos salutar apresentar proposta junto à CAPES para que as avaliações considerem o aspecto de formação docente como diferencial do programa, e mais do que isso, que haja disposição política para alinhar os critérios a serem observados na Pós-Graduação *stricto sensu* em Direito, como basilares para as mudanças requeridas e que se operam no curso de graduação em Direito. Formulou-se ainda, projeto de lei, para induzir que os programas *stricto sensu* ofertem disciplinas obrigatórias (não optativas) que efetivamente sejam formativas de professores, o qual está amparado no Apêndice C.

Nessa medida, o momento final deste trabalho realça a necessidade de prosseguir em palestras, conferências, artigos e em conversas com os atores institucionais de avaliação, sobre a importância formativa do professor de Direito, ampliando inclusive para outros cursos. Tal perspectiva, inclusive, valida o trabalho já construído pela professora Costa-Lobo (2011), que, em sua pesquisa de doutoramento, afirmou a utilidade de

[105] Cf. Mikins, Michael, Eric Garton. Time, Talent, Energy: overcome organization drag & Unleash your team's productive power. Harvard Business Review Press. Boston, Massachusetts. 2017.

trabalhar junto às comunidades docentes do ensino superior instrumentos de avaliação de diferentes aspectos ou dimensões do suporte social, implicadas na interação e no ajustamento à carreira no ensino superior. A pesquisa por ela desenhada pretendeu dar suporte para dimensões sócio cognitivas, implicadas na integração e no ajustamento à carreira no ensino superior.

A presente tese tangencia as linhas descritas no referido trabalho, possíveis de serem visualizadas quando verifica-se que aquele serviu-se das diretrizes internacionais de educação expressas pelo relatório Delors para o século XXI, com relação ao ensino superior, ou seja, aprender a conhecer, aprender a fazer, aprender a viver juntos e aprender a ser. São princípios para ultrapassar as visões instrumentais da educação e, que só será possível, se houver lastro formativo do professor, como sujeito também na construção desse espaço.

Percebeu-se, nas muitas leituras, que há presente, não somente no discurso que ora se apresenta como necessário para o curso de Direito, mas em outros ambientes pedagógicos, a questão presente sobre a formação do professor. Tal argumento se dá quase como obsessão (SOUSA, 2005), pois o professor de tão impotente frente às suas tarefas de educar e governar, induz o fracasso escolar, disso inferindo a falta de consistência teórica do professor tanto em sua disciplina como, principalmente, em relação às teorias da aprendizagem, sendo assim, ofertadas de maneira avulsa, como complemento à formação, oficinas e cursos, na maioria das vezes na dita semana pedagógica, referente a teorias da aprendizagem e do desenvolvimento e tecnologias educacionais de ponta. São informações teórico-didáticas que se creem necessárias para ensinar o professor a ensinar.

Apesar dessa percepção subjetiva da qual procedeu todo o trabalho descrito nesta tese, acreditamos que permanece válido o resultado de que há necessidade de formação teórico pedagógica e de que o espaço adequado seria nos cursos de Mestrado e Doutorado de forma continuada. Mas há algo além do aspecto formativo do campo teórico, há que se considerar os efeitos do inconsciente na prática educativa, tecendo os problemas de aprendizagem como algo próprio à estrutura do sujeito, ou seja, ao seu modo ambivalente de relacionar-se com o saber. Freud ensina, conforme Ferreira (2001, p. 141), que:

> [...] há uma (in) 'disposição' estrutural que impede o sujeito de relacionar-se com determinados conteúdos [...] Há lugar para uma certa recusa de saber que muitas vezes se dá à revelia do sujeito e isso não constitui seu fracasso, mas um recurso frente ao insuportável de saber. Há um saber que trabalha no sujeito e que o sujeito nada sabe desse saber. No intimismo da relação do sujeito ao saber, algo pode escapar-lhe. Algo que toca o desejo, o objeto do desejo e surge como proibição de saber. [...] Assim, o acesso ao saber, a apropriação, a invenção, os investimentos são entendidos como particulares. (FERREIRA, 2001).

Nessa medida, confirma-se que o ensino superior promove etapa de evolução e reorganização pessoal no indivíduo (COSTA-LOBO, 2011) sendo fulcral o desenvolvimento de estratégias que fortaleçam o aspecto formativo do corpo docente, de forma a permitir que os professores estejam prontos para fomentar o ambiente necessário à gestão das motivações e expectativas dos alunos e aderência à expectativa social para o desenvolvimento socioeconômico daquela sociedade.

A presente pesquisa encontra confluência à agenda Educação 2030, considerada parte dos 17 Objetivos de Desenvolvimento Sustentável (ODS), que formam a Agenda 2030 para o Desenvolvimento Sustentável, visando a estimular ações para os próximos 15 anos. Observa-se que três dos cinco princípios (Paz, Prosperidade, Pessoas, Planeta, Parceria), que regem os 17 Objetivos de Desenvolvimento Sustentável, foram tangenciados na presente pesquisa: pessoas, conquanto se estruturou alternativas para formação docente com foco na capacitação de pessoas, incluindo aqui os sujeitos aprendentes e ensinantes; a parceria, sendo delineada a partir, inclusive das atividades e práticas metodológicas insculpidas como necessárias à educação hodierna; a prosperidade, considerando o ensino superior como um dos vetores de desenvolvimento de uma nação.

Corrobora-se, então, com a atividade da UNESCO[106] de monitorar, entre 2015 a 2030, os avanços na educação de forma mais ampla, por meio de pesquisa e promovendo debates internacionais. Esta pesquisa foi desenvolvida tendo por elementos centrais temas que se inserem nesta

[106] A Declaração de Incheon, aprovada no Fórum Mundial de Educação, ocorrido na Coreia do Sul, em maio de 2015, confiou à UNESCO a liderança e coordenação da Educação 2030 por meio de orientação e apoio técnica no âmbito da agenda global ODS.

atividade da UNESCO como: "Habilidades relevantes para o trabalho docente", "Educação para o desenvolvimento sustentável e para a cidadania global", "Ambientes de aprendizagem efetivos" e "Aumento do contingente de professores qualificados". Apoia-se assim a participação ativa da UNESCO no Marco de Ação da Agenda Educação 2030, que está incluída no Objetivo de Desenvolvimento Sustentável 4 (ODS 4).

Como síntese, considera-se que pesquisa trouxe como elemento relevante à academia a necessidade de curso formativo para a docência superior no curso de Direito. Indicou-se como disciplina obrigatória, a ser iniciada no espaço do Mestrado, tendo continuidade no Doutorado, permitindo, assim, a eficácia no processo de ensino-aprendizagem e fortalecendo o ambiente de ensino superior em consonância às perspectivas de desenvolvimento econômico-social e necessidades subjetivas do ensinante e do aprendente.

Consideramos, por fim, propor que as Instituições de Ensino Superior criem Centros de Formação de Professores[107]. Tal medida serviria para organização de conjunto de ações voltadas à formação pedagógica para docentes, desenvolvimento de materiais pedagógicos e publicações de

[107] Já existem no mundo exemplos como: Internacional Iowa State University, Center http://www.celt.iastate.edu/; The University of Oklahoma for Excellence in Teaching and Learning Centre, http://www.ou.edu/content/cte.html; Harvard University, Derek Bok http://bokcenter.harvard.edu/; Stanford University, Teaching Center Commons https://teachingcommons.stanford.edu/; Yale University, Yale http://ctl.yale.edu/; University of Center Minnesota for Teaching and Learning Centre, https://cei.umn.edu/; Carnegie Eberly Mellon University Center for Teaching Excellence & Educational Innovation, https://www.cmu.edu/teaching/; Carnegie Foundation for the Advancement of Teaching IMP.GE.90.0, http:// www.carnegiefoundation.org. Em Portugal é possível destacar: CINEP- Centro de Inovação e Estudo da Pedagogia no Ensino Superior, Instituto Politécnico de Coimbra (IPC) http://www.cinep.ipc.pt/; Unidade para a Melhoria do Ensino e Aprendizagem (MEA) Universidade do Porto https://inovacaopedagogica.up.pt/mea/sobre-o-mea/CentrodeInvestigaçãoeIntervençãoEducativa, Faculdade de Psicologia e de Ciências da Educação, Universidade do Portohttp://www.fpce.up.pt/ciie/LaboratóriodeEnsinoeAprendizagem(LEA)-Faculdade de Engenharia, Universidade do Porto http://paginas.fe.up.pt/~lea/CentrodeInvestigaçãoemDidáticaeTecnologianaFormaçãodeFormadores(CIDTFF)–Universidade de Aveiro http://blogs.ua.pt/cidtff/NúcleodeInovaçãoPedagógicaedeDesenvolvimentoProfissionaldosDocentes–Universidade Nova de Lisboa http://www.unl.pt/index.php?&s=universidade&pid=304NúcleodeEstudoseInovaçãodaPedagogia(IE-UM)–Universidade do Minhohttp://neipieuminho.wixsite.com/nucleo

natureza pedagógica, além de espaço para divulgação de boas práticas, que propiciassem o reconhecimento da qualidade do ensino na instituição. Cada Instituição de Ensino Superior deverá reconhecer a importância da formação pedagógica para a qualidade do ensino; responder às necessidades individuais de formação docente; desenvolver estratégias que promovam reflexão sobre as práticas pedagógicas; distinguir, promover e divulgar exemplos de práticas de excelência.

REFERÊNCIAS

AGUIAR, R. **Habilidades**: ensino jurídico e contemporaneidade. Rio de Janeiro: DP&A, 2004.

ALARCÃO, I. Reflexão crítica sobre o pensamento de D. Schön e os programas de formação de professores. In: ALARCÃO, Isabel (Org.). **Formação reflexiva de professores:** estratégias de supervisão. Portugal: Porto, 1996.

ALMEIDA, A. R. S. A afetividade no desenvolvimento da criança: contribuições de Henri Wallon. **Revista da Faculdade de Educação da UFG**. v. 33, n. 2, p. 343-357, 1993. Disponível em: https://www.revistas.ufg.br/interacao/article/view/5271/4688. Acesso em: 25 out. 2015.

ALMEIDA, F. Do profissional-docente ao docente profissional: a valoração simbólica dos títulos acadêmicos e da experiência docente no campo jurídico brasileiro. *In*: CARVALHO, Evandro de Menezes *et al* (Orgs.) **As representações do professor de Direito.** Curitiba, Paraná: CRV, 2003, p. 19-34.

ALMEIDA, S. F. C. Psicanálise e educação: entre a transmissão e o ensino, algumas questões e impasses. In: **Colóquio Lugar de Vida**; 1. A psicanálise e os impasses da educação. São Paulo: LEPSI. 1999. Disponível em: http://pepsic.bvsalud.org/scielo.php?script=sci_arttext&pid=S1413-389X1993000100006. Acesso em: 25 out. 2015.

ALVES, H. Práxis Parapedagógica. In: **Enciclopédia da conscienciologia**. CEAEC: Foz do Iguaçu, 2013.

ALVES NETO, F. R. **Diretrizes curriculares nacionais e o currículo do curso de direito da UFAC**: compreensão da experiência vivenciada por docentes e discentes. Tese – Universidade Federal de Minas Gerais/FAE, Minas Gerais, 2011.

ANASTASIOU, L. das G. C.; P., Selma G. **Docência no ensino superior**. São Paulo: Cortez, 2002. v. 1.

ANASTASIOU, L. ALVES, L. P. **Processos de ensinagem na Universidade**: pressupostos para estratégias de trabalho em aula. 6. ed. Joinville, Santa Catarina: Univille, 2006.

ANDRADE, M. S. **A escrita inconsciente e a leitura do invisível**: Contribuição às bases teóricas da Psicopedagogia. São Paulo: Memnon, 2002.

ANDRÉ, M. E. D. A. de. **Estudo de caso em pesquisa e avaliação educacional.** Brasília: Líber Livro Editora, 2005.

ARRUDA JÚNIOR, E. L. de A. **Ensino jurídico e sociedade**. São Paulo: Acadêmica, 1989.

ASSMANN, H. **Metáforas novas para reencontrar a educação**. São Paulo: Unimep, 1996.

AUSÜBEL, D. P. **Educational psychology:** a cognitive view. New York: Holt, Rinehart & Winston, 1968.

AUSÜBEL, D. P. In defense of advance organizers: A reply to the critics. **Review of Educational Research,** v. 48, p. 251-257, 1978.

AUSÜBEL, D. P. **The psychology of meaningful verbal learning.** New York: Grune & Stratton, 1963.

AUSÜBEL, D. P. **The acquisition and retention of knowledge**: a cognitive view. Dordrecht: Kluwer Academic Publishers, 2003.

AUSÜBEL, D. P., ROBINSON, F. G. **School learning:** an introduction to educational psychology. New York: Holt, Rinehart & Winston, 1963.

BACHELARD, G. **A formação do espírito científico**: contribuição para uma psicanálise do conhecimento. 1. ed. Rio de Janeiro: Contraponto, 2005.

BANDURA, A. **Social learning theory**. Prentice-Hall, 1977.

BARDIN, L. **Análise de conteúdo.** Lisboa: Editora Edições 70, 1977.

BARROWS, H. S. A Taxonomy of problem-based learning methods. **Medical education**, v. 20, p. 481-486, 1986.

BASTOS, A. W. **O ensino jurídico no Brasil.** 2. ed. Rio de Janeiro: Lúmen Júris, 2000.

BAUMAN, Z. **A ética é possível num mundo de consumidores?** Rio de Janeiro: Zahar, 2011.

BAUMAN, Z. **Capitalismo parasitário:** e outros temas contemporâneos. Rio de Janeiro: Jorge Zahar, 2010.

BAUMAN, Z. **Ética pós-moderna.** São Paulo: Paulus, 1997.

BAUMAN, Z. **Los retos de la educación en la modernidad líquida.** Barcelona: Gedisa Ed., 2008.

BAUMAN, Z. **Modernidade líquida**. Rio de Janeiro: Jorge Zahar Ed., 2001.

BAZZO, W. A. **Ciência, tecnologia e sociedade**: e o contexto da educação tecnológica. Florianópolis: Ed. da UFSC, 1998

BECKER, F. **Educação e construção do conhecimento**. Porto Alegre: Artmed, 2001.

BECKER, F. **Ensino e construção do conhecimento**: o processo de abstração reflexionante. Porto Alegre: Educação & Realidade, vol. 18, p. 43-52, 1993.

BECKER, F. **Epistemologia do professor**.12. ed. Petrópolis: Vozes, 2005.

BEHRENS, M. A. **O paradigma emergente e a prática pedagógica**. Petrópolis: Vozes, 2005.

BEHRENS, M. A. **A formação continuada dos professores e a prática pedagógica**. Curitiba/PR: Champagnat, 1996.

BERGER, P. L. **Perspectivas sociológicas:** uma visão humanística. 27. ed. Petrópolis: Vozes, 1986.

BÍBLIA. Português. In: Bíblia Sagrada: Edição Pastoral. São Paulo: Paulus, 1990. Disponível em: http://www.paulus.com.br/BP/_P2.HTM. Acesso em: 19 mar. 2017.

BIGGS, J. **Teaching for quality learning at university.** New York: The Society for Research into Higher Education e Open University Press, 2003.

BITTAR, E. C. B. **Estudos sobre o ensino jurídico**: pesquisa, metodologia, diálogo e cidadania. São Paulo: Atlas. 2006.

BOGDAN, R. S.; BIKEN, S. **Investigação qualitativa em educação:** uma introdução à teoria e aos métodos. 12. ed. Portugal: Porto Editora, 2003.

BORDENAVE, J. D.; PEREIRA, A. M. **Estratégias de ensino-aprendizagem**. Petrópolis: Vozes, 2000.

BOSSA, N. **A psicopedagogia no Brasil:** contribuições a partir da prática. Porto Alegre: Artes Médicas Sul, 1994.

BOURDIEU, P.; PASSERON, J.C. **A reprodução**. Trad. Reynaldo Bairão. 2. ed. Rio de Janeiro: Francisco Alves Editora S/A, 1975.

BOYD, H. W.; WESTFALL, R. **Pesquisa mercadológica:** texto e casos. 7. ed. Rio de Janeiro: FGV, 1987.

BRASIL. **Constituição da República Federativa do Brasil**. 1988. Brasília, DF: Senado Federal, 1990.

BRASIL. Estabelece as diretrizes e bases da educação nacional. Lei n. 9.394, de 20 de dezembro de 1996. **Diário Oficial [da] República Federativa do Brasil.** Brasília, DF, 23 dez. 1996. Disponível em: http://www.planalto.gov.br/ccivil_03/leis/l9394.htm. Acesso em: 20 maio 2019.

BRASIL. Ministério da Educação e Cultura. **Portaria nº 1.886, de 30 de dezembro de 1994**. Disponível em: http://www.mec.gov.br. Acesso em: 25 out. 2015.

BRASIL. Ministério da Educação e Cultura. **Resolução nº 9, de 29 de setembro de 2004**. Disponível em: http://www.mec.gov.br. Acesso em: 25 out. 2015.

BRASIL. Ministério da Saúde. Conselho nacional de saúde. **Resolução n. 466, de 12 de dezembro de 2012.** Aprova diretrizes e normas regulamentadoras de pesquisas envolvendo seres humanos. Brasília, Diário Oficial da União, 12 dez. 2012.

BRUNER, J. S. **On knowing.** Essays for the left hand. Cambridge, MA: Belknap Press, 1979.

BRUNER, J. S. **Uma nova teoria da aprendizagem**. Rio de Janeiro: Bloch Ed, 1976.

CALIMAN, G. A. **Pedagogia social na itália.** *In:* SILVA, Roberto da; NETO, João Clemente de Souza; MOURA, Rogério Adolfo de. (Org.) Pedagogia Social. São Paulo: Expressão e Arte Editora, 2009.

CALIMAN, G. Comunidades educativas e espiritualidade na educação social. **Revista Diálogos,** v. 18, p. 80-93, 2012.

CALIMAN, G. O humanismo pedagógico de Dom Bosco nas Instituições Universitárias Salesianas. **Revista Diálogos,** v. 6, p. 12-25, 2011.

CAPES. **Avaliação de cursos de pós-graduação por região.** Disponível em: http://www.capes.gov.br/images/documentos/Relatorios_quadrienal_2017/RELATORIO_QUADRIENAL_DIREITO.pdf. Acesso em: nov. 2017.

CASTELLS, Manuel. **A era da informação:** economia, sociedade e cultura. In: A Sociedade em rede. São Paulo: Paz e Terra, 1999.

CASTRO, C. M. de. **Professor universitário precisa de mestrado** (parte 3). Blog da kikacastro. Publicado em 20 de novembro de 2014. Disponível em: https://kikacastro.com.br/tag/doutorado/. Acesso em: 09 nov. 2017.

CERVO, A. L.; BERVIAN, P. A. **Metodologia científica**. 5.ed. São Paulo: Prentice Hall, 2002.

CHARMAZ, K. **Construção da teoria fundamentada.** Porto Alegre: Artmed, 2009.

CHIZZOTTI, A. **Pesquisa em ciências humanas e sociais**. 2. ed. São Paulo: Cortez, 2000.

COHEN, L.; MANION, L.; MORRISON, K. **Research methods in education.** 7. ed. Oxfordshire: Routedge, 2011.

COLL, C.; PALACIOS, J.; MARCHESI, A. **Desenvolvimento psicológico e educação**: necessidades educativas especiais e aprendizagem escolar. Porto Alegre: Artes Médicas, 1996.

COLTHEART, M.; CURTIS, B.; ATKINS, P.; HALLER, M. Modelos de leitura em voz alta: abordagens de processamento de rota dupla e de distribuição paralela. **Psychological Review.** v. 100, p. 589-608, 1993.

COSTA-LOBO, C. **Abordagem sociocognitiva do ajustamento à carreira no ensino superior:** o papel das atividades em grupo, da autoeficácia e dos interesses. Tese de Doutoramento em Psicologia – Especialidade de Psicologia Vocacional. Braga: Universidade do Minho – Escola de Psicologia. Portugal, 2011.

CRITES, J. O. Psicologia vocacional. Buenos Aires: Editorial Paidos, 1974.

CUNHA, C. (Org.). **O MEC pós-constituição.** Brasília: Cátedra Unesco-UCB; Liber Livro, 2016, p. 528

CUNHA, L.A. Desenvolvimento desigual e combinado no ensino superior. In: vários autores. **Conferências do fórum brasil de educação**. Brasília: CNE/UNESCO, 2004.

CUNHA, M. I. da. **O bom professor e sua prática**. 2 ed. São Paulo: Papirus, 1992.

CUNHA, M. I. da. **O professor universitário na transição de paradigmas**. Araraquara-SP: JM Editora, 1998. p. 107.

D'AMBROSIO, Ubiratan. **Etnomatemática**: elo entre tradições e a modernidade. 2ª ed. Belo Horizonte: Autêntica, 2009

DE MASI, D. **O futuro chegou:** modelos de vida para uma sociedade desorientada. Rio de Janeiro: Casa Palavra Ed., 2014.

DELORS, J. **Educação:** um tesouro a descobrir. Relatório para a unesco pela comissão internacional sobre educação para o século. São Paulo: Cortez; Brasília: MEC/ UNESCO, 2001.

DEMO, P. **Avaliação qualitativa**. 7. ed. Campinas: Autores Associados, 2002.

DENZIN, N. K; LINCOLN, Y. S. **The discipline and practice of qualitative research**. Handbook of Qualitative Research, Thousand Oaks: Sage, 2000.

DEWEY, J. **Experiência e educação**. Petrópolis: Vozes, 2010.

DEWEY, J. **Vida e educação**. Trad. Anísio S. Teixeira. 10. ed. São Paulo: Melhoramentos, 1979.

DUBET, François. **Sociologia da Experiência.** Lisboa: Instituto Piaget, 1994.

EXAME. **Os melhores programas de mestrado e doutorado do Brasil.** Disponível em: https://exame.abril.com.br/carreira/este-sao-os-melhores-programas-de--mestrado-e-doutorado-do-brasil/. Acesso em: 20 jun. 2018.

FERNANDES, A. **Os idiomas do aprendente.** Porto Alegre: Artes Médicas, 2001a.

FERNANDES, A. **O Saber em Jogo.** Porto Alegre: Artes Médicas, 2001b.

FERNANDES, F. **Universidade brasileira:** reforma ou revolução? São Paulo: Alfa Omega, 1979.

FERREIRA, M. E. M. P. Universidade, cultura e transdisciplinaridade. In: **Educação e Transdisciplinaridade, III.** São Paulo: Triom, 2005.

FERREIRA, T. Freud e o ato do ensino. *In:* LOPES, Eliane Marta Teixeira (org.). **A psicanálise escuta a educação.** Belo Horizonte: Autêntica, 2001.

FERREIRO, E. e TEBEROSKY. **Psicogênese da língua escrita**. Porto Alegre: Artes Médicas, 1986.

FGV. **Detalhamento regional da área de direito.** Observatório do Ensino do Direito. v. 1, n. 1, out. 2013.

FLORESTAN, Fernandes. **Folclore e mudança social na cidade de São Paulo**. 1a edição 1961. 2a edição reduzida. Petrópolis, Vozes, 1979.

FREINET, C.; SALENGROS, R. **Modernizar a escola.** Lisboa: Dinalivros, 1977.

FREIRE, P. **Pedagogia da Autonomia:** saberes necessários à prática educativa. São Paulo: Editora Paz e Terra, 1996.

FREIRE, P. **Pedagogia do oprimido**. 43. ed. Rio de Janeiro: Paz e terra, 2005.

FREITAS, L.; MORIN, E.; NICOLESCU, B. **Carta da transdisciplinaridade.** Adotada no primeiro congresso mundial de transdisciplinaridade no convento de arrábida,

Portugal realizado de 2 a 6 de novembro de 1994. Disponível em: http://www.gthidro.ufsc.br/arquivos/CARTA-DA-TRANSDISCIPLINARIDADE.pdf. Acesso em 17 de junho de 2017.

GADAMER, H. G. **Verdade e método II**: complementos e índice. Petrópolis: Vozes, 1999.

GADOTTI, M. **Pedagogia da práxis**. 5. ed. São Paulo: Cortez, 2010.

GAGNÉ, R.M. **Essentials of learning for instruction.** New York: Holt, Rinehart and Winston, 1975.

GALLOW, D. **What is problem-based learning?** University of California, 2011. Disponível em: http://www.pbl.uci.edu/whatispbl.html. Acesso em: 20 jul. 2014.

GARDNER, H. **A inteligência:** múltiplas perspectivas. Porto Alegre: Artmed, 1998.

GARDNER, H. **A inteligência:** um conceito reformulado. Rio de Janeiro: Objetiva, 1999.

GARDNER, H. **As inteligências múltiplas.** Porto Alegre: Artes Médicas, 1995.

GARDNER, H. **Cinco mentes para o futuro.** Porto Alegre: Artmed, 2007.

GHIRARDI, J. G. (coord.). **Cadernos DIREITO GV**: avaliação e métodos de ensino em direito. v. 7, n. 5, set. 2010a.

GHIRARDI, J. G. **Cadernos DIREITO GV:** metodologia de ensino jurídico no Brasil: estado da arte e perspectivas. Exposições, debates e relatos do Workshop Nacional de Metodologia do Ensino. v. 6, n. 5, set. 2009b.

GHIRARDI, J. G. **O instante do encontro:** questões fundamentais para o ensino jurídico. São Paulo: Fundação Getulio Vargas, 2012.

GIL, A. C. **Métodos e técnicas de pesquisa social**. 5. ed. São Paulo: Atlas, 1999.

GIL, M. S. C. A.; DURAN, A. P. (1993). **Interação professor-aluno:** o que perguntam os alunos? Psicologia: Teoria e Pesquisa, 9 (2), 243-259.

GLASER, B. G.; STRAUSS, A. L. **The discovery of grounded theory**: Strategies for qualitative research. Chicago, IL: Aldine, 2008.

GODOY, A. S. Introdução à pesquisa qualitativa e suas possibilidades. **Revista de Administração de Empresas**. São Paulo, v. 35, n. 2, p. 57-63, abr. 1995.

GOMES, A. P.; DIAS-COELHO, U. C.; CAVALHEIRO, P. O. A educação médica entre mapas e âncoras: a aprendizagem significativa de David Ausübel, em busca da arca perdida. **Revista Brasileira de Educação Médica,** v. 32, n. 1, p. 105-111, 2008.

GOMES, C. **A educação em novas perspectivas sociológicas.** São Paulo: EPU, 2006.

GUICHARD, J. **La escuela y lãs representaciones de futuro de los adolescentes.** Barcelona, Laertes.Guichard, 1995.

GUICHARD, J. **Psychologie de l örientation.** Paris: Dunod, 2001.

HAIR JR., J. F.; ANDERSON, R. E.; TATHAM, R. L. **Análise multivariada de dados.** 5. ed. Porto Alegre: Bookman, 2005.

HIELE-GELDOF, D. **The didactics of geometry inthe lowest class of secondaryschool**. (Doctorate). University Utrecht, 1986.

HUBERMAN, A.M. **Como se realizam as mudanças em educação.** São Paulo: Cultrix Ed., 1973.

ILLICH, I. **Deschooling Society**. Nova Iorque: Harper & Row, 1971.

IOCHOHAMA. Celso Hiroshi. **O ensino do direito e a separação dos eixos teórico e prático:** interrelações entre aprendizagem e ação docente. TESE – USP. São Paulo, 2011.

Disponível em: https://www.teses.usp.br/teses/disponiveis/48/48134/tde-06072011-105014/publico/CELSO_HIROSHI_IOCOHAMA.pdf. Acesso em: 21 maio 2017.

KANT. **Fundamentação da metafísica dos costumes.** *In:* Os pensadores. São Paulo: Abril Cultural, 1974. p. 195-256.

KAZAMIAS, A. **O conhecimento educacional:** um tema negligenciado na educação comparada. Brasília: UNESCO IV. CAPES Ed., 2012a. Disponível em: http://unesdoc.unesco.org/images/0022/002254/225468por.pdf. Acesso em: 21 maio 2017.

KAZAMIAS, A. **Agamenon contra prometeu:** globalização, sociedades do conhecimento/da aprendizagem e paideia na nova cosmópole. CAPES Ed., 2012b. Disponível em: http://unesdoc.unesco.org/images/0022/002254/225468por.pdf. Acesso em: 21 maio 2017.

KIRSCHNER, P. A.; SWELLER, J.; CLARK, R. E. **Why minimal guidance during instruction does not work:** An analysis of the failure of constructivist, discovery, problem-based, experiential, and inquiry-based teaching. Educational Psychologist, 2006, 41, 75–86.

KUHN, T. **A estrutura das revoluções científicas.** 16. ed. São Paulo: Perspectiva Ed., 2000.

LAKATOS, E. M.; MARCONI, M. A. **Fundamentos metodologia científica**. 4. ed. São Paulo: Atlas, 2001.

LAVILLE, C.; DIONNE, J. **A construção do saber:** manual de metodologia da pesquisa em ciências humanas. Belo Horizonte: UFMG, 1999.

LEMOS, CLS. **A concepção de educação da política nacional de educação permanente em saúde** [tese]. Universidade Federal de Goiás. Goiânia, 2010.

LIBÂNEO, José Carlos. **Didática.** 13 Ed. São Paulo: Cortez, 1994.

LIPOVETSKY, G. **A era do vazio:** ensaios sobre o individualismo contemporâneo. Barueri, SP: Manole, 2005.

LOPES, E. M. T. (org.) **A psicanálise escuta a educação.** Belo Horizonte: Autêntica, 2001.

LUCKESI, C. C. O papel da didática na formação do educador. *In:* CANDAU, Vera. **A didática em questão**. 8. ed. Petrópolis, RJ: Vozes, 2002.

LUCKESI, C. C. Tendências pedagógicas na prática escolar. *In:* CANDAU, Vera. **Filosofia da educação.** São Paulo: Cortez, 1994. p. 53-75.

LÜDKE, M.; ANDRÉ, M. E. D. A. **Pesquisa em educação:** abordagens qualitativas. São Paulo: EPU, 1986.

MACHADO, A. A. **Ensino jurídico e mudança social**. 2. ed. São Paulo: Expressão popular, 2009.

MACHADO, M. F. E.; NEVES Junior, I. (org.). **Pensamento pedagógico:** textos e contextos I. Cátedra UNESCO de Juventude, Educação e Sociedade; Universidade de Brasília. 2018.

MALHOTRA, N. **Pesquisa de marketing**. 3.ed. Porto Alegre: Bookman, 2001.

MAMEDE, S. **Aprendizagem baseada em problemas**: anatomia de uma nova abordagem educacional. Fortaleza: Hucitec, 2001.

MARQUES NETO, A. R. Reflexões sobre o ensino do direito. *In:* CAPELLARI, Eduardo; PRANDO, Felipe Cardoso de Melo (orgs.). **Ensino jurídico:** leituras interdisciplinares. São Paulo: Cultura Paulista, 2001. 209 p.

MASETTO, Marcos (org.). **Docência na Universidade**. Campinas, SP: Papirus, 1998.

MASLOW, A. H. **Motivation and personality.** 3. ed. New York: 1987.

MCMAHON. T; THAKORE. H Achieving constructive alignment: putting outcomes first. **The Quality of Higher Education 3**: in press, 2006.

MEDINA, P. R. G. A OAB e os padrões de qualidade do ensino jurídico. *In:* **Anuário ABEDI**, Florianópolis: Boêmios, 2003. p. 30.

MELO, A. S. Enquadramento histórico legal do processo de Bolonha e seu impacto no sistema de ensino superior português. **Revista Observatório.** v. 3, n. 6, out-dez. 2017.

MELO FILHO, Á. Juspedagogia: ensinar direito o direito. *In:* **OAB ensino jurídico**: balanço de uma experiência. Brasília, 2000, p.37-49.

MORAES, M. C. **A formação do educador a partir da complexidade e da transdisciplinaridade.** Dialogo Educacional, Curitiba, v. 7, n. 22, p.13-38, set./dez. 2007.

MORAES, M. C. Complexidade e currículo: por uma nova relação. **Revista de la Universidad Bolivariana**, Caracas, v. 9, n. 25, p. 289-311, 2010.

MORAES, M. C. **Ecologia dos saberes:** complexidade, transdisciplinaridade e educação. São Paulo: Antakarana / Prolibera, 2008.

MORAES, M. C. **O paradigma educacional emergente.** 16. ed. Campinas: Papirus, 2012.

MORAES, M. C. **Pensamento ecossistêmico:** educação, aprendizagem e cidadania no século XXI. Petrópolis: Vozes, 2004.

MORAES, M. C. **Transdisciplinaridade, criatividade e educação**: Fundamentos ontológicos e epistemológicos. Campinas, SP: Papirus, 2015.

MOREIRA, M. A. **Aprendizagem significativa.** Brasília: Editora Universidade de Brasília. Rinehart & Winston, 1999.

MORIN, E. **A cabeça bem-feita:** repensar a reforma, reformar o pensamento. 8. ed. Rio de Janeiro: Bertrand Brasil, 2003.

MORIN, E. **Educação e complexidade**: os sete saberes e outros ensaios. São Paulo: Cortez, 2003.

MORIN, E. **Os sete saberes necessários à educação do futuro.** São Paulo: Cortez Ed., Brasília, DF: UNESCO, 2000.

NASSER, L.; SANT'ANNA, N. F. P. **Geometria segundo a teoria de Van Hiele.** 2. ed. Rio de Janeiro: IM/UFRJ, 2010.

NEUMAN, W.L. **Social research methods qualitative and quantitative approaches.** 3 ed. Edition, Allyn and Bacon, Boston, 1997.

NEVES JUNIOR, I. J.; SANTANA, H. L.S.; CUNHA, C. da; **A paideia em tempos de modernidade líquida:** os desafios da educação superior brasileira. 2018. Disponível em: https://periodicosonline.uems.br/index.php/interfaces/article/viewFile/3807/3036. Acesso 21 jun. 2017.

NÓVOA, A. (Org). **Vidas de professores.** 2. ed. Porto: Porto Editora, 1995.

NÓVOA, A. Universidade e formação docente. **Revista Interface: comunicação, saúde, educação.** Botucatu – Entrevista, ago. 2000.

OLIVEIRA, J. P. F. **A pós *stricto sensu* em direito no Brasil**: um olhar sobre as disciplinas pedagógicas oferecidas em seus programas. *In:* Anais do XIX Congresso Nacional do CONPEDI, 2009. Florianópolis. V1

OLIVEIRA, J. P. F. **A formação dos professores dos cursos de Direito no Brasil**: a pós-graduação *stricto sensu*. Tese apresentada à Pontifícia Universidade Católica de São Paulo. São Paulo, 2013.

OLIVEIRA, L.; ADEODATO, J.M. **O Estado da arte da pesquisa jurídica e sócio-jurídica no Brasil.** Brasília: Conselho da Justiça Federal; Centro de Estudos Judiciários, 1996.

OLIVEIRA, S. C. de. O perfil pedagógico dos docentes do curso de direito e a transdisciplinaridade: estudo de caso em instituição privada em Manaus/AM. *In:* **Anais do XXIII Congresso Nacional do CONPEDI**, 2014. Paraíba – PB. p. 300 a 315.

PAGANI, J. F. O. A formação dos professores dos cursos de direito no Brasil: A pós-graduação 'stricto senso'. *In:* **Anais do Simpósio da Associação Nacional de Política e Administração da Educação (ANPAE)**, 2011.

PATTO, M. H. S. **A produção do fracasso escolar:** histórias de submissão e rebeldia. São Paulo: Casa do Psicólogo, 2000.

PATTON, M. Q. **Developmental evaluation**: applying complexity concepts to enhance innovation and use. Nova Iorque: Guilford Press, 2002.

PAVLOV, I.P. Resposta de um fisiologista aos psicólogos. 1942. *In:* ALVAREZ, Antonio C. (org.). **Textos de Ivan Pavlov, fisiologia e psicologia**. Lisboa, Estúdios Cor, 1976.

PERRENOUD, P. **Avaliação:** da excelência à regulação das aprendizagens – entre duas lógicas. Tradução de Patrícia Chittoni Ramos. Porto Alegre: Artmed, 2000.

PIAGET, J. **Aprendizagem e conhecimento.** Rio de Janeiro: Freitas Bastos, 1979.

PIAGET, J. **Biologia e conhecimento**. São Paulo: Vozes, 1973.

PIAGET, J. **Fazer e compreender.** São Paulo: Melhoramentos; EDUSP, 1987.

PIAGET, J. **Psicologia e pedagogia.** Rio de Janeiro: Forense Universitária, 1970.

PIMENTA, S.G.; ANASTASIOU, L.G. **Docência no ensino superior**. São Paulo: Cortez, 2002.

PIMENTA, S.G.; ANASTASIOU, L.G; CAVALLET, V. J. Docência no ensino superior: construindo caminhos. *In:* BARBOSA, Raquel Lazzari Leite (Org.). **Formação de educadores:** desafios e perspectivas. São Paulo: Unesp, 2002. p. 267-278.

PONTES NETO, J. A. S. Sobre a aprendizagem significativa na escola. *In:* MARTINS, E. J. *et al.* **Diferentes faces da educação.** São Paulo: Arte & Ciência, 2001.

POSNER, R. **Divergent Paths:** the academy and the judiciary. Cambridge, Massachusetts: Harvard University Press, 2016.

RAMSDEN, P. **Learning to teach in higher education.** London: Routledge. 1992.

REVAH, D. **Construtivismo:** uma palavra no circuito do desejo. Tese (Doutorado) – Faculdade de Educação, Universidade de São Paulo. São Paulo. 2004.

RIES, B.E. **Pavlov, psicologia e educação:** o significado do aprender, 2001, 39.

ROCHA, A. L. **O Professor reflexivo e o professor de direito:** uma pesquisa de caráter etnográfico nos cursos de Direito da Grande Florianópolis. Tese (doutorado) – Universidade Federal de Santa Catarina, Centro de Ciências Jurídicas, Programa de Pós-Graduação em Direito, Florianópolis, 2011.

RODRIGUES, H. W. **Cursos de direito no brasil:** diretrizes curriculares e projeto pedagógico. 1. ed. Florianópolis, SC: Habitus, 2019. v. 1. 196p

ROGERS, C.R. **Liberdade para aprender.** 2.ed. Belo Horizonte: Interlivros, 1973.

ROGERS, C.R. **Tornar-se pessoa.** São Paulo: Martins Fontes, 1987.

ROSENBAUM, M. S. Doing quantitative grounded theory: a theory of trapped travel consumption. **The Grounded Theory Review,** v. 7, n. 3, nov. 2008. Disponível em: http://groundedtheoryreview.com/2008/11/29/doing-quantitative-grounded--theory-a-theoryof-trapped-travel-consumption/. Acesso em: 18 jul. 2019.

SAVIANI, Dermeval. **Escola e Democracia**. 2ª Edição. São Paulo: Cortez, 1984.

SÁNCHEZ, L.E. **Avaliação de impacto ambiental**: conceitos e métodos. 2. ed. São Paulo: Oficina de Textos, 2013.

SANTANA, Hadassah Laís de Sousa. **A compreensão e a construção de competências na ação docente no curso de direito.** Orientador: Geraldo Caliman; Co-orientadora: Cristina Costa – Lobo. 2019. 205 f. Tese – Universidade Católica de Brasília, Brasília, 2019.

SCHÖN, D. A. Formar professores como profissionais reflexivos. *In:* NÓVOA, A. (Org.). **Os professores e a sua formação.** Lisboa: Dom Quixote, 1992. p. 79-91.

SCHÖN, D. A. **The reflective practitioner:** how professionals think in action. Londres: Ashgate Publishing Ltda, 2007.

SFORNI, Marta Sueli de Faria. **Aprendizagem conceitual e organização do ensino**: contribuições da teoria da atividade. Araraquara: JM Editora, 2004

SÍVERES, L. (Org.). **Encontros e diálogos**: pedagogia da presença, proximidade e partida. Brasília: Liber Livro, 2015.

SÍVERES, L. **Diálogo**: um princípio pedagógico. Brasília: Liber Livro, 2016.

SKINNER, B.F. **Ciência e comportamento humano.** Brasília, DF: Ed. UNB, 1970.

SOUSA, W. A. **Pode a educação ser terapêutica?** São Luís, 2005.

STAKE, R. E. **The art of case study research.** Thousand Oaks: SAGE Publications, 1995.

STRAUSS, A; CORBIN, J. **Pesquisa qualitativa:** técnicas e procedimentos para o desenvolvimento de teoria fundamentada. 3. ed. Porto Alegre: Artmed, 2007.

TAGLIAVINI, J. V. **Aprender e ensinar direito:** para além do direito que se ensina errado. São Carlos/SP: Edição do Autor, 2013.

TAROZZI, M. **O que é a grounded theory?** Metodologia de pesquisa e de teoria fundamentada nos dados. Petrópolis: Vozes, 2011.

TEUBNER, G. (ed.). **Autopoietic law**: a new approach to law and society. Berlim/ Nova Iorque: Walter de Gruyter, 1988.

TRIVIÑOS, A. N. S.. **Introdução à pesquisa em ciências sociais**: a pesquisa qualitativa em educação. São Paulo: Atlas, 1987.

UCD DUBIN. **Using biggs' model of constructive alignment in curriculum design.** Disponível em: http://www.ucdoer.ie/index.php?title=Using_Biggs%27_Model_of_Constructive_Alignment_in_Curriculum_Design/Introduction. Acesso em: 19 jul. 2019.

UNESCO. **Declaração mundial sobre educação para todos.** Jomtien: UNESCO, 1990.

VAN-HIELE, P. M. **Structure and insight**. Academic Press Orlando, FL, USA, 1986.

VASCONCELLOS C. dos S. **Construção do conhecimento em sala de aula**. Cadernos Pedagógicos do Liberta. São Paulo, SP: Libertad, 1994.

VASCONCELLOS, M. J. E. **Pensamento sistêmico:** novo paradigma século XXI. Petrópolis: Vozes, 2002.

VASCONCELOS, M.L.M.C. Contribuindo para a formação de professores universitários: relato de experiências. *In:* Masseto, M.T. (Org.). **Docência na universidade.** 2. ed. São Paulo: Papirus, 1998.

VAZ DE MELLO, R.M.A. **A formação do docente universitário no contexto da pós-graduação.** 2002. Tese (Doutorado) – Universidade Federal de Minas Gerais. 2002.

VENÂNCIO FILHO, A. Análise histórica do ensino jurídico no Brasil. In: **Encontros da UnB:** ensino jurídico. Brasília: UnB, 1979. p. 13-26.

VIEIRA, H. L. C. **O ensino jurídico em busca de um novo paradigma estruturante**: a construção de competências e habilidades na educação superior em direito e o hiato entre a Resolução n. 9 e o projeto tuning. São Paulo: Saraiva, 2015.

YIN, R. K. **Estudo de caso:** planejamento e métodos. 2. ed. Porto Alegre: Bookman, 2001.

WALLON, H. **A evolução psicológica da criança.** Lisboa, Portugal: Edições 70, 1995.

WALLON, H. **Psicologia da educação e da infância.** Lisboa, Portugal: Editorial Estampa, 1975.

WARAT, L. A. **A ciência jurídica e seus dois maridos.** 2. Ed. Santa Cruz do Sul: edunisc, 2000.

WARAT, L. A. **Epistemologia e ensino do direito.** O sonho acabou. Florianópolis: Boiteux, 2004a.

WARAT, L. A. **Manifesto do surrealismo jurídico.** São Paulo: Acadêmica, 1988.

WARAT, L. A. **Surfando na pororoca:** o ofício do mediador. Florianópolis: Boiteux, 2004b.

WARAT, L. A. **Territórios desconhecidos**: a procura surrealista pelos lugares do abandono do sentido e da reconstrução da subjetividade. Florianópolis: Boiteux, 2004c.

WATSON, J. B. Psychology as a behaviorist views it. **Psychological Record,** v. 20, p. 158-177, 1913.

WERNECK, H. **Se você finge que ensina, eu finjo que aprendo**. 24. ed. Petrópolis: Vozes, 1992.

ZABALZA, M.A. **O ensino universitário:** seu cenário e seus protagonistas. Porto Alegre: Artmed, 2004.

ZITSCHER, H.C. **Metodologia do ensino jurídico com casos:** teoria & prática: com exemplos do direito do consumidor e do direito civil. Belo Horizonte: Del Rey, 2004.

APÊNDICE A

QUESTIONÁRIO REFERENTE AOS PROFESSORES DA GRADUAÇÃO

O(A) senhor(a) foi convidado(a) a participar de pesquisa intitulada **"Os desafios da educação superior brasileira em tempos de modernidade líquida"** que é objeto de trabalho final da disciplina **"Pensamento Pedagógico e Políticas de Educação"**, Programa de Doutorado em Educação da Universidade Católica de Brasília (UCB), ministrado pelo professor Dr. Célio Cunha no primeiro semestre de 2017.

Sua participação é extremamente valiosa e qualificada, por ser tratar de profissional reconhecido pelo seu Curso de graduação em Ciências Contábeis ou Direito da UCB pela sua capacidade de estimular o aprendizado de seus alunos.

Esta pesquisa tem o objetivo de desvelar o pensamento pedagógico de professores da educação superior dos Cursos de Ciências Contábeis e Direito da Universidade Católica de Brasília (UCB) diante do pressuposto de uma sociedade contemporânea que valoriza a capacidade dos indivíduos em utilizarem instantaneamente os conhecimentos adquiridos para resolver problemas.

O(A) senhor(a) receberá todos os esclarecimentos necessários antes e no decorrer da pesquisa e lhe asseguramos que seu nome não aparecerá, sendo mantido o mais rigoroso sigilo mediante omissão total de quaisquer informações que permitam identificá-lo(la). Informo-lhe, ainda, que os dados obtidos serão analisados coletivamente. A sua participação consistirá em responder os itens desta pesquisa. Após o recebimento de suas respostas, poderemos contata-lo(la) objetivando entender e/ou complementar eventual questão.

Informamos-lhe que o(a) senhor(a) poderá desistir de participar da pesquisa a qualquer momento, se assim o desejar , e isso não lhe acarretará quaisquer prejuízo. Os resultados da pesquisa serão disponibilizados pela Universidade Católica de Brasília (UCB), podendo ser publicados posteriormente. Os dados colhidos na pesquisa ficarão sob a guarda destes pesquisadores por um período de no mínimo cinco anos, após isso serão destruídos ou mantidos na instituição.

Caso tenha alguma dúvida sobre o estudo, o(a) senhor(a) poderá contatar-nos pelos telefones e WhatsApp (61) 99272-9352 – Prof. Idalberto ou (61) 981782478 – Prof. Hadassah, respectivamente, e-mails jneves@ucb.br e hadassah.santana@gmail.com. A aprovação desta pesquisa está contida no escopo dos Projetos de Pesquisas de "Estudos Comparados" de Coordenação do Prof. Dr. Célio Cunha.

Aproveitamos para agradecer a possibilidade de sua participação!

Contatamos muito com você!

Abraços,

Idalberto e Hadassah

É importante que você responda este questionário considerando a sua história de vida e vivência docente nas disciplinas do curso de graduação que leciona.

Informações dos respondentes

Iniciaremos a pesquisa perguntando alguns dados pessoais e de sua vivência profissional.

Gênero:

- [ ] Masculino
- [ ] Feminino

Faixa etária:

- [ ] Até 25 anos
- [ ] Acima de 25 anos e até 30 anos
- [ ] Acima de 30 anos e até 40 anos
- [ ] Acima de 40 anos e até 50 anos
- [ ] Mais de 50 anos

Professor:

- [ ] Curso de Ciências Contábeis
- [ ] Curso de Direito

Tempo de experiência como professor:

- [ ] Até 1 ano
- [ ] Mais de 1 ano e até 3 anos
- [ ] Mais de 3 anos e até 5 anos
- [ ] Mais de 5 anos e até 10 anos
- [ ] Mais de 10 anos e até 15 anos
- [ ] Mais de 15 anos e até 20 anos
- [ ] Mais de 20 anos

Outro vínculo de trabalho e tempo de experiência, se houver:

Resposta

Área de formação:

- [ ] Ciências Exatas e da Terra
- [ ] Ciências Biológicas
- [ ] Engenharias
- [ ] Ciências da Saúde
- [ ] Ciências Agrárias
- [ ] Ciências Sociais Aplicadas
- [ ] Ciências Humanas
- [ ] Linguística, Letras e Artes
- [ ] Multidisciplinar

Educação continuada, se estiver em andamento:

Resposta

Composição das questões

Agora, vamos apresentar uma composição de questões que nos permita conhecer sua histórica de vida, sua escolha pela docência, suas práticas docentes, experiências educativas em sala de aula, sua forma de agir e de pensar sobre os processos de ensinar e de aprender.

Fale sobre você, sua história de vida, experiências etc.

Resposta

Conte-me como o exercício da docência se apresentou em sua vida.

Resposta

Relate sua experiência docente, sua história vida trazendo memórias de suas práticas educativas, indicando sua forma de agir e de pensar diante das circunstâncias a seguir:

Fatores como a globalização competitiva e exacerbada, o consumismo moldando desejos, vontades e relações humanas, tornando-as cada vez mais frágeis e voláteis, uma civilização insensível e a crise de valores éticos e morais podem ser aspectos que influenciam e são influenciados por instituições escolares.

Resposta **(indique sua forma de agir e de pensar)**

Um mundo onde as ações humanas são construídas e conduzidas a partir da perspectiva da busca da felicidade, do sucesso e da utilidade pautada sob a ótica da descartabilidade.

Resposta **(indique sua forma de agir e de pensar)**

Uma juventude que está sendo introduzida numa era do vazio existencial que precisa ser preenchida pelo dilúvio de informações disponibilizadas pelas redes sociais.

Resposta **(indique sua forma de agir e de pensar)**

Uma sociedade da ignorância diante de sua incapacidade de conversão dessas informações em conhecimento, o que pressupõe processamento dos dados e sua interpretação.

Resposta **(indique sua forma de agir e de pensar)**

Indivíduos passivos às alternativas tecnológicas e com pouca capacidade de buscarem soluções para os seus próprios problemas.

Resposta **(indique sua forma de agir e de pensar)**

Uma Universidade concebida pelo caráter disciplinar de projetos educativos que prometem aos indivíduos a prosperidade e o sucesso pela colação de grau de currículos formatados em épocas da revolução industrial.

Resposta **(indique sua forma de agir e de pensar)**

Sujeitos fragmentados pelo caráter disciplinar dos projetos educativos agem como se fossem ilhas reproduzindo o discurso institucional de prosperidade, de sucesso e de reprodução do conhecimento.

Resposta **(indique sua forma de agir e de pensar)**

Uma educação que pouco se pratica o ensinar a pensar, uma educação que apresenta dificuldades de compreensão e de aplicação dos conceitos de níveis de realidade e complexidade.

Resposta **(indique sua forma de agir e de pensar)**

Soluções reducionistas dos problemas diante da fragmentação do conhecimento humano e da dificuldade de compreensão de relações complexas do mundo atual.

Resposta **(indique sua forma de agir e de pensar)**

Diminuição da importância daquilo que conhecemos, não cabe a ideia de conhecimentos permanentes, duradouros e invariáveis e os indivíduos são valorizados pela sua capacidade de utilizar instantaneamente os conhecimentos para resolver problemas. Essa aceleração da sociedade resulta na síndrome da impaciência em que toda demora, atraso ou espera se transforma um estigma de inferioridade.

Resposta **(indique sua forma de agir e de pensar)**

Com base em sua experiência docente, enfrentando as circunstâncias relatadas na questão anterior, indique até 3 (três) dinâmica(s) vivenciada(s) em sala de aula que propiciou(aram) desvelar significado e sentido para você, diante do seu desafio na educação superior.

Resposta (Exemplos: trabalhos em equipes; planejamento de atividades; auto-avaliação; avaliação dos pares; apresentação de trabalhos etc.)

Considerando seu processo de formação continuada, que atitudes (SER), conceitos (SABER) e procedimentos (AGIR) você adquiriu e/ou desenvolveu e/ou pretende empreender:

Atitudes (SER): Resposta (Exemplos: o exercício da empatia; sua iniciativa em xyz; empreender xyz; escuta sensível etc.)
Conceitos (SABER): Resposta (Exemplos: didática; metodologia do ensino superior; tecnologias digitais; discussão em pequenos grupos; discussão em grandes grupos; simulação; curso da formação técnica xyz; etc.)
Procedimentos (AGIR): Resposta (Exemplos: formação xyz; revisão do planejamento do curso; inclusão da prática xyz; etc.)

Como última questão, gostaríamos que você, a partir de sua historicidade, indicasse até 5 (cinco) palavras-chave que descreveriam um bom professor.

Resposta 1 2 3 4 5

APÊNDICE B

QUESTIONÁRIO REFERENTE AOS PROFESSORES E COORDENADORES DA PÓS-GRADUAÇÃO

Título da pesquisa: A COMPREENSÃO E A CONSTRUÇÃO DE COMPETÊNCIAS NA AÇÃO DOCENTE NO CURSO DE DIREITO

PARTE I – DADOS PESSOAIS:

1. Nome: ____

2. Telefone: ____________________

3. Faixa Etária: ( ) 25 a 30 anos ( ) 31 a 40 anos ( ) 41 a 50 anos ( ) acima de 50 anos

4. Graduação: ano: _______ Instituição: ______________________________

área ______________________________

5. Pós-graduação:

• Especialização: ano__________ Instituição ______________________________

área ______________________________

• Mestrado: ano__________ Instituição ______________________________

área ______________________________

• Doutorado: ano__________ Instituição ______________________________

área ______________________________

PARTE II – DADOS PROFISSIONAIS:

6. Regime de trabalho: ______________________

7. Há quanto tempo é professor: ________________________

8. Leciona em mais alguma Instituição? ( ) Sim ( ) Não •

Qual: ___________________

9. Disciplinas que ministra atualmente:

____

10. Disciplinas que já ministrou:

____

11. Exerce alguma outra atividade profissional?

( ) Sim ( ) Não

• Qual: ____

• Há quantos anos? ___________________________________

12. Participou de algum curso que envolve formação do professor: ( ) Sim ( ) Não

Em caso de sim, mencione ao menos um _____________________ Ano______

ROTEIRO PARA ELABORAÇÃO DA ENTREVISTA SEMI ESTRUTURADA

Prezado (a) Professor(a),

Agradecemos sua colaboração no sentido de aceitar narrar sobre sua vida acadêmico-profissional, discorrendo sobre sua trajetória profissional docente e refletir sobre o espaço adequado para a formação pedagógica do professor de Direito. As informações produzidas nesta ENTREVISTA servirão de subsídios para que possamos caracterizar seu perfil docente, desvelando os caminhos percorridos no processo de tornar-se professor do ensino superior, no curso de Direito.

1. Como se deu o encontro com a profissão docente ou como se tornou professor (a) do curso de Direito e quais os aspectos marcantes vivenciados na fase inicial de exercício da docência como professor de Direito?

2. Que professor (a) era no início de sua carreira e em que professor se tornou na vivência da profissão docente? Algo contribui para a ressignificação de seus modos de ser professor?

3. Acha importante e/ou necessária que haja formação pedagógica para o professor do curso de Direito? Se sim, em qual o momento acadêmico seria adequado essa formação? O que você estudou que na sua formação que você está usando na sua ação docente? Áreas, disciplinas, conteúdos?

4. Você já investiu de forma pessoal e particular na formação pedagógica para atuar na área docente? Como desenvolveu sua prática pedagógica? Existem incentivos para formação pedagógica?

5. Quais aspectos considera mais relevantes no desenvolvimento da ação docente? E, quais desses aspectos é possível relacionar com as estratégias de cumprimento das regras da CAPES? Você sente necessidade ou interesse de melhoria na ação docente no curso de Direito?

APÊNDICE C

PROJETO DE LEI Nº , DE 2019

O Congresso Nacional decreta:

Art. 1º O art. 66 da Lei nº 9.394, de 20 de dezembro de 1996, passa a vigorar acrescido do seguinte §§ 2º e 3º, renumerando-se o parágrafo único para adequação normativa:

"Art. 66. ....

§1º. O notório saber, reconhecido por universidade com curso de doutorado em área afim, poderá suprir a exigência de título acadêmico.

§2º. Os programas de Mestrado e Doutorado acadêmicos deverão oferecer disciplina obrigatória voltada à formação docente.

§3º A formação docente para educação superior incluirá prática de ensino supervisionada de, no mínimo, cento e vinte horas" (NR)

Art. 2º Esta Lei entra em vigor na data de sua publicação.

(Do Sr. ....)

Determina inclusão de disciplina obrigatória para formação docente em programas de mestrado e doutorado.

JUSTIFICAÇÃO

Pesquisas relacionadas à formação docente e à construção de competências consolida convicção de necessário espaço formativo nos programas de Pós-graduação *stricto sensu* do Brasil, sendo ali o espaço e o tempo disponível para oferecer, como disciplina obrigatória, aspectos teóricos que subsidiem o fazer-se professor.

A prática docente no ensino superior necessita evidenciar o conhecimento de instrumentos teóricos e vivência prática supervisionada. O momento de formação adequado para essa construção docente pode e deve ser a pós-graduação *Stricto Sensu*. Os programas devem subsidiar os alunos de Mestrado e Doutorado, em especial o acadêmico, objetivando agregar minimamente, práticas, suficientes para que o professor, Mestre ou Doutor da graduação em Direito, transite entre as abordagens pedagógicas necessárias às emergências da construção do conhecimento pelos estudantes como sujeitos do aprendizado.

Além disso, as constantes transformações sociais impelem embasamento teórico e prático robusto, visando o preparo discente para o mercado de trabalho. Por isso, apresento a presente proposição e solicito o apoio dos nobres pares para a aprovação deste Projeto de Lei.

Sala das Sessões, em de novembro de 2019.

Deputado ...

....

APÊNDICE D

Primeira parte da pesquisa

Tabela A. 1 – Primeira parte da pesquisa – Resumo História de Vida dos Entrevistados e Docência – Professores de Direito.

Entrevistado	*Respostas apresentadas ao Questionário*
E-1	**História de vida (fale sobre você):** Minha primeira formação foi em música, sendo que depois de formada comecei a dar aula na escola de música de Brasília e na escola parque da 304 Norte, Brasília. Depois de dois anos trabalhando passei no concurso para auditora da Receita Federal do Brasil e durante esse período fiz o curso de Direito. Fiquei 10 anos na Receita e após isso entrei para uma sociedade de advogados em São Paulo. Fiz pós e mestrado ao final da graduação em Direito. Exerço a advocacia como outra atividade profissional. **Docência em sua vida:** Ministrei aulas de Direito Tributário em Faculdades e Universidades em São Paulo e no Distrito Federal. Sou professora do Curso de Direito da Universidade Católica de Brasília (UCB). Sempre gostei muito de lecionar e da relação eu estabelecemos em sala de aula, onde sempre tive a impressão de aprender muito mais do que ensinar. Do construir juntos e das discussões acirradas em torno da carga tributária, justiça fiscal, entre outras. De ver nos alunos a surpresa e ao mesmo tempo a alegria quando passavam a compreender conceitos e até mesmo a elaborarem críticas contundentes sobre a matéria, relacionando-as com outras disciplinas. Também, sempre gostei de lidar com pessoas, de mostrar vários pontos de vista, de descobrir e contornar as dificuldades de cada qual, de vê-los crescer como seres humanos, de dividir. Com relação as práticas docentes, sempre gostei de exemplificar, trazendo exemplos práticos e do cotidiano dos alunos para que entendessem os conceitos. As aulas sempre foram grandes debates de alguma questão onde poderia explorar o conteúdo a ser ministrado.

E-2	**História de vida (fale sobre você):** Sou apenas uma pessoa do interior que investiu no meu sonho de ser um professor universitário e que para tanto continua um caminho de aperfeiçoamento acadêmico. **Docência em sua vida:** Desde o segundo período da Universidade a minha intenção era lecionar. Os meus professores de graduação foram os meus exemplos.
E-3	**História de vida (fale sobre você):** Sou uma pessoa, que sempre gostou de ajudar os outros durante o curso de graduação, bem como falar bastante, e sempre estive evolvido em projetos que envolviam a questões educacionais conectadas com o Direito, dentre esses projetos posso citar a participação de seminários de direitos fundamentais, em escolas públicas do município de Teresina-PI. **Docência em sua vida:** O exercício da docência, surge inicialmente na minha em decorrência do exemplo familiar, e depois pela predileção em fazer apresentações em público, o Ensino Médio que cursei foi o magistério voltado ao ensino da educação infantil, e agora no mestrado as atividades de docência tem despertando-me bastante interesse.

Fonte: Elaborada pela autora.

Segunda parte da pesquisa

Tabela A. 2 – Segunda parte da pesquisa:
Questionário semiestruturado com coordenadores de PPGDs.

Entrevistado	*Respostas apresentadas ao Questionário*
E-4 **Região Sul** **Capital**	**Perfil** • Doutorado • Entre 40 e 50 anos • Leciona em outra instituição • Exerce outra atividade profissional • Participou de curso envolvendo formação de professor **Encontro com a profissão docente:** Minha mãe era professora e tinha uma escola, e eu sempre quis ser professora, Professora universitária passei a querer ser desde que entrei na faculdade, eu me inspirava na minha professora de sociologia, pensa que queria ser como ela ir para SP, fazer mestrado, doutorado e lecionar em Universidade. **Houve ressignificação do seu agir docente:** Foram as experiências mesmo de perceber que quem mais aprende na relação professor/aluno é o professor. Afinal de contas, a gente se prepara para cada aula e sempre recebe muitas experiências, muitos questionamentos e serve como incentivo para um estudo continuado. **O que acha da formação pedagógica para o professor de Direito?** Eu sempre senti a necessidade de que a formação docente para o curso de direito deveria ser mudada, profissionalizada. Isso eu sentia nas próprias aulas que eu tinha na universidade federal do Espirito Santo, foi a partir de um momento que eu sair de uma universidade federal que eu decidi que eu me formaria para ser professora em uma intuição que não fosse federal. Antes eu sentia que os professores pareciam que prestavam favores para os alunos quando lecionavam, eu achava isso um absurdo e acho que ainda existe esse perfil de professor, e eu combato esse perfil, aquele professor que acha que por ser concursado ou por estar em uma instituição pública, ele está prestando um favor para os alunos por estar ali lecionando. E talvez então por isso a primeira sugestão que eu tenha para formação de professores da área do direito, tem que ter experiência profissional extra acadêmica, os professores apenas teóricos não estão preparados para lecionar aquilo que vai formar um profissional, essa e minha visão temos que juntar a vida acadêmica com extra acadêmica. **Como desenvolveu sua prática pedagógica?** No início da carreira eu era uma professora muito jovem mais muito estudiosa que acreditava muito na experiência da profissão docente, acho que o amadurecimento nos transforma, como todas as experiências da vida nos transforma, a gente aprende muito em sala de aula a gente aprende muito com os alunos, a gente muda ou ressignifica o modo de ser professor lidando com os alunos aprendendo com eles, e vendo que a gente não pode se apegar aos

E-4 **Região Sul** **Capital**	nosso velhos valores ou o jeito que éramos tratados pelos nossos professores ou como as gerações anteriores eram tratadas, principalmente agora quando nós estamos vivendo a era da informática, onde todo aluno tem rede social e que se comunicar como os professores fora da sala de aula também, eu acho que me tornei uma professora mais maternal mais abeta ao aluno em horários que não seja de trabalho. **Sente necessidade de melhoria na formação docente do professor de Direito?** Claro, já investi muitas vezes e continuo investindo seja na minha formação pessoal, desde pagando integramente meu doutorado como meu pós-doutorado, vários congressos e cursos. Sempre pago pessoalmente nunca pedi apoio nem financiamento para participar de nenhum evento no Brasil ou no exterior, me sinto na obrigação de arcar completamente com minha formação continuada. Desenvolvi minha pratica pedagógica muito em um processo de espelhamento, eu sempre tentei aplicar aquilo que meus professores, que eu mais gostava, faziam e não fazer aquilo que meus professores que eu menos gostava faziam. Na instituição que eu trabalho existem incentivos existe uma formação pedagógica continuada, eu sou coordenadora de um programa de mestrado, eu não só incentivo como praticamente impulsiono essa formação dos professores, pois se não continuarmos a formação não poderemos forma professores, pesquisadores e pensadores. A formação de pessoas no aspecto de amadurecimento pessoal e de formação profissional é uma missão que algumas pessoas acabam assumindo. Isso passa pela vontade de ajudar a transformar a realidade daqueles que confiam a sua educação ao nosso trabalho.
E-5 **Região** **Norte**	**Perfil** • Doutorado • Acima de 50 anos • Não leciona em outra instituição • Não exerce outra atividade profissional • Participou de curso envolvendo formação de professor **Encontro com a profissão docente:** Venho de uma família de professores atividade que sempre quis e quero exercer. No início tive que me adaptar ao que chamo de "novo aluno", que são aqueles que chegam atrasados, conversam em sala de aula, por exemplo, e para isso criei estratégias para que tais atitudes não atrapalhem os demais colegas, assim ao perceber um grupo conversando, chegar perto deles e ministro a aula interagindo com os mesmos. **Houve ressignificação do seu agir docente:** A mudança foi grande, principalmente a tolerância, ficar mais próximo do aluno e entender as individualidades que temos em uma turma. **O que acha da formação pedagógica para o professor de Direito?** É fundamental. Tive formação pedagógica na minha primeira graduação, que foi uma licenciatura. Penso que a disciplina de "Docência jurídica" deveria ser obrigatória no curso de graduação em Direito. **Como desenvolveu sua prática pedagógica?** Além da minha graduação em licenciatura, leio livros e artigos sobre o tema.

E-5 Região Norte	**Sente necessidade de melhoria na formação docente do professor de Direito?** O fundamental é utilizar metodologias modernas e inovadoras, entender o que representa a avaliação e gerar um "contrato pedagógico", para utilizar um termo de Paulo Freire, com os alunos.
E-6 Região Nordeste	**Perfil** • Doutorado • Entre 40 e 50 anos • Leciona em outra instituição • Exerce outra atividade profissional • Participou de curso envolvendo formação de professor **Encontro com a profissão docente:** Primeira Experiência docente – Ensino docente no Mestrado em 1994 (ingressou em 1990) fez concurso para professor substituto e professor efetivo da faculdade de Direito. Dificuldades iniciais, elaborar planos de aula e universidade com carência total de condições materiais, como as universidades federais o são. **Houve ressignificação do seu agir docente:** Com o tempo você fica com maior domínio do tempo, do assunto e vai prestando mais atenção no que é mais essencial discutir com os alunos e prestando atenção ao próprio aluno, nas suas carências, nas suas necessidades. O tempo traz estas vantagens em relação ao magistério e passa a considerar que o aluno vê o professo como modelo do que vai se transformar no futuro. O professor precisa saber que suas condutas sevem para a formação dos professores de Direito. **O que acha da formação pedagógica para o professor de Direito?** Acho muito importante. Efetivamente não tenho nenhuma formação pedagógica e tive que realizar esforço pessoal para conseguir alcançar algum conteúdo nessa área. Não há nada dedicado a isso. **Como desenvolveu sua prática pedagógica?** Procurei livros de didática porque quando enfrentei concurso público para professor, senti necessidade de aprender para acertar na realização do concurso. **Sente necessidade de melhoria na formação docente do professor de Direito?** A capes é omissa a isso. Não há nenhuma preocupação com essa melhoria na ação docentes, tendo se dado pelo MEC como disciplinas com maior inserção social, mas não por parte da CAPES. O único contato é o docente orientado. É necessário muito mais ações voltadas à didática, à metodologia de ensino. Isso sim é uma grande carência.
E-7 Região Sul Interior	**Perfil** • Doutorado • Entre 40 e 50 anos • Leciona em outra instituição • Exerce outra atividade profissional • Participou de curso envolvendo formação de professor

<table>
<tr>
<td>E-7
Região Sul
Interior</td>
<td>Encontro com a profissão docente:
Iniciei na docência logo após à minha formatura, a convite do Diretor da Faculdade que eu havia cursado. Acredito que o que mais marcou a fase inicial da minha atividade como professor de Direito foi ter, logo na sequência, cursado uma especialização coordenada pelo Prof. Luiz Alberto Warat (que depois foi meu orientador no Mestrado).

Houve ressignificação do seu agir docente:
No início na minha carreira fui um professor "militante", no sentido político. Fazia da sala de aula um espaço de militância (e me arrependo). Hoje me considero um professor "cientista"; meu compromisso é a busca da aproximação possível à verdade. A leitura da obra de Karl Popper (e seu racionalismo crítico) durante meu primeiro estágio de pós-doutorado foi fundamental para esse reposicionamento.

O que acha da formação pedagógica para o professor de Direito?
Sim. Acredito que a pós-graduação é o espaço indicado para fornecer uma primeira aproximação em termos de formação pedagógica. Mas a formação mesma é durante a vida toda, é continuada e permanente. Minha área de pesquisa, desde o início da vida acadêmica, inclui a educação jurídica e a pesquisa em Direito. Então acredito que praticamente tudo que eu estudei é utilizado, de uma forma ou outra, no meu magistério. Nos últimos anos, antes de me aposentar na UFSC, eu lecionava Ética Profissional; e estudar ética me fez rever muitas posturas como professor.

Como desenvolveu sua prática pedagógica?
Como sempre me dediquei à pesquisa nessa área, sempre investi na minha própria formação pedagógica. Minha prática pedagógica, como é comum com a maioria dos professores, iniciou com a adoção de exemplos de docentes que eu considerava bons professores e que eu admirava. Depois, com o tempo, fui estudando e experimentando até encontrar minha própria forma de trabalhar. Não existem muitos incentivos para a formação pedagógica. Normalmente o que as IES e IFES oferecem são pequenos espaços mais informativos do que formativos.

Sente necessidade de melhoria na formação docente do professor de Direito?
O primeiro e mais relevante aspecto no desenvolvimento da ação docente é o planejamento; ele envolve todos os demais; e pressupõe o conhecimento amplo do processo de ensino-aprendizagem. Penso que as regras da CAPES não possuem nenhuma relação com a formação docente. O que existe é apenas o Estágio de Docência (obrigatório apenas para bolsistas), criado para disponibilizar mão de obra gratuita ou muito barata (bolsas) para as IFES. Seria fundamental que a formação docente integrasse, de forma obrigatória, os conteúdos e atividades da pós-graduação stricto sensu. Há a necessidade urgente de melhorar a ação docente no Curso de Direito; as novas DCNs indicam que também há o interesse, pelo menos de parte do CNE. Tenho dúvidas se há interesse por parte das instituições e dos próprios docentes.</td>
</tr>
</table>

<table>
<tr>
<td>E-8
Região
Centro-
-Oeste</td>
<td>
Perfil
<ul>
<li>Doutorado</li>
<li>Entre 40 e 50 anos</li>
<li>Leciona em outra instituição</li>
<li>Exerce outra atividade profissional</li>
<li>Participou de curso envolvendo formação de professor</li>
</ul>

Encontro com a profissão docente:
Iniciei à docência um tanto por acaso. Era servidor público em cargo comissionado e, com medo de perder o emprego em uma troca de gestão, comecei a dar aulas no IESB. No início, achei a atividade muito desgastante. Até hoje acho um pouco, principalmente na graduação. O semestre é longo e em geral predominantemente expositivo, o que é um massacre. No mestrado acho que a combinação entre carga horaria e profundidade do curso é mais adequada.

Houve ressignificação do seu agir docente:
Acredito que, no início, eu era muito pretensioso, ou muito conteudista: planejava cursos extremamente densos, muito pesados em termos de leitura e preparação. Minha experiência no início da carreira foi um pouco frustrante, pois vi que os alunos retinham pouco. Hoje pretendo dar cursos com menos conteúdo e mais profundidade, para que algo fique com eles de verdade. Uma grande virada para mim foi fazer o curso de formação docente do Insper, Aprendizado Centrado no Aluno. O curso é obrigatório antes de você entrar em sala de aula. Ele mudou minha forma de pensar à docência: penso agora primeiro no aluno para montar qualquer curso, e não no que eu quero falar.

O que acha da formação pedagógica para o professor de Direito?
Acho indispensável. Mas o professor de nível superior, especialmente no direito, é muito resistente a essa ideia. Acho que ela pode ser feita a qualquer momento. Eu aproveitei a minha muito porque já tinha experiência docente. Acho que, muito no começo da carreira, pode ser um desperdício, pois o docente ainda é muito inexperiente para conseguir fazer uma auto-análise.

Como desenvolveu sua prática pedagógica?
Não. Desenvolvi minha prática pedagógica "na raça", sem nenhum preparo, simplesmente entrando em sala de aula. Não existem incentivos para isso hoje.

Sente necessidade de melhoria na formação docente do professor de Direito?
O aspecto mais importante é o planejamento. É preciso planejar o curso e pensar: o que eu quero que o aluno leve do curso? As regras da CAPES são totalmente alheias à docência; são voltadas à produção.
Sinto, acho indispensável melhorar a formação docente no campo do direito.
</td>
</tr>
</table>

<table>
<tr>
<td>E-9
Região
Sudeste
Capital</td>
<td>

Perfil

- Doutorado
- Entre 40 e 50 anos
- Leciona em outra instituição
- Exerce outra atividade profissional
- Participou de curso envolvendo formação de professor

Encontro com a profissão docente:
Após a conclusão do mestrado, fui convidado a participar como professor de pós-graduação na própria PUC-SP e este curso de especialização utilizava-se da mesma metodologia desenvolvida em sala de aula do principal professor e orientador do mestrado em direito, Professor Paulo de Barros Carvalho. Lidar com a elaboração dos seminários de sala e vivenciar sua aplicação e correção semanalmente foi um dos aspectos marcantes desta experiência, pois foi dada a oportunidade de sempre ter de modificar constantemente a forma argumentativa a depender do grupo de alunos supervisionados. Da mesma forma as primeiras orientações neste âmbito foram marcantes.

Houve ressignificação do seu agir docente:
Na fase inicial, era um professor que mais facilitava o debate do que construía teses ou raciocínios jurídicos mais elaborados, dada a forma metodológica do curso onde ministrei as primeiras aulas. Na fase de ingresso como professor do PPGD da Unimar tive a oportunidade de ser o condutor da criação de conhecimento, o que ressignifica a posição de autoridade e de necessidade de ser motor de novos conhecimentos e tendo de ser impulsionador dos conhecimentos deles, com uma visão mais crítica e prospectiva.

O que acha da formação pedagógica para o professor de Direito?
A formação pedagógica para os professores de direito deveria ser obrigatória, indicando métodos de abordagem em sala de aula, como PBL, aplicação de seminários, entre outros. O que acaba ocorrendo normalmente, é um desenvolvimento de técnicas metodológicas com base nas experiências em sala de aula ou em leituras esparsas sobre o tema, gerando um aprendizado sem maiores bases teóricas sobre metodologia. O momento acadêmico para esse aprendizado deveria ocorrer no plano da pós-graduação *stricto sensu*. Não possuo textos de referência em relação a área de pedagogia.

Como desenvolveu sua prática pedagógica?
Investi tempo na prática de tutoria online para cursos de pós-graduação, pois este parece ser um tema que ainda impactará as atividades da pós graduação *stricto sensu*, dada a potencial criação de cursos em EAD de mestrado e doutorado. A prática pedagógica foi desenvolvida replicando modelos vivenciados no campo do percurso do mestrado e doutorado, aliado a métodos testados em sala de aula já no plano da vivência de professor do mestrado. Não vejo grandes incentivos nem interações tendentes a vinculação entre pedagogia e sua aplicação na docência da área jurídica, o que vejo com grande interesse e entusiasmo.

Sente necessidade de melhoria na formação docente do professor de Direito?
O desenvolvimento da ação docente passa por um período necessário de supervisão e docência orientada, para que o professor experimente, em um ambiente mais controlado, as formas metodológicas com as quais ele se sente mais confortável.

</td>
</tr>
</table>

E-9 Região Sudeste Capital	As habilidades linguísticas e as técnicas de aprendizado e fixação são elementos importantes também na ação docente, especialmente na era contemporânea, nos quais os alunos são submetidos a estímulos diversos e sua atenção e bem mais dividida/fragmentada. As estratégias de cumprimento das regras da CAPES acabam por ser relacionadas mais com uma necessidade do estímulo da produção discente e aumento da capacidade de pesquisa e produção docente, mas não impactam diretamente a didática em sala de aula, mas os produtos resultantes das disciplinas e as avaliações, sem dúvidas, acabam tendendo a produção de conteúdo para o cumprimento das metas. Exemplificando, a produção de resumos, resumos expandidos e artigos nas disciplinas viram rotina para uma posterior publicação em conjunto. Como dito na questão 3, vejo como necessário a melhoria da ação docente nos cursos de direito, pois com uma base teórica mais forte, os projetos pedagógicos e o desempenho em sala de aula tendem a melhorar.
E-10 Sudeste Interior	**Perfil** • Doutorado • Entre 40 e 50 anos • Leciona em outra instituição • Exerce outra atividade profissional • Participou de curso envolvendo formação de professor **Encontro com a profissão docente:** Tenho graduação anterior a de direito que é em filosofia, comecei como professor de filosofia e fui convidado na época que fazia graduação de direito, a lecionar filosofia no curso jurídico recém-aberto na região que eu morava, eu já era especialista e comecei a lecionar em um curso de direito. Principal experiência vivenciada no início da docência como professor de direto, está relacionada, primeiro a minha inexperiência à docência do ensino superior, apesar de eu já ser professor do ensino médio e completamente diferente a dinâmica na sala de aula do ensino superior. Minhas primeiras turmas tinham uma faixa etária maior que a minha, e isso me causava alguma insegurança, principalmente por conta da diferença da minha idade, da diferença geracional eles eram até duas gerações mais velhas que a minha. Uma outra coisa marcante e que eu percebi que a maior parte dos meus colegas de cursos, os professores, eles não tinham formação de professor, então discussões que para mim eram mais ou menos comuns, como avalição, questões relacionadas a projetos pedagógicos, era difícil ser feitas em colegiado porque os colegas não tinham *background* para essa discussão. **Houve ressignificação do seu agir docente:** Fui me transformando à medida que fui avançando nos estudos pós-graduados. Eu já era professor quando fiz o mestrado e o doutorado. A principal mudança está relacionada à minha própria capacitação. O mestrado e o doutorado me fizeram melhor professor, além da experiência em sala de aula que vai te dando possibilidade de ressiginificar a vida docente. Tenho experiência no trabalho de gestão, desde que comecei minha carreira na universidade pública eu fui para gestão, já trabalhei como coordenador e isso contribui para pensar a minha carreira docente e pesar à docência como um todo.

E-10 Sudeste Interior	**O que acha da formação pedagógica para o professor de Direito?** Sem dúvida nenhuma a maior deficiência é ausência de formação pedagógica. Meus colegas professores não tiveram nenhum tipo de preparação antes de ir para a sala de aula e isso gera alguns problemas, não tem variação dos métodos de abordagem dos conteúdos, não tem variação para métodos de avaliação. O professor tem dificuldade para lidar com novas concepções de ensino, fica no modelo de educação bancária, em que o aluno está para assistir ao show do professor. A ausência de formação é sensível e isso reflete em todos os contextos. Não tenho dúvida que o momento ideal é na pós-stricto sensu. Deveríamos pensar a formação nesses espaços. Eu sou coordenador e tenho inserido isso nos nossos cursos para que os nossos egressos tenham alguma formação pedagógica quando eles saiam dos nossos programas. **Como desenvolveu sua prática pedagógica?** Minha formação pedagógica vem dentro do curso de graduação em filosofia que acabei vivenciando a prática de metodologias ativas, tecnologia na educação e sim, já fiz alguns investimentos em ação pedagógica inclusive em outras instituições, tenho estudado a forma de dar aulas em inglês para dar aula relacionada à mobilidade internacional. **Sente necessidade de melhoria na formação docente do professor de Direito?** É importante melhorar a ação docente e só vai ser possível pela formação pedagógica dos professores. O professor na área do Direito precisa aprender a interagir com as novas metodologias, precisa aprender a fazer com que a sua ação docente seja mais efetiva e isso só se dar se o professor começar a incorporar ferramentas que estão no cotidiano dos alunos, além de colocar o aluno como protagonista, pensar a aprendizagem a partir do problema. A CAPES nunca discutiu nada relacionado à inserção de componentes de formação pedagógica nas propostas dos programas. Talvez porque a principal preocupação seja com a formação de pesquisadores.
E-11 Espanha	**Perfil** • Doutorado • Entre 40 e 50 anos • Leciona em outra instituição • Exerce outra atividade profissional • Participou de curso envolvendo formação de professor **Encontro com a profissão docente:** Desde criança sempre quis ser professor, pois sempre gostei de transmitir conhecimentos a quem precisava. Terminando o mestrado, se me ofereceu a possibilidade de ficar na Faculdade fazendo doutorado e ministrar alguma disciplina. Foi assim que comecei minha experiência acadêmica. Transmitir conhecimentos aos alunos é algo bem marcante, resolver suas dúvidas e perguntas é fundamental. **Houve ressignificação do seu agir docente:** Não levo muitos anos no mundo docente, porém sim que vejo que no início era bem mais inseguro e agora já não. Antes me custava preparar as aulas, agora já é muito mais fácil. Com o passo do tempo vais aprendendo novas coisas e com o passo dos cursos acadêmicos vais vendo quais são as necessidades dos alunos e o que eles demandam.

E-11 **Espanha**	**O que acha da formação pedagógica para o professor de Direito?** Muito importante. O professor deve-se atualizar, não só em conteúdos se não também na forma que deve transmiti-los. Um professor que sabe muito e não sabe transmitir esse conhecimento, não serve de ajuda. Acho que nunca é tarde para receber essa formação, porém, seria conveniente inicia-la pelo menos um ano antes de ministrar à docência, para que o professor tivesse um primeiro contato. Na minha graduação, lamentavelmente, não tive formação pedagógica. Livremente fiz cursos de inovação docente, de como transmitir os conhecimentos, usar recursos áudiovisuais nas aulas, apresentações de alto impacto como o *power point* ou o prezi. **Como desenvolveu sua prática pedagógica?** Por enquanto, todos os cursos que eu fiz foram gratuitos. Uns oferecidos pela Universidade e outros pelo governo ou plataformas como Coursera ou EdX em internet. A prática pedagógica se resolve com o exercício prático. Em cada aula se aprende alguma coisa a melhorar. Você prepara a aula e no dia seguinte consegue ver se seus alunos entenderam ou não. Se o resultado é positivo, você acertou. Se não, você deve melhorar para a próxima. Em relação aos incentivos, considero que não existem. Pelo menos na Espanha não se motiva nem incentiva a que o professor se forme de forma pedagógica. As Universidades estão mais preocupadas pela pesquisa e o número de horas que você deve ministrar que pela pedagogia. Acho que seria interessante descontar horas docentes para que o professor fizesse cursos ou bem estipular um mínimo obrigatório de horas para que todos os professores fizessem. **Sente necessidade de melhoria na formação docente do professor de Direito?** Na área jurídica, é importante estudar a teoria, mas também é fundamental ensinar a parte prática aos alunos. Nas disciplinas que eu ministro primeiro se explica a parte teórica, marco conceitual, etc., e depois se faz um ou dois casos práticos. Se o aluno estudou bem a teoria e sabe aplica-la no caso, então entendeu a matéria. Se alguma das duas falhas, haverá que estudar cada caso concreto e os motivos. Além disso, ofereço sempre um horário de tutorias para que possam vir no gabinete e assim resolver suas dúvidas. Toda a ajuda que se possa prestar ao aluno, será em positivo para ele. Em relação à questão da CAPES, não tenho ideia. No Direito, igual que em outras titulações como Medicina, por exemplo, é fundamental a melhoria na ação docente. Você está formando pessoas que vão prestar serviços à sociedade, não são robôs. É muito importante saber como transmitir os conhecimentos e como já disse, é muito importante que os professores se atualizem não só na parte doutrinal e jurisprudencial, se não também na forma de transmitir esses conhecimentos, pois a tecnologia vai avançando e ninguém é estranho a ela, pudendo utilizá-la em benefício das aulas e dos alunos.

Fonte: Elaborada pela autora.

APÊNDICE E

TERMO DE CONSENTIMENTO LIVRE E ESCLARECIDO

O (a) Senhor (a) está sendo convidado (a) para participar da pesquisa de doutorado intitulada:

"A COMPREENSÃO E A CONSTRUÇÃO DE COMPETÊNCIAS NA AÇÃO DOCENTE NO CURSO DE DIREITO"

inserida na Cátedra UNESCO de Juventude, Educação e Sociedade, sob responsabilidade da doutoranda Hadassah Laís de Sousa Santana, sob orientação dos Profs. Dr. Geraldo Caliman do Programa de Pós-Graduação em Educação da Universidade Católica de Brasília e da profª. Drª. Cristina Costa Lobo, do Departamento de Psicologia e Educação da Universidade Portucalense Infante D Henrique.

A sua participação nesta pesquisa se deve em razão de sua atuação como coordenador e/ou professor de Programa de Pós-graduação *Stricto Sensu* em Direito dentre uma das cinco regiões do País, docência no ensino superior há pelo menos dois anos e atuação em sala de aula em disciplinas específicas da área do Direito.

O objetivo geral desta pesquisa é:

- Compreender a formação do professor de Ensino Superior no curso de Direito no âmbito dos cursos de pós-graduação *stricto sensu* em Direito no Brasil.

Como objetivos específicos elencamos:

- Verificar o acompanhamento do programa de Pós-graduação *stricto sensu* em Direito quanto à formação docente dos mestrandos e doutorandos.
- Identificar, a partir da narrativa docente, fatores que contribuem para efetividade na prática docente na graduação e a relação com a formação *stricto sensu*.

– Contribuir com sugestões, a partir dos dados coletados de práticas efetivas de formação de professores em cursos de pós-graduação *stricto sensu* em Direito.

Justifica-se esta pesquisa pela necessidade de produzir estudos que possibilitem a formação de espaços adequados para a constituição da ação docente no curso de Direito agregando conhecimento profundo e técnico de práticas pedagógicas.

Você receberá todos os esclarecimentos necessários à maior clareza dos trabalhos, antes e no decorrer da pesquisa.

Seu nome não aparecerá, sendo mantido o mais rigoroso sigilo por meio da omissão total de quaisquer informações que permitam identificá-lo.

Você não é obrigado a responder as questões, principalmente, caso se sinta constrangido. Pode até desistir de participar da pesquisa, a qualquer momento, sem nenhum prejuízo para você.

A sua participação será da seguinte forma:

a) preenchimento de breve questionário (5 min.).
b) participação em entrevista semiestruturada, para narrativa falada de questões que envolvem a temática da pesquisa (estimados 30 min.)

Os resultados da pesquisa serão divulgados na tese de doutoramento acima referenciada, em livro da Coleção "Juventude, Educação e Sociedade da Cátedra UNESCO de Juventude, Educação e Sociedade' da Universidade Católica de Brasília (UCB), bem como em periódicos especializados. Os dados e materiais utilizados na pesquisa ficarão sobre a guarda dos pesquisadores.

Em relação aos possíveis riscos aos participantes desta pesquisa, cabe ressaltar:

- Não haverá danos à dimensão física, psíquica, moral, intelectual, social, cultural ou espiritual do ser humano, em qualquer fase desta pesquisa.
- Ocasionalmente, os participantes voluntários podem se sentir constrangidos ao responder os questionários e participar da entrevista semiestruturada.
- O sigilo de dados está garantido. Os voluntários não serão identificados em momento algum da pesquisa, inclusive, em publicações advindas com os trabalhos.

Em relação aos benefícios aos voluntários desta pesquisa, cabe ressaltar:

- O estudo poderá proporcionar aos participantes reconhecimento de quais ações docentes nos cursos de Pós-graduação *stricto sensu* em Direito geram resultados efetivos para a prática docente no Ensino Superior, especialmente nos cursos de Direito.
- O estudo oportunizará aos voluntários uma reflexão sobre a temática da ação docente no curso de Direito na atualidade, considerando a transformação social e a mudança de espaços qualitativos de formação na Educação Superior.
- A pesquisa indicará sugestões, a partir da percepção dos participantes, para as políticas públicas que possibilitem a reorganização de espaços nos programas de Pós-graduação *stricto sensu* para formação humana comprometida com a transformação social e não somente com competências para formação profissional, do saber-fazer, comprometendo a visão de complexidade na formação do indivíduo como ser.

É de responsabilidade dos pesquisadores a assistência integral, caso ocorra danos que estejam diretamente ou indiretamente relacionados à pesquisa. Esta pesquisa não lhe trará custos e é de nossa responsabilidade o ressarcimento de custeio de despesas relacionadas à pesquisa.

Se você tiver dúvidas em relação à pesquisa poderá telefonar para a Prof. MSc. Hadassah Laís de Sousa Santana, na UCB, contatando-a pelo telefone (61) 98178 2478 no horário de 8h às 19h, de segunda à sábado ou por e-mail: hadassah.santana@gmail.com.

Este projeto foi aprovado pelo Comitê de Ética em Pesquisa da UCB, no qual se encontra registrado sob o protocolo de nº **CAAE: 64583216.2.0000.0029.** As dúvidas com relação à assinatura deste documento e/ou direitos do participante da pesquisa podem ser tiradas junto ao referido Comitê pelo telefone (61) 3356-9784, localizado na sala L02, no Campus I da UCB, QS 07, Lote 01, EPCT, Águas Claras, DF.

Este documento foi elaborado em duas vias, ficando uma via com o pesquisador responsável e outra com você.

Brasília, ___ de __________de _________

____

Nome:

____

Msc. Hadassah Laís de Sousa Santana

Pesquisadora

Obs.: as três páginas deste documento são rubricadas pelo participante e pelo pesquisador responsável.

ANEXO A

Tabela A. 3 – Índices de Melhores Universidades – Critério MEC, RUF e QS.

Índice do Ministério da Educação – MEC	*Ranking de Universidade da Folha – RUF*	*Consultoria Quacquarelli Symonds – QS*
• Faculdade Nobre de Feira de Santana (FAN) • Universidade de Ribeirão Preto (UNAERP) • Centro Universitário Espírito-Santense/ (FAESA) • Universidade Federal Rural do Rio de Janeiro (UFRRJ) • Universidade Federal de Santa Maria (UFSM) • Centro Universitário do Instituto de Educação Superior de Brasília (IESB) • Centro Universitário FG (UNIFG) • Faculdade de Direito da Fundação Escola Superior do Ministério Público (FMP) • Escola de Direito e de Administração Pública do IDP (EDAP) • Centro Universitário Redentor (FACREDENTOR) • Faculdade do Vale do Juruema (AJES) • Faculdade Metropolitana da Amazônia (FAMAZ)	1. Universidade de São Paulo (USP) 2. Universidade Federal de Minas Gerais (UFMG) 3. Universidade Federal do Rio de Janeiro (UFRJ) 4. Escola de Direito de São Paulo (FGV DIREITO SP) 5. Universidade Federal do Paraná (UFPR) 6. Pontifícia Universidade Católica de São Paulo (PUCSP) 7. Universidade Federal de Pernambuco (UFPE) 8. Universidade de Brasília (UNB) 9. Universidade do Estado do Rio de Janeiro (UERJ) 10. Universidade Presbiteriana Mackenzie (MACKENZIE) 11. Universidade Federal do Rio Grande do Sul (UFRGS) 12. Universidade Federal de Santa Catarina (UFSC)	• Universidade de São Paulo (USP) • Fundação Getulio Vargas (FGV) • Universidade Federal do Rio de Janeiro (UFRJ) • Universidade de Brasília (UNB) • Universidade Federal do Rio Grande do Sul (UFRGS)

<table>
<tr>
<td>• Pontifícia Universidade Católica do Paraná (PUCPR)
• Universidade Paranaense (UNIPAR)
• Faculdade de Educação São Luís (FESL)
• Centro Universitário Facex (UNIFACEX)
• Faculdade de Ciências Jurídicas, Gerenciais e Educação de Sinop
• Faculdade Eduvale de Avaré (EDUVALE)
• Centro Universitário Sociesc (SOCIESC)
• Centro Universitário de Jaguariúna (FAJ)
• Faculdade Anísio Teixeira de Feira de Santana (FAT)
• Faculdade de Ciências Sociais Aplicadas de Sinop (FACISAS)
• Faculdade São Geraldo (FSG)
• Faculdade Inedi (CESUCA)
• Faculdade Três Pontas (FATEP)</td>
<td>13. Universidade Federal Fluminense (UFF)
14. Universidade Estadual de Londrina (UEL)
15. Universidade Federal de Goiás (UFG)
16. Centro Universitário Das Faculdades Metropolitanas Unidas (FMU)
17. Universidade do Vale do Rio dos Sinos (UNISINOS)
18. Pontifícia Universidade Católica do Paraná (PUCPR)
19. Pontifícia Universidade Católica do Rio Grande do Sul (PUCRS)
20. Pontifícia Universidade Católica do Rio de Janeiro (PUC-RIO)
21. Escola de Direito do Rio de Janeiro (DIREITO RIO)
22. Universidade Federal do Ceará (UFC)
23. Universidade Estadual Paulista Júlio de Mesquita Filho (UNESP)
24. Universidade Federal do Pará (UFPA)
25. Pontifícia Universidade Católica de Campinas (PUC-CAMPINAS)</td>
<td></td>
</tr>
</table>

Fonte: Elaborado a partir dos critérios estabelecidos pelo MEC, RUF e QS (2019)[108]

[108] RUF, 2019. Disponível em: <https://ruf.folha.uol.com.br/2019/ranking-de-universidades/principal/>. Acesso 27 de mar. 2019

ANEXO B

CURSOS DE MESTRADO E DOUTORADO – NOTAS E DISCIPLINAS PARA FORMAÇÃO DOCENTE

Tabela A. 4 – Cursos de Mestrado e Doutorado do Curso de Direito[109]

SIGLA	*INSTITUIÇÃO*	*NOME DO PROGRAMA*	*CURSO*	*NOTA*	*DISCIPLINAS PEDAGÓGICAS NO CURRÍCULO*
CESUPA	CENTRO UNIVERSITÁRIO DO ESTADO DO PARÁ	DIREITO, POLÍTICAS PÚBLICAS E DESENVOLVIMENTO REGIONAL	MESTRADO	3	NÃO TEM
ESDHC	ESCOLA SUPERIOR DOM HELDER CÂMARA	DIREITO AMBIENTAL E DESENVOLVIMENTO SUSTENTÁVEL	MESTRADO	4	NÃO TEM
FACEPD	FACULDADE ESCOLA PAULISTA DE DIREITO	DIREITO	MESTRADO	3	METODOLOGIA DE PESQUISA E DO ENSINO EM DIREITO
FADIC	FACULDADE DAMAS DA INSTRUÇÃO CRISTÃ	DIREITO	MESTRADO	3	NÃO TEM
FADISP	FACULDADE AUTÔNOMA DE DIREITO	FUNÇÃO SOCIAL DO DIREITO	MESTRADO DOUTORADO	4	GRADE NÃO LOCALIZADA NO SITE
FDMC	FACULDADE DE DIREITO MILTON CAMPOS	DIREITO NAS RELAÇÕES ECONÔMICAS E SOCIAIS	MESTRADO	3	NÃO TEM

109 EXAME. **Os melhores programas de mestrado e doutorado do Brasil.** Disponível em: https://exame.abril.com.br/carreira/este-sao-os-melhores-programas-de-mestrado-e-doutorado-do-brasil/. Acesso em: 20 jun. 2018.

FDSM	FACULDADE DE DIREITO DO SUL DE MINAS	DIREITO	MESTRADO	4	NÃO TEM
FDV	FACULDADE DE DIREITO DE VITORIA	DIREITO	MESTRADO DOUTORADO	5	METODOLOGIA DO ENSINO SUPERIOR
FEESR	FUNDAÇÃO DE ENSINO "EURÍPIDES SOARES DA ROCHA"	DIREITO	MESTRADO	3	DIDÁTICA DO ENSINO DO DIREITO
FG	FACULDADE GUANAMBI	DIREITO	MESTRADO	3	NÃO TEM
FGV DIREITO SP	ESCOLA DE DIREITO DE SÃO PAULO	DIREITO	MESTRADO	4	NÃO TEM
FGV/RJ	FUNDAÇÃO GETULIO VARGAS/RJ	DIREITO DA REGULAÇÃO	MESTRADO	3	NÃO TEM
FMP	FACULDADE DE DIREITO DA FUNDAÇÃO ESCOLA SUPERIOR DO MINISTÉRIO PÚBLICO	DIREITO	MESTRADO	3	NÃO TEM
FMU	CENTRO UNIVERSITÁRIO DAS FACULDADES METROPOLITANAS UNIDAS	DIREITO DA SOCIEDADE DA INFORMAÇÃO	MESTRADO	3	METODOLOGIA DA PESQUISA EM DIREITO E DIDÁTICA DO ENSINO SUPERIOR
FUFSE	FUNDAÇÃO UNIVERSIDADE FEDERAL DE SERGIPE	DIREITO	MESTRADO	3	METODOLOGIA DO ENSINO E PESQUISA EM DIREITO
FUMEC	UNIVERSIDADE FUMEC	INSTITUIÇÕES SOCIAIS, DIREITO E DEMOCRACIA	MESTRADO	4	METODOLOGIA DO ENSINO JURÍDICO
FUPF	FUNDAÇÃO UNIVERSIDADE DE PASSO FUNDO	DIREITO	MESTRADO	3	NÃO TEM
FURG	UNIVERSIDADE FEDERAL DO RIO GRANDE	DIREITO E JUSTIÇA SOCIAL	MESTRADO	3	NÃO TEM
IDP	INSTITUTO BRASILIENSE DE DIREITO PÚBLICO	DIREITO CONSTITUCIONAL	MESTRADO	4	GRADE NÃO DISPONÍVEL
IMED	FACULDADE MERIDIONAL	DIREITO	MESTRADO	3	NÃO TEM
ITE	CENTRO UNIVERSITÁRIO DE BAURU	SISTEMA CONSTITUCIONAL DE GARANTIA DE DIREITOS	MESTRADO DOUTORADO	2	NÃO TEM
PUC/MG	PONTIFÍCIA UNIVERSIDADE CATÓLICA DE MINAS GERAIS	DIREITO	MESTRADO DOUTORADO	5	DIDÁTICA DO ENSINO SUPERIOR/ENSINO JURÍDICO
PUC/PR	PONTIFÍCIA UNIVERSIDADE CATÓLICA DO PARANÁ	DIREITO	MESTRADO DOUTORADO	6	NÃO TEM
PUC/RS	PONTIFÍCIA UNIVERSIDADE CATÓLICA DO RIO GRANDE DO SUL	DIREITO	MESTRADO DOUTORADO	6	NÃO TEM
PUC/RS	PONTIFÍCIA UNIVERSIDADE CATÓLICA DO RIO GRANDE DO SUL	CIÊNCIAS CRIMINAIS	MESTRADO DOUTORADO	5	NÃO TEM
PUC/SP	PONTIFÍCIA UNIVERSIDADE CATÓLICA DE SÃO PAULO	DIREITO	MESTRADO DOUTORADO	4	METODOLOGIA CIENTÍFICA E DIDÁTICA DO ENSINO SUPERIOR
PUC-RIO	PONTIFÍCIA UNIVERSIDADE CATÓLICA DO RIO DE JANEIRO	DIREITO	MESTRADO DOUTORADO	5	NÃO TEM
UCAM	UNIVERSIDADE CÂNDIDO MENDES	DIREITO	MESTRADO	3	NÃO TEM

UCB	UNIVERSIDADE CATÓLICA DE BRASÍLIA	DIREITO	MESTRADO	4	NÃO TEM
UCP/RJ	UNIVERSIDADE CATOLICA DE PETROPOLIS	DIREITO	MESTRADO	4	METODOLOGIA DO ENSINO E DA PESQUISA JURÍDICA
UCS	UNIVERSIDADE DE CAXIAS DO SUL	DIREITO	MESTRADO DOUTORADO	4	METODOLOGIA DO ENSINO SUPERIOR
UDF	CENTRO UNIVERSITÁRIO DO DISTRITO FEDERAL	DIREITO	MESTRADO	3	NÃO TEM
UEA	UNIVERSIDADE DO ESTADO DO AMAZONAS	DIREITO AMBIENTAL	MESTRADO	3	DOCÊNCIA DO ENSINO SUPERIOR
UEL	UNIVERSIDADE ESTADUAL DE LONDRINA	DIREITO NEGOCIAL	MESTRADO	4	NÃO TEM
UENP	UNIVERSIDADE ESTADUAL DO NORTE DO PARANÁ	CIÊNCIA JURÍDICA	MESTRADO DOUTORADO	4	NÃO TEM
UERJ	UNIVERSIDADE DO ESTADO DO RIO DE JANEIRO	DIREITO	MESTRADO DOUTORADO	5	NÃO TEM
UFAL	UNIVERSIDADE FEDERAL DE ALAGOAS	DIREITO	MESTRADO	3	METODOLOGIA DA PESQUISA SOCIOJURÍDICA – EPISTEMOLOGIA, MÉTODOS E DIDÁTICA NO ENSINO JURÍDICO
UFBA	UNIVERSIDADE FEDERAL DA BAHIA	DIREITO	MESTRADO DOUTORADO	4	NÃO TEM
UFC	UNIVERSIDADE FEDERAL DO CEARÁ	DIREITO	MESTRADO DOUTORADO	4	METODOLOGIA DO ENSINO JURÍDICO
UFES	UNIVERSIDADE FEDERAL DO ESPÍRITO SANTO	DIREITO PROCESSUAL	MESTRADO	3	NÃO TEM
UFF	UNIVERSIDADE FEDERAL FLUMINENSE	DIREITO CONSTITUCIONAL	MESTRADO	4	NÃO TEM
UFG	UNIVERSIDADE FEDERAL DE GOIÁS	DIREITO AGRÁRIO	MESTRADO	4	NÃO TEM
UFJF	UNIVERSIDADE FEDERAL DE JUIZ DE FORA	DIREITO E INOVAÇÃO	MESTRADO	3	METODOLOGIA DA PESQUISA E DO ENSINO EM DIREITO
UFMA	UNIVERSIDADE FEDERAL DO MARANHÃO	DIREITO E INSTITUIÇÕES DO SISTEMA DE JUSTIÇA	MESTRADO	3	NÃO TEM
UFMG	UNIVERSIDADE FEDERAL DE MINAS GERAIS	DIREITO	MESTRADO DOUTORADO	6	METODOLOGIA DO ENSINO EM DIREITO/ DIDATICA DO ENSINO SUPERIOR
UFMS	FUNDAÇÃO UNIVERSIDADE FEDERAL DE MATO GROSSO DO SUL	DIREITO	MESTRADO	3	NÃO TEM
UFMT	UNIVERSIDADE FEDERAL DE MATO GROSSO	DIREITO	MESTRADO	3	GRADE NÃO LOCALIZADA NO SITE
UFPA	UNIVERSIDADE FEDERAL DO PARÁ	DIREITO	MESTRADO DOUTORADO	4	NÃO TEM
UFPB/J.P.	UNIVERSIDADE FEDERAL DA PARAÍBA/JOÃO PESSOA	CIÊNCIAS JURÍDICAS	MESTRADO DOUTORADO	4	NÃO TEM

UFPE	UNIVERSIDADE FEDERAL DE PERNAMBUCO	DIREITO	MESTRADO DOUTORADO	4	NÃO TEM
UFPR	UNIVERSIDADE FEDERAL DO PARANÁ	DIREITO	MESTRADO DOUTORADO	6	GRADE NÃO LOCALIZADA NO SITE
UFRGS	UNIVERSIDADE FEDERAL DO RIO GRANDE DO SUL	DIREITO	MESTRADO/ DOUTORADO	4	METODOLOGIA DO ENSINO E DA PESQUISA JURÍDICA
UFRJ	UNIVERSIDADE FEDERAL DO RIO DE JANEIRO	DIREITO	MESTRADO DOUTORADO	5	NÃO TEM
UFRN	UNIVERSIDADE FEDERAL DO RIO GRANDE DO NORTE	DIREITO	MESTRADO	3	NÃO TEM
UFSC	UNIVERSIDADE FEDERAL DE SANTA CATARINA	DIREITO	MESTRADO DOUTORADO	6	NÃO TEM
UFSM	UNIVERSIDADE FEDERAL DE SANTA MARIA	DIREITO	MESTRADO	3	PRÁTICAS DE PESQUISA E ENSINO-APRENDIZAGEM
UFU	UNIVERSIDADE FEDERAL DE UBERLÂNDIA	DIREITO	MESTRADO	3	NÃO TEM
UI	UNIVERSIDADE DE ITAÚNA	DIREITOS FUNDAMENTAIS	MESTRADO	4	METODOLOGIA DA PESQUISA E DO ENSINO DO DIREITO E ESTAGIO DE DOCÊNCIA
UNAERP	UNIVERSIDADE DE RIBEIRÃO PRETO	DIREITOS COLETIVOS E CIDADANIA	MESTRADO	4	NÃO TEM
UNAMA	UNIVERSIDADE DA AMAZÔNIA	DIREITOS FUNDAMENTAIS	MESTRADO	3	NÃO TEM
UNB	UNIVERSIDADE DE BRASÍLIA	DIREITO	MESTRADO DOUTORADO	6	DOCÊNCIA DO ENSINO SUPERIOR
UNESA	UNIVERSIDADE ESTÁCIO DE SÁ	DIREITO	MESTRADO DOUTORADO	5	NÃO TEM
UNESP/FR	UNIVERSIDADE EST. PAULISTA JÚLIO DE MESQUITA FILHO/FRANCA	DIREITO	MESTRADO	4	NÃO TEM
UNI7	CENTRO UNIVERSITÁRIO 7 DE SETEMBRO	DIREITO	MESTRADO	3	METODOLOGIA DO ENSINO E DA PESQUISA JURÍDICA
UNIBRASIL	CENTRO UNIVERSITÁRIO AUTÔNOMO DO BRASIL	DIREITO	MESTRADO	4	NÃO TEM
UNICAP	UNIVERSIDADE CATÓLICA DE PERNAMBUCO	DIREITO	MESTRADO/ DOUTORADO	4	NÃO TEM
UNICESUMAR	CENTRO UNIVERSITÁRIO DE MARINGÁ	CIÊNCIAS JURÍDICAS	MESTRADO	4	METODOLOGIA DA PESQUISA E DO ENSINO
UNICEUB	CENTRO UNIVERSITÁRIO DE BRASÍLIA	DIREITO	MESTRADO DOUTORADO	5	NÃO TEM
UNICURITIBA	CENTRO UNIVERSITÁRIO CURITIBA	DIREITO	MESTRADO	3	NÃO TEM
UNIFIEO	CENTRO UNIVERSITÁRIO FIEO	DIREITO	MESTRADO	3	SITE FORA DO AR
UNIFOR	UNIVERSIDADE DE FORTALEZA	DIREITO CONSTITUCIONAL	MESTRADO DOUTORADO	6	NÃO TEM

UNIJUÍ	UNIV. REGIONAL DO NOROESTE DO ESTADO DO RIO GRANDE DO SUL	DIREITOS HUMANOS	MESTRADO	4	METODOLOGIA DO ENSINO SUPERIOR
UNILASALLE	CENTRO UNIVERSITÁRIO LA SALLE	DIREITO	MESTRADO	3	NÃO TEM
UNIMAR	UNIVERSIDADE DE MARÍLIA	DIREITO	MESTRADO DOUTORADO	4	PEDAGOGIA JURÍDICA E ESTÁGIO DOCÊNCIA
UNIMEP	UNIVERSIDADE METODISTA DE PIRACICABA	DIREITO	MESTRADO	3	FUNDAMENTOS DO CONHECIMENTO APLICADOS À PESQUISA E AO ENSINO DO DIREITO
UNINOVE	UNIVERSIDADE NOVE DE JULHO	DIREITO	MESTRADO	4	GRADE NÃO LOCALIZADA NO SITE
UNINTER	CENTRO UNIVERSITÁRIO INTERNACIONAL	DIREITO	MESTRADO	3	NÃO TEM
UNIPAR	UNIVERSIDADE PARANAENSE	DIREITO PROCESSUAL E CIDADANIA	MESTRADO	3	NÃO TEM
UNIPÊ	CENTRO UNIVERSITÁRIO DE JOÃO PESSOA	DIREITO	MESTRADO	3	NÃO TEM
UNIRIO	UNIVERSIDADE FEDERAL DO ESTADO DO RIO DE JANEIRO	DIREITO	MESTRADO	3	NÃO TEM
UNIRITTER	CENTRO UNIVERSITÁRIO RITTER DOS REIS	DIREITO	MESTRADO	3	NÃO TEM
UNISAL	CENTRO UNIVERSITÁRIO SALESIANO DE SÃO PAULO	DIREITO	MESTRADO	3	METODOLOGIAS E MÉTODOS DE PESQUISA E ENSINO NO DIREITO
UNISANTA	UNIVERSIDADE SANTA CECÍLIA	DIREITO DA SAÚDE: DIMENSÕES INDIVIDUAIS E COLETIVAS	MESTRADO	3	ENSINO E PESQUISA NO DIREITO
UNISANTOS	UNIVERSIDADE CATÓLICA DE SANTOS	DIREITO	MESTRADO DOUTORADO	4	NÃO TEM
UNISC	UNIVERSIDADE DE SANTA CRUZ DO SUL	DIREITO	MESTRADO DOUTORADO	5	GRADE NÃO LOCALIZADA NO SITE
UNISINOS	UNIVERSIDADE DO VALE DO RIO DOS SINOS	DIREITO	MESTRADO DOUTORADO	6	NÃO TEM
UNIT-SE	UNIVERSIDADE TIRADENTES	DIREITOS HUMANOS	MESTRADO	4	GRADE NÃO LOCALIZADA NO SITE
UNIVALI	UNIVERSIDADE DO VALE DO ITAJAÍ	CIÊNCIA JURÍDICA	MESTRADO DOUTORADO	5	NÃO TEM
UNOCHAPECÓ	UNIVERSIDADE COMUNITÁRIA DA REGIÃO DE CHAPECÓ	DIREITO	MESTRADO	3	NÃO TEM
UNOESC	UNIVERSIDADE DO OESTE DE SANTA CATARINA	DIREITO	MESTRADO	4	NÃO TEM
UPM	UNIVERSIDADE PRESBITERIANA MACKENZIE	DIREITO POLÍTICO E ECONÔMICO	MESTRADO DOUTORADO	5	ENSINO E PESQUISA NO DIREITO
URI	UNIV. REGIONAL INTEGRADA DO ALTO URUGUAI E DAS MISSÕES	DIREITO	MESTRADO/ DOUTORADO	4	MÉTODOS DA PESQUISA E DO ENSINO SUPERIOR

USP	UNIVERSIDADE DE SÃO PAULO	DIREITO	MESTRADO DOUTORADO	5	GRADE NÃO LOCALIZADA NO SITE
USP/RP	UNIVERSIDADE DE SÃO PAULO/ RIBEIRÃO PRETO	DIREITO	MESTRADO	3	NÃO TEM
UVA	UNIVERSIDADE VEIGA DE ALMEIDA	DIREITO	MESTRADO DOUTORADO	4	GRADE NÃO LOCALIZADA NO SITE

Fonte: Exame (2017).